DAVID OWEN

Menschenrechte

PAUL ZSOLNAY VERLAG
WIEN · HAMBURG

Berechtigte Übersetzung von
Stefanie Schaffer

Fotosatz: Typostudio Wien
Druck und Bindung: Wiener Verlag
Printed in Austria
ISBN 3-552-03109-X

CIP-Kurztitelaufnahme der Deutschen Bibliothek
Owen, David:
Menschenrechte / David Owen.
(Berecht. Übers. von Stefanie Schaffer.) –
Wien, Hamburg: Zsolnay, 1979.
Einheitssacht.: Human Rights (dt.)
ISBN 3-552-03109-X

Menschenrechte

1

Die Menschenrechte in Großbritannien

Seit der Magna Charta bilden die Menschenrechte einen Kernpunkt in der Entwicklung der britischen Politik – von einzelnen verfochten, von Cromwell umkämpft, von den Gewerkschaften verteidigt, sind sie Blickfang auf dem Banner der Suffragetten und aktiv verfolgtes Anliegen der verschiedenen Glaubensgemeinschaften. Oft wird die Debatte um die Menschenrechte als ein zwischenstaatliches Problem dargestellt, doch ist sie in erster Linie eine Frage, mit der sich jeder Staat innerhalb seiner eigenen Grenzen auseinandersetzen muß. Das Eintreten für die Menschenrechte bedeutet ein Bekenntnis zu Werten, die Bereitschaft, sich mit diesen Werten zu identifizieren und im eigenen Land danach zu leben. Dann erst können wir hoffen, daß es uns gelingt, unsere Überzeugung als Individuen oder als ganzer Staat in andere Länder zu tragen.

Welches sind die Werte und Überzeugungen unserer Gesellschaft? Allein diese Frage ist bereits eine Herausforderung für all jene, die mißtrauisch aufhorchen, wenn jemand versucht, sich in einem politischen Zusammenhang auf Begriffe wie Moral, Ethik, Prinzipien und Werte zu berufen. Jedes Bestreben, den Blick über die praktische pragmatische Politik hinaus zu richten, wird – vor allem von politischen Kommentatoren – als moralisierende Salbaderei und Humanitätsduselei abgewertet. Und es sind oft dieselben Kommentatoren, die Politiker gerne als selbstsüchtig, ehrgeizig, zynisch und machthungrig hinstellen. Die alten Griechen sahen in der

Politik eine vornehme, untrennbar mit dem Leben selbst verbundene Aufgabe, und vertraten die Auffassung, daß Überdruß an der Politik mit Überdruß am Leben gleichzusetzen sei. Die Werte einer Gesellschaft von der Politik einer Gesellschaft zu trennen ist ein schwerwiegender Fehler. Ein Fehler, der die Gefahr einer Herabwürdigung beider und einer Schwächung der Gesellschaft selbst in sich birgt. Werte sind allerdings an Individuen gebunden; obwohl sie universelle Geltung haben, können sie nicht von der persönlichen Philosophie und den sozialen Zielen des einzelnen getrennt werden. Erst wenn wir unsere eigenen Werte und jene der Gesellschaft, in der wir gerne leben möchten, erkannt haben, können wir sie mit einer Politik der Menschenrechte daheim oder im Ausland verknüpfen.

Man kritisiert manchmal an mir, daß ich zuviel von moralischen Werten rede und immer wieder versuche, auf den latenten Altruismus hinzuweisen, der meiner Ansicht nach in den meisten Menschen schlummert und oft nicht zur Gänze erweckt wird. Ich glaube nicht, daß der Politiker oder andere Personen des öffentlichen Lebens, welche Stellung auch immer sie innehaben, Moral und Ethik ignorieren können. Ich glaube nicht, daß ein Land seine Funktion in der Welt ausüben kann, ohne den Versuch zu machen, seine eigenen ethischen Werte, seine eigenen moralischen Prinzipien nach außen zu projizieren. Mit dieser Überzeugung wird man jedoch bereits ein Opfer jener, für die die Konsequenz an sich einen absoluten Wert darstellt, die jede Abweichung vom Prinzip als eine gewisse Schwäche auslegen und die einer unnachgiebigen und starren Hierarchie der Werte eine unnatürlich hohe Bedeutung beimessen.

Als ich damit begann, mich für die Menschenrechte auszusprechen und dafür eintrat, daß die Berücksichtigung der Menschenrechte unsere ganze Außenpolitik durchdringen sollte, warnte ich auch, daß dafür ein Preis zu zahlen sei –

nämlich ein wenig Inkonsequenz von Zeit zu Zeit. Müßte ich diesen Kommentar wiederholen, so würde ich heute nicht mehr von ein wenig Inkonsequenz, sondern von einem ganz beträchtlichen Maß an Inkonsequenz sprechen. Da jedoch diese Inkonsequenz dem kritischen Urteil der Öffentlichkeit ausgesetzt ist und oft gegen den angewendet wird, der den Sinn für Werte fördern will, besteht die Gefahr, daß die Menschen ihre Bereitschaft verlieren, sich öffentlich zu Prinzipien und Werten zu bekennen. Man kann nicht immer konsequent sein, und es ist nicht möglich, jede Haltung gegenüber Prinzipien zu rechtfertigen, für die man sich früher einmal ausgesprochen hat und an die man früher glaubte. Das werden viele zum Anlaß nehmen, mit diesem speziellen Problem überhaupt nicht mehr an die Öffentlichkeit zu treten. Die Kompromisse des Politikers stehen im Brennpunkt des öffentlichen Interesses. Sie bleiben niemandem verborgen, sie werden bis in alle Einzelheiten zerpflückt, sie werden in den Leitartikeln der Presse kritisiert und scharf angegriffen. So kommt es, daß die Öffentlichkeit geneigt ist, den Mann der Prinzipien, den Mann der Beständigkeit, den Mann mit den unbeugsamen Ansichten, auf eine vielleicht unrealistische Weise über die anderen zu stellen.

Ich neige, vielleicht weil ich Arzt und als solcher Verhaltensforscher bin, zu der Annahme, daß die menschliche Natur und ihre Werte, mögen sie auch groß und dem einzelnen sogar heilig sein, so persönlich und so einzigartig sind, daß es diesbezüglich keine absoluten Werte gibt noch geben kann. Die Schriften Sir Isaiah Berlins und sein neuestes Buch „*Russian Thinkers*" (Hogarth Press, 1978) haben einen tiefgreifenden Einfluß auf mich ausgeübt. Es gibt im Leben sicher allgemeine Grundwerte und zum Glück auch ein großes Maß an Übereinstimmung über diese Werte in der Gesellschaft. Dennoch kommt es zwangsläufig immer wieder zu einem Konflikt der Werte – und was noch wichtiger ist, zu einem unvermeidbaren Konflikt bei der Interpretation von Werten. Dieser Konflikt ist in meinen Augen natürlich und richtig und macht das menschliche Verhalten einzigartig, befriedigend und äußerst vielfältig. Für mich ist der moralische Konflikt eine zwangsläufige Erscheinung. Wir halten uns an die Regeln der Gesellschaft, die sich im Laufe von Jahrhunderten entwickelt haben, weil wir uns kennen und weil wir wissen, daß unsere Gesellschaft ohne diese Regeln und Konventionen in individuelle Gruppierungen zerfallen würde, von denen jede in ihre eigene Richtung strebt; wir akzeptieren diese Regeln als Teil des Kitts, der unsere Gesellschaft zusammenhält.

Ich glaube, wie ich schon deutlich gesagt habe, nicht an eine utopische Gesellschaft. Ich gehöre nicht zu denen, die ein ganz bestimmtes Bild vor Augen haben. Ich strebe nicht nach einer streng geordneten Gesellschaft, denn ich bin der Ansicht, daß die Ordnung – obzwar nötig – niemals perfekt sein kann. Ich fordere weder Gewißheit noch Konformität, denn ich glaube nicht, daß die schwierigen Entscheidungen des Lebens es gestatten, immer völlig konsequent zu sein. Ich bin bereit, die Qual der Wahl, die die Gesellschaft für jeden einzelnen von uns bereithält, zu akzeptieren, ja sogar, sie zu preisen. Ich ersehne nicht die Gewißheit der Ordnung. Ich bin nicht gewillt, auf die geistige Unabhängigkeit zu verzichten. Ich will nicht ein gewisses Maß an Individualität und Vielfalt durch Präzision und Konformität ersetzen. Ich sehe im Kompromiß keine Schwäche. Im Gegenteil, ich betrachte ihn als Stärke.

Ich identifiziere mich mit der britischen Tradition des demokratischen Sozialismus, der seine Kraft einerseits aus den Werten des Altruismus schöpft und diesen andererseits weckt und fördert; von ihm empfange ich meine Inspiration. Der britische Sozialismus beruhte nie auf Dogma und Vorschriften. Seine Stärke liegt darin, daß er die Probleme Armut und

Ungleichheit praktisch und nicht-doktrinär anpackt, sowie in der Vielfalt politischer Traditionen, aus denen er hervorgegangen ist – dem Fabianismus und den Genossenschaftsbewegungen, dem Gildensozialismus und Utopianismus, dem Marxismus, dem Pazifismus und dem christlichen Engagement. Es hat stets Widersprüche zwischen den verschiedenen Elementen gegeben, aus denen sich der britische Sozialismus zusammensetzt – zwischen Mitbestimmung und „väterlicher" Autorität und Fürsorge, zwischen kollektivistischen Instinkten und dem Eintreten für die individuelle Freiheit, zwischen Dirigismus und der anarchistischen Tradition der dezentralisierten Macht. Aus der Mischung ergibt sich eine politische Allianz, die allerdings sehr anfällig ist und kaum definiert werden kann. Bedauerlicherweise scheint es manchmal, als wäre der Sozialismus eine vom Neid motivierte Doktrin, doch kann er als einzige politische Bewegung von sich behaupten, daß seine praktischen Entscheidungen und Handlungen zuzeiten von reiner Nächstenliebe motiviert wurden.

Sicherlich gab es immer wieder Meinungsverschiedenheiten hinsichtlich der politischen Zielsetzungen, doch die Ansichten über die dem individuellen sozialistischen Engagement zugrunde liegenden Werte waren über all diese Jahre hinweg von bemerkenswerter Einhelligkeit geprägt. Heute jedoch tritt diese einmütige Ansicht über Werte nicht so deutlich zutage wie in der Vergangenheit, wenn auch vielleicht der Grund dafür nur darin liegt, daß wir die Werte des Sozialismus eher ungern diskutieren.

Unsere Medien sind vom Zynismus beherrscht: Wir hüten uns ängstlich davor, über Grundsätzliches zu reden, aus Angst, man könnte sich über uns lustig machen. Doch der Sozialismus hängt mehr als jede andere politische Philosophie vom latenten Altruismus ab, der in allen Menschen schlummert. Wenn es den Sozialisten mißlingt, diesen Altruismus zu wecken, anzufachen, zu hegen und zu pflegen, wird es ihnen nie gelingen, genügend Unterstützung für ihre politischen Ziele zu gewinnen. Der Sozialismus hat sich nicht den Werten des Marktes verschrieben, wo es nur darum geht, *was etwas kostet* und *was es wert* ist. Seine Kritiker würden ihn liebend gern in die Rolle des Unterdrückers jeglichen Individualismus drängen, des Züchters von Bürokratien, der fanatisch danach strebt, die Macht des Staates ohne Rücksicht auf die Wünsche und Gefühle des einzelnen zu vergrößern. Doch ob eine Verwaltung zur Bürokratie wird, hängt von ihrer Form, ihrem Führungsstil und ihrer Aufgeschlossenheit ab. Verwaltungsbeamter ist nicht unbedingt ein Synonym für Bürokrat. Sicher gab es immer wieder Bürokraten und Verfechter des Dirigismus unter den britischen Sozialisten, doch der britische Sozialismus an sich hat sich niemals zu einer solchen Haltung bekannt. Zusammenarbeit, Mitbestimmung, Demokratie der Arbeiter, dezentralisierte Entscheidungen und der hohe Wert der kleinen Einheit anderseits sind Begriffe, die im britischen Sozialismus stets hochgeschätzt wurden. Ihr Einfluß allerdings war bis vor kurzem anscheinend relativ gering, so daß die sozialistische Philosophie an Kraft einbüßte und der Sozialismus allgemein an Anziehungskraft verlor.

Doch jetzt endlich distanzieren wir uns von der ständig zunehmenden Zentralisierung. Die Gesetze zur Gewährung einer Teilautonomie für Schottland sind eine begrüßenswerte Rückkehr zu einer historischen Verpflichtung. Mit unserer Kritik an den Reformen der lokalen Selbstverwaltung des Jahres 1973 suchen wir nach neuen Wegen, einen Teil der Entscheidungsgewalt, die damals in die Hände großer unpersönlicher Institutionen gelegt wurde, näher an das Volk heranzubringen.

Die Gleichsetzung der Labour Party mit einer Partei des bürokratischen Kollektivismus und der Staatsgewalt ist zum Teil eine Folge davon, daß sie zur Regierungspartei wurde.

Die Fixierung auf die Verstaatlichung zwang die Minister der Labour Party, bis zur Bildung einer eigenen Behörde für verstaatlichte Unternehmen ganze Industrien automatisch in den Staatsbesitz zu übernehmen. Bis vor kurzem haben wir uns nicht darum bemüht, Mittel und Wege zu finden, die Mitbestimmung des Arbeiters und der Öffentlichkeit zu gewährleisten und konzentrierten uns statt dessen – auf Kosten der Verantwortlichkeit – auf den Besitz. Als eine Politik der Nachkriegsjahre war die Verstaatlichung verständlich, doch haben wir einen hohen Preis für die sterilen Verstaatlichungsargumente der fünfziger Jahre bezahlt. Zweifellos haben uns die Erfahrungen der sechziger und siebziger Jahre gelehrt, daß die verstaatlichte Industrie alten Stils nicht als klare sozialistische Antwort auf die industriellen und wirtschaftlichen Probleme der achtziger Jahre aufrechterhalten werden kann. Wir haben begonnen, unsere Einstellung neu zu überdenken.

Ein Rückblick auf die späten vierziger Jahre zeigt uns eine Labour-Regierung, deren Hauptanliegen es war, Gesetze zu erlassen und politische Programme zu realisieren, die in den zwanziger und dreißiger Jahren erarbeitet und durchdiskutiert worden waren. Planung, der Wohlfahrtsstaat, Vollbeschäftigung und die Verstaatlichung verschiedener Schlüsselindustrien waren langfristige sozialistische Programme, die die Attlee-Regierung verwirklichte. Sie folgten auf Jahre sozialistischer Diskussionen vor einem Hintergrund von Massenarbeitslosigkeit, Depression, Faschismus und Krieg und führten zu bedeutenden Veränderungen im Lebensstil der großen Masse. Der Besitz eines Autos wurde zur Selbstverständlichkeit, und die Abwanderung aus der City in die wohlhabenden Vorstädte nahm immer mehr zu. Die sozialistischen Vorkriegsgespräche über „Lohnsklaverei“ verloren an Glaubwürdigkeit, die Öffentlichkeit wurde sorgloser und wollte nichts weiter, als den plötzlichen Aufschwung genießen. Dennoch verlor die Labour-Regierung zu Beginn der fünfziger Jahre kaum an Macht. Sie trat immer noch für erkennbare Werte ein und errang 1951 sogar den größten Wahlsieg, den es in unserer Geschichte für eine Partei je gegeben hat.

Der materielle Wohlstand der fünfziger Jahre und der offensichtlich ständig steigende Lebensstandard der Bevölkerung veranlaßte viele zu dem Schluß, daß die schlechten Zeiten für immer vorbei seien und mit ihnen auch die Bedeutung sozialistischer Werte. Die Konservativen schwammen auf der Welle dieser Stimmung und wurden 1955 und 1959 mit Stimmenmehrheit gewählt. Doch zu einer Zeit, da Macmillan dem Land sagte: „Es ist euch noch nie so gut gegangen", wurde die Kluft zwischen privatem Wohlstand und öffentlicher Verwahrlosung immer deutlicher und führte zur sozialistischen Gegenforderung nach höheren öffentlichen Ausgaben. Das Wirtschaftswachstum wurde das neue sozialistische Mittel zur schmerzlosen Lösung des Konfliktes zwischen öffentlichen Ausgaben und Privatkonsum, und zwar ohne die Qual der Wahl. Vollbeschäftigung und rasches Wirtschaftswachstum galten als Garantie dafür, daß den Sozialisten unangenehme Entscheidungen in bezug auf eine Umverteilung erspart bleiben würden, wenn sie nur einfach dafür sorgten, daß die durch das Wirtschaftswachstum entstehenden zusätzlichen Ressourcen gerecht verteilt würden. Für die Labour Party, die zu Beginn der sechziger Jahre zu ewiger Opposition verdammt schien und sich in Polemiken um die rivalisierenden Ansprüche des Revisionismus und Fundamentalismus festfuhr, wurde das Zauberwort Wirtschaftswachstum zum zentralen Thema. Die wahren Probleme gingen in dem neuerweckten Gefühl unter, daß die technologische Revolution die Antwort auf alle Fragen sei und daß die Entdeckungen der Wissenschaft und Technik irgendwie auch die politischen Probleme lösen würden. Die Technik wurde zum Inbegriff einer Einstellung, die unser gesamtes Staatsleben durchdrang. Die Überzeugung, es gäbe auch für die kompliziertesten Probleme eine einfache technische Lösung, führte zu einer Trivialisierung politischer Werte und politischer Debatten.

Die siebziger Jahre sind schwer zu beurteilen, denn noch leben wir in ihnen. Doch wenn sie einmal Geschichte geworden sind, wird man sie höchstwahrscheinlich unter dem Leitmotiv der weltweiten Wirtschaftsrezession betrachten. Das Wirtschaftsmanagement ist das Hauptproblem dieser Zeit. Aus dem Thema der Konfrontation der frühen siebziger Jahre erwuchs eine Philosophie der Beschränkung, eine Rückkehr zur Arbeit und der langsame und schmerzliche Prozeß der Wiederanpassung an die Wirklichkeit nach dem Schock einer fünffachen Erhöhung der Ölpreise. Die tiefreichende Wirtschaftsrezession auf der ganzen Welt ging weiter, doch eine Labour-Regierung, die die Kunst des Regierens entfaltete, trat an die Stelle des konservativen Regimes der Technokraten und Manager mit ihrem Fortschrittsglauben. Die Frage des Jahres 1974 hieß: „Kann Großbritannien regiert werden?" Die Frage bei der nächsten Wahl wird lauten: „Wie soll Großbritannien regiert werden?" Das allein ist schon eine großartige Errungenschaft und zeigt, daß sich die öffentliche Einstellung geändert hat. Es war eine schmerzliche Zeit der Wiederanpassung, doch auch eine neuerliche Bestätigung für die grundlegende Stabilität der britischen Gesellschaft.

Im Kielwasser der Selbstzufriedenheit der fünfziger Jahre und der technokratischen Zuversicht der sechziger Jahre scheinen die siebziger Jahre in eine Ära des Realismus überzuleiten; eines Realismus, geboren aus Ernüchterung und Zynismus, der jedoch immerhin ein Wiedererwachen des Interesses an politischen Werten bewirkte, besonders in extremen politischen Lagern – eines Interesses, das bedauerlicherweise derzeit im rechten Lager ausgeprägter ist als im linken. Am krassesten zeigt sich dieses Interesse im kontrastierenden Extremismus der sozialistischen Arbeiterpartei und dem der Nationalen Front. Das Zentrum, das der Ideologie immer etwas skeptisch gegenübersteht, hat wenig neue Gedanken hervorgebracht und vor allem seine eigene Zugkraft dadurch geschwächt, daß es verabsäumte, seinen Glauben an politische Werte zu erklären. Die ideologische Linke und die ideologische Rechte haben an Boden und an neuen Anhängern gewonnen.

Der Aufschwung der ideologischen Rechten ist eines der bemerkenswertesten Kennzeichen der politischen Szene der letzten Jahre. Mit der völligen Abkehr vom „Butskellismus" und dem Managerideal eines Heath, und in Ermangelung einer Aristokratie haben einige Konservative den Versuch unternommen, Werten, die sie als traditionelle konservative Werte betrachten, neue Geltung zu verschaffen – Werten wie Sparsamkeit, Selbstvertrauen und persönliche Initiative. Gruppen, die sich für Unternehmungen wie etwa die Veröffentlichung des Schwarzbuches einsetzten, propagierten Werte des Elitismus, doch auch wenn sie zu Recht für Standards eintraten, kamen ihre Ideale doch recht nahe an eine Befürwortung der Exklusivität im Erziehungs- und Bildungswesen heran. Private Gesundheitsorganisationen wurden hochgelobt. Der staatliche Gesundheitsdienst wurde heimtückisch und völlig ungerechtfertigt von jenen kritisiert, die seine im wesentlichen ethische Grundlage untergraben wollten. Privilegien wurden als Lohn der Initiative dargestellt, und die Mißerfolge der staatlichen Vorsorge als unvermeidliche Folgeerscheinung der „sozialistischen" Bürokratie. Die *National Association for Freedom* machte Propaganda für die Freiheit des „kleinen Mannes" gegen die – wie sie meint – diktatorische Macht der großen Bataillone der Gewerkschaften und die Übergriffe doktrinärer Politiker. Anstatt mit einer wohldurchdachten sozialistischen Kritik an einer konservativ organisierten Gesellschaft zum Gegenangriff zu starten, schien die Linke in letzter Zeit in philosophisch-ideologischer Hinsicht erschöpft, und wir haben vor kurzem gesehen, wie sich ein neuer Ansturm des rechten Flügels auf das „sozialistische" Großbritannien vorbereitet.

Es ist ein gefährlicher Fehler, wenn die Sozialisten diese Kritik nicht zur Kenntnis nehmen, denn diese Anschauungen besitzen für jene Mitglieder unserer Gesellschaft große Glaubwürdigkeit, die offenbar im Begriff sind, an Macht einzubüßen. Dabei handelt es sich nicht nur um die „Mittelklasse". Es kann der gelernte Handwerker sein, der Unterscheidungsmerkmale dahinschwinden sieht und auf die Macht des großen öffentlichen Dienstes oder der Gewerkschaften eifersüchtig ist, oder die frustrierte Hausfrau in einer staatlich geförderten Wohnsiedlung, die begierig auf alles hört, was Aussicht auf Änderung verspricht, und die bessere Dienstleistungen und niedrigere Steuern verlangt und dabei die Inkonsequenz jener nicht erkennt, die beides versprechen.

Die neue Rechte versteht es sehr geschickt, die Ideale des Sozialismus zu diskreditieren, indem sie auf die Mißerfolge bürokratischer oder dirigistischer politischer Maßnahmen verweist – Maßnahmen, die recht oft von konservativen Regierungen in die Wege geleitet und sicherlich von diesen beibehalten wurden, und die an sich überhaupt nicht sozialistisch sind. Viele Aspekte der Ideologie der neuen Rechten, denen sich die Sozialisten entschieden widersetzen würden – die Förderung des elitären Denkens, die Ausnutzung der Rassenspannungen in Großbritannien, die Rechtfertigung wirtschaftlicher Ungleichheit, die Haltung gegenüber jenen Menschen, die durch Veranlagung, mangelhafte Bildung oder unzulängliche Erziehung nur schwer mit dem Leben fertig werden –, überdecken allerdings eine ganze Reihe stichhaltiger Argumente ihrer Kritik an dem, was die Sozialisten dieses Landes offenbar befürworten. Der Slogan „Quantität geht auf Kosten der Qualität" ist ein Aphorismus für Werte, die für den Sozialisten völlig unannehmbar sind. Die unter dem Schlagwort „groß ist schlecht“ geäußerte Mißbilligung großer Schulen hingegen ist – um nur ein Beispiel zu nennen – nicht bloß ein modisches Dogma der Rechten, sondern eine durchaus faire Kritik.

Die Sozialisten wenden ihre Aufmerksamkeit nun endlich nicht bloß der Struktur des Bildungs- und Erziehungswesens zu, sondern auch dessen qualitativer Substanz. Sie gelangen auch immer mehr zu der Erkenntnis, daß die Qualität der Gesundheits- und Sozialeinrichtungen im Streben nach Quantität vernachlässigt wurde. Die Linke steht nun der Motivation freiwilliger Bewegungen nicht mehr so ablehnend gegenüber wie in der Vergangenheit und engagiert sich sogar selbst dafür. Es entspricht der Tradition und ist begrüßenswert und wichtig, daß eine Labour-Regierung Aktionen der Nachbarschaftshilfe gefördert hat und freiwilligen Körperschaften wie MIND, NACRO, CHAR und CARE immer größere finanzielle Unterstützungen zukommen ließ. Wenn jedoch die Labour-Bewegung die grundlegenden Werte solcher Bewegungen nicht zur Kenntnis nimmt und es duldet, daß man sie, wenn auch oft zu Unrecht, als Partei der Bürokratie und der großen Bataillone hinstellt, als eine Partei, die Gleichberechtigung mit Gleichmacherei und demokratischen Besitz und Verantwortlichkeit mit Dirigismus verwechselt, so wird die ideologische neue Rechte einen weiteren Aufschwung erleben und die Mißerfolge des an der Macht befindlichen Sozialismus dazu verwenden, die sozialistischen Werte und theoretischen Ziele in Mißkredit zu bringen.

Einiges an Kraft, Idealismus und Überzeugung des Zentrumsozialisten kann bereits auf Gebieten eingesetzt werden, die über den Rahmen der konventionellen Politik hinausgehen. In den letzten zehn Jahren etwa entstanden Interessengruppen wie zum Beispiel die *Disablement Income Group,* die *Child Poverty Action Group, Shelter, Oxfam* und die Gruppe

Friends of the Earth; sie üben eine große Anziehungskraft auf Menschen aus, die in ihrer apolitischen Einstellung eine Tugend sehen und es ablehnen, sich irgendeiner politischen Partei zu verpflichten oder sich allzusehr für eine Partei zu engagieren. Anstatt einer politischen Partei beizutreten, schließen sie sich Interessengruppen an, die sich mit speziellen Problemen befassen oder sich energisch für lokale Fragen einsetzen, wie etwa die Trasse einer neuen Autobahn oder den Platz für die Errichtung eines neuen Flughafens. Dieser Trend macht sich auch in den Vereinigten Staaten und in Westeuropa bemerkbar. In Frankreich kandidierten Gruppen unter dem Banner der Ökologie bei Wahlen und erzielten bemerkenswerte Erfolge. Auch in diesem Zusammenhang ist sich die Labour-Regierung instinktiv der allgemeinen Stimmung bewußt. Die Entscheidung für eine Volksabstimmung über die Errichtung einer Wiederaufbereitungsanlage für Kernbrennstoffe in Windscale und die darauffolgende öffentliche und parlamentarische Debatte zeigten, daß die Regierung sich der öffentlichen Meinung nicht verschließt. Selbst wenn die Umweltschützer mit der endgültigen Entscheidung nicht einverstanden waren, so stellte doch der Vorgang, der dazu geführt hatte, einen wesentlichen Beitrag zur Entwicklung demokratischer Beschlußfassungen dar.

Radikales Denken ist in Großbritannien nicht ausgestorben. Der Wunsch, die Gesellschaft zu verändern, besteht nach wie vor – besonders bei der Jugend –, doch wird er in den verschiedenen Ausschüssen, denen unaufhörlich Vorschläge und Probleme zur Entscheidung vorgelegt werden, fast erstickt. Unter dem Deckmantel demokratischen Engagements werden Kampfgeist, Initiative und sogar Risikofreude abgestumpft und abgetötet, und so manche Idee wurde von der „bürokratischen Umklammerung" der Zentralregierung in Whitehall oder der Lokalverwaltung im Rathaus abgewürgt. Die „dogmatische Umklammerung" durch politische Parteien, die an veralteten Richtlinien festhalten, ist ein weiterer Faktor, der Veränderungen in der britischen Gesellschaft hemmt.

Die heute gängige politische Ausdrucksweise ist so sehr zum entzweienden Ritual geworden und so polarisiert, daß sie kaum einen Funken zünden kann und es ihr nicht gelingt, in der Jugend die Bereitschaft zum Engagement zu wecken. Die politischen Debatten sind größtenteils überholt, künstlich und oft irrelevant. Ihre Sprache kann kaum Begeisterung entfachen, und auch wenn es sich nicht vermeiden läßt, daß sie sehr fachlich ist, müßte sie doch häufiger von den zugrundeliegenden Werten Gebrauch machen.

Werte haben die Aufgabe, Impulse zu geben, lenkend zu wirken und an das altruistische Element im Menschen zu appellieren. Wenn die Menschen den Sozialismus mit diktatorischer oder gefühlloser Bürokratie assoziieren, mit großen unpersönlichen Institutionen und der Herrschaft von Cliquen, dann verdient er keinen politischen Erfolg, ja, er wäre dann sogar die Antithese zu sozialistischen Werten. Es ist die Kraft der sozialistischen Werte, ihre Fähigkeit, das Beste im Menschen wachzurütteln, durch die sich die Labour Party von ihren Gegnern unterscheidet. Ein Autor hat es einmal so formuliert: Während die Konservativen an die „Erbsünde" glauben und den Zweck der Institutionen darin sehen, die menschlichen Instinkte im Zaum zu halten, sieht der Sozialist in den Institutionen den schlechten Einfluß, der das grundlegend Gute im Menschen verzerrt und entstellt.

In seiner Untersuchung über die Beziehungen zwischen Mensch und Sozialpolitik in „*The Gift Relationship*" (Allen and Unwin, 1971) sagt Richard Titmuss: „Das Vorhanden- oder Nichtvorhandensein altruistischer Gesinnung in einer Gesellschaft kann nicht in Geldwerten gemessen werden. Der Altruismus kann, indem er dem Fremden gibt ... jeden Aspekt des Lebens berühren und die gesamte Wertstruktur beeinflussen. Seine Rolle bei der Befriedigung des biologischen Bedürfnisses zu helfen ist – besonders in modernen Gesellschaften – ein weiteres unmeßbares Element."

Titmuss weist auch auf die problematische Unterlassung jeglicher Formulierung einer Moral für eine sozialistische Gesellschaft in der Marxschen Kritik des Kapitalismus hin und unterstreicht Marx' ungeschminkten Utilitarismus.

Der grundlegende Wert des Sozialismus ist der Altruismus. Die Beseitigung von Ungleichheiten und das Streben nach einer in höherem Maße egalitären Gesellschaft sind Ziele, die von diesem Wert inspiriert sind. Das Dilemma ergibt sich aus dem Begriff der Gleichheit, für den man sich zwar leicht einsetzen kann, der aber unmöglich wahrzumachen ist. Unterschiede – in Lebensstil, Kenntnissen und anderem – sind nicht nur vorhanden, sondern werden auch von allen Regierungen der Linken aktiv aufrechterhalten, den kommunistischen wie den sozialdemokratischen. Das System des Lohngefälles besteht unangefochten. Dieser Widerspruch zwischen Theorie und Praxis erfordert eine offenere Diskussion des Begriffs der Gleichheit, wenn er als Teil der sozialistischen Philosophie Überzeugungskraft besitzen soll. Dieser Begriff wurde dadurch entwertet, daß Gleichheit anscheinend unerreichbar ist und nur unzulänglich verwirklicht wurde. Er kann sehr leicht einen faden, mechanistischen Beigeschmack bekommen. Manche Autoren haben versucht, ihn durch andere Begriffe wie Fairneß und Gerechtigkeit zu ersetzen. Das treffendste Wort wäre vielleicht *„equity"* (Anm. d. Ü.: Billigkeit, Unparteilichkeit, hier etwa in der Bedeutung von Chancengleichheit), denn es umreißt eher die wirklichen Gegebenheiten als das Ziel der Gleichheit oder Gleichberechtigung. Die Unterschiede zwischen gesellschaftlichen Klassen, Status und Macht, sind ein Thema, mit dem sich der Sozialismus sehr intensiv auseinandersetzt. Alle drei sind in unserer Gesellschaft sehr ungleichmäßig verteilt. Doch der Sozialist, der sich mit einer egalitären Philosophie identifiziert, befindet sich sehr bald im Konflikt zwischen seinem Engagement für Gleichberechtigung und einem Leben, das diesem Begriff vom Standpunkt der Klasse, des Status oder der Macht her gesehen nicht Rechnung trägt. In dieser Diskrepanz zwischen dem tatsächlichen und dem theoretischen Lebensstil eines Menschen liegt sowohl der Widerspruch wie auch das Begeisternde des Sozialismus. Der gleiche Konflikt besteht zwischen den Werten Freiheit und Gleichheit. Der Konflikt ergibt sich zwangsläufig, unsere Reaktion darauf kann jedoch sehr verschieden sein. Wir können uns von diesem Widerspruch dazu anregen lassen, uns sowohl um eine Verminderung der Ungleichheiten als auch um eine Ausweitung der individuellen Freiheit zu bemühen, oder wir können uns und unsere Lebenshaltung so anpassen, daß die Ungleichheiten bestehen bleiben, die Freiheit eingeschränkt und die Grundlage des Sozialismus untergraben wird.

Sozialtechnologie oder soziale Manipulation allein sind keine Antwort auf dieses Problem. Worauf es ankommt, ist eine Änderung der Haltung. Wir sollten einen ausführlichen und nüchternen Blick auf die Klassentrennung in Industrie, Bildungswesen und auf dem Wohnungssektor werfen, um uns für einen Abbau der sozialen Schranken einzusetzen. Wir sollten uns die Einzugsgebiete der Schulen und die Flächenwidmungspläne ansehen. Die ständig zunehmende Kluft zwischen den wohlhabenden und gut versorgten Vorstadtsiedlungen, wo die weißen Familien leben, und den heruntergekommenen Vierteln der Innenstadt, in denen die Armen, die Unterprivilegierten, die Familien mit nur einem Elternteil, die Alten und die Farbigen sich zusammendrängen, ist ein Problem von außerordentlicher Dringlichkeit. Wir müssen das Wissen um diese Gegensätze und Benachteiligungen in unserer Gesellschaft erweitern und Diskussionen darüber anfachen.

Die Demokratie ist in Großbritannien so tief verwurzelt, daß wir ihre Rolle als Grundwert kaum hervorzuheben brauchen. Sie trennt die Linke und vor allem die kleine kommunistische Partei Großbritanniens deutlich von der Labour Party. Der demokratische Sozialismus manifestiert sich in den einzelnen Ländern verschieden, doch der Respekt vor der Wahlurne ist ein Sinnbild für die ihm zugrunde liegende Achtung vor der Meinung anderer. Doch die Demokratie beschränkt sich nicht auf National- und Lokalwahlen. Sie ist ein wesentliches Element der Beteiligung und Mitbestimmung, und eine ihrer unmittelbaren Errungenschaften ist ihre Anwendung auf die Mitbestimmung der Arbeiter, die ein hohes Ideal und ein fundamentales Ziel des Sozialismus darstellt. In den Händen ihrer Feinde jedoch wird die Mitbestimmung der Arbeiter mißbraucht und ihrer Werte beraubt, ja gelegentlich sogar von ihren Befürwortern schlechtgemacht. Es ist bezeichnend, daß manche in ihr eine Ausweitung des Kollektivismus sehen. Es herrscht nun die Überzeugung, daß sie nur auf dem Wege einer gesetzlichen Verankerung wirksam vorangetrieben werden kann. Gesetzliche Maßnahmen werden sicher nötig sein, doch liegt eine große Gefahr in der Verordnung einer starren zentralistischen Form. Was wirklich gebraucht wird, ist eine Gesetzesstruktur, die ihre Entwicklung fördert, aber genügend Spielraum für Vielfalt, Flexibilität und Experimente läßt und es ermöglicht, den Ansprüchen verschiedener Industrien und verschiedener Gruppen von Menschen gerecht zu werden.

Sozialismus heißt Mitbestimmung, Verantwortung und Demokratie. Die Anhänger des Gildensozialismus sahen das schon vor fünfzig und sechzig Jahren. Ihre Argumente sind heute von größerer Bedeutung denn je zuvor. S. T. Glass hat sie in seiner wertvollen Monographie über den Gildensozialismus, „*The Responsible Society*“ (Longman, 1966), wie folgt zusammengefaßt:

„Im bestehenden industriellen System wurde der Arbeiter nicht als menschliches Wesen behandelt, das Anspruch darauf hat, im Unternehmen als Partner betrachtet zu werden, sondern als lebendiges Werkzeug . . . das zu seinem Arbeitgeber in derselben Beziehung steht wie die Maschine, die er bedient, zu ihm. Die konventionelle Art des Staatseigentums, die den Kapitalisten durch den Bürokraten ersetzte, hat an dieser Situation nichts geändert. Eine derart passive Rolle im Arbeitsleben widersprach jeder anständigen Konzeption menschlicher Bestimmung und Würde und dem Wunsch nach Selbstverwirklichung und Selbstbestimmung, der dem Menschen innewohnt. Die industrielle Autokratie lastete besonders schwer auf ihren Untertanen, da ja die Arbeit im Alltagsleben eine zentrale Rolle spielte. Indem man der Arbeiterklasse gerade in jenen Angelegenheiten der Gemeinschaft, die sie am meisten berührten und ihr am deutlichsten vor Augen standen, das Recht zur Selbstverwaltung vorenthielt, erstickte man jede Fähigkeit und jegliches Interesse daran, im öffentlichen Leben aktiv zu werden. Die Arbeiterklasse, und damit die Mehrheit des Volkes, spielte in der Politik eine passive Rolle."

Der Gildensozialismus war im Grunde eine dringende Bitte um eine aktivere Demokratie. Eine aktive Demokratie bedarf der Information. Der Mangel an Information der Arbeitnehmer im Vergleich zur Betriebsführung ist eine der Hauptursachen für die Kluft zwischen den unterschiedlichen Einstellungen. Um diese Kluft zu überbrücken, um die Mitbestimmung zu einer Realität zu machen, muß es sowohl ein gleiches Recht auf Information geben als auch die nötige Bildung zur richtigen Interpretation dieser Information.

Die Mitbestimmung ist wie die Demokratie selbst ein Prozeß, der in zwei Richtungen wirksam wird. Seine Grundlage ist die Achtung vor der Ansicht anderer, die Förderung eines Gefühls der Partnerschaft oder Zusammenarbeit. Die

Demokratie setzt Rechte und Verantwortungen für den einzelnen innerhalb der Gemeinschaft fest.

Eine politische Philosophie, die ihr Augenmerk nur auf den einzelnen oder auf Institutionen richtet und die Rolle der Familie nicht beachtet, muß jedoch damit rechnen, bald in Schwierigkeiten zu geraten. Das Familienleben ist nach wie vor das wichtigste Element für den Zusammenhalt unserer Gesellschaft. In ihm manifestiert sich der Kollektivismus im kleinen, es sollte als Teil der Familienpolitik gestützt und gestärkt werden. Wohnbau, Vorschulerziehung, Eheberatung, Freizeitgestaltung, Erwachsenenbildung – das sind keine nebensächlichen Fragen, sondern wesentliche Elemente einer klaren sozialistischen Philosophie des Familienlebens. Wir vernachlässigen diese Fragen zu unserem eigenen Schaden. Sie sind wichtig. Sie sind im Alltagsleben von Bedeutung. Eine der größten Gefahren für das Familienleben, ja für die Stabilität der Gesellschaft im allgemeinen, sind Langeweile und Frustration. Die Demoralisierung, die sich aus der ungenügenden Beschaffung von Arbeitsplätzen ergibt, kann nicht genug betont werden. Die Beschäftigungspolitik wirkt sich auch auf viele Probleme der Gesellschaft aus – auf Vergehen, Verbrechen und Gewalt. Arbeitsplätze allein lösen diese Probleme nicht, doch der Mangel daran führt zu Unzufriedenheit und Hoffnungslosigkeit.

Es ist nicht ungefährlich, sich bei der Ausarbeitung einer politischen Philosophie, die unsere Pflichten und Rechte umfaßt, nur auf die Rechte zu konzentrieren. Die Menschenrechte sind ein Begriff, der durch die bloße Definition der Rechte, die das Individuum eventuell der Gesellschaft gegenüber hat, nicht mit Überzeugung proklamiert werden kann. Das Individuum muß auch seinen Beitrag zu dieser Gesellschaft leisten; Rechte und Pflichten gehen Hand in Hand.

Der Sozialismus ist in vieler Hinsicht keine so instinktbetonte Philosophie wie der Konservatismus. Die Interdependenz ist im alltäglichen Lebensstil der meisten Menschen nicht so tief verankert wie es Unabhängigkeit und Selbstvertrauen sind. Das Leben in der Gemeinschaft ist eine Realität, doch die Ansicht des Engländers: „*My home is my castle*“, ist immer noch ein stark ausgeprägter Reflex. Den Sozialismus muß man begründen und erklären, und man muß für ihn eintreten. Logisch besehen ist er unumgänglich, doch rein instinktiv setzen sich viele über seine Logik hinweg. Wir müssen um die Einsicht der Menschen kämpfen, bevor wir sicher sein können, daß ihre Wertbegriffe sich mit den unseren decken.

Sozialismus bedeutet Unterstützung des Instinkts, dem Nachbarn dabei zu helfen, Teil der Gesellschaft zu sein; er bedeutet Eingehen auf den angeborenen Wunsch des Menschen, sein Schicksal zu gestalten. Sozialismus bedeutet Ausweitung und Pflege des altruistischen Elements in uns allen. Das Eintreten für die Menschenrechte ist eine radikale Politik, eine Politik, die zu verfechten dem Sozialisten natürlich erscheint. Sie reicht bis an die Wurzeln unserer Gesellschaft, doch darf sie, um überzeugend zu sein, nicht auf leerer Rhetorik beruhen, sondern muß auf tatsächlichen, etablierten Rechten, die sich durch sämtliche Bereiche menschlicher Aktivitäten in unserer Gesellschaft ziehen, aufbauen.

2

Die Menschenrechte im Ausland

Die Entwicklung der internationalen Angelegenheiten seit dem Beginn dieses Jahrzehnts hat in vielen Ländern und Kontinenten zu einem verstärkten Interesse der Öffentlichkeit an der Situation der Menschenrechte in der ganzen Welt geführt. Seit 1972 sind die Menschenrechte bei Gesprächen über die Ost-West-Beziehungen ständiger Tagesordnungspunkt im Rahmen der Konferenz für die Sicherheit und Zusammenarbeit in Europa. In einer Reihe von Ländern kam es zu erschreckenden Verletzungen der Menschenrechte; am bekanntesten wurden die in Chile, Uganda, Kambodscha und Äthiopien, doch sind sie bei weitem nicht die einzigen. Trotz ständiger politischer und diplomatischer Bemühungen in all diesen Jahren haben wir das Nahost-Problem noch immer nicht in den Griff bekommen. Die Apartheid in Südafrika und die fortgesetzte Vorenthaltung des Rechtes auf Selbstbestimmung und demokratische Freiheit in den südlichen Ländern Afrikas unterstreichen, wie weit diese Probleme um elementare Fragen der Menschenrechte gehen. Der Dialog zwischen den fortgeschrittenen industrialisierten Nationen und den Entwicklungsländern ruft uns ständig in Erinnerung, daß die wirtschaftliche Benachteiligung und, Hand in Hand damit, Krankheit und Unterernährung eine Mißachtung der menschlichen Würde darstellen, die nicht geduldet werden darf.

All dies hat international zu einer verstärkten Profilierung der Menschenrechte geführt und die Gestalter der Außenpolitik – zumindest in jenen demokratischen Ländern, in denen das Anliegen der Öffentlichkeit von den Regierungen nicht übergangen werden kann – dazu gezwungen, den Menschenrechten eine größere Priorität einzuräumen als je zuvor.

Diese Entwicklung ging so rasch, ja geradezu dramatisch vor sich, daß manche Menschen den Eindruck gewannen, die Bedeutung der Menschenrechte sei den Völkern und Regierungen erst in letzter Zeit bewußt geworden. Die Regierungen der Sowjetunion und anderer kommunistischer Länder Osteuropas beispielsweise bekunden ganz offen, daß sie in den Bemühungen des Westens um die Menschenrechte nichts weiter sehen als einen opportunistischen und kurzlebigen Trick im ideologischen Kampf, einem Kampf, der durch die Entspannung nicht gemildert, sondern verschärft wurde. Dabei wird die Tatsache übersehen, daß die Freiheit des Individuums und sein Verhältnis zum Staat im Lauf der Jahrhunderte eine grundlegende Frage bei der Entwicklung der europäischen Philosophie und politischen Theorie gewesen ist. In einer Zeit, da der Osten und der Westen mehr und mehr von der offenen Feindseligkeit des Kalten Krieges, in dem es nur ums nackte Überleben ging, zu einer zivilisierteren Beziehung übergehen (deren Förderung Sinn und Zweck der Entspannung ist), muß diese Frage immer mehr in den Vordergrund rücken. Die Debatte über die Natur der Menschenrechte und das Problem ihrer Sicherstellung und Ausweitung, die derzeit auf internationaler Ebene und innerhalb der einzelnen Gesellschaften geführt wird, stammt in direkter Linie von der ersten Infragestellung der moralischen Überzeugung des mittelalterlichen Menschen ab, die den Beginn der modernen Zeit signalisierte und ihrerseits auf eine frühere klassische Tradition zurückgriff.

So ist zum Beispiel die Überzeugung, daß gewisse Rechte unveräußerlich sind und die Integrität der Person und das Recht zu leben an sich garantieren, heute Kernpunkt humanitärer und demokratischer Wertvorstellungen. Doch die gleiche Überzeugung untermauerte schon Englands *Bill of Rights* im Jahre 1689, die Amerikanische Unabhängigkeitserklärung des Jahres 1776 und die französische Deklaration der Menschenrechte im Jahre 1789. Alle diese konstitutionellen Marksteine bezogen ihre geistige Inspiration aus den Werken großer Denker des 17. und 18. Jahrhunderts, wie etwa aus den Schriften Lockes in England und der Rationalisten in Frankreich; und alle führten zu dem Grundsatz – der wiederum ein Angelpunkt für die demokratischen Gesellschaften von heute ist –, daß die unveräußerlichen Rechte des Menschen nur in einer Gesellschaft garantiert werden können, in der politische und bürgerliche Freiheit gedeihen – Gedankenfreiheit, das Recht der freien Meinungsäußerung, Versammlungsfreiheit, das Recht auf Bewegungsfreiheit und das Recht der Partizipation am demokratischen Prozeß. Im 19. Jahrhundert wurde diese Forderung in Großbritannien von Denkern wie Mill und Bentham noch höher entwickelt und fand im gesamten Westen ihren praktischen Ausdruck in der allmählichen Ausbreitung demokratischer Regierungsformen.

Auch die wirtschaftlichen und sozialen Rechte, denen heute berechtigterweise so viel Aufmerksamkeit geschenkt wird und deren Vernachlässigung man den westlichen Demokratien oft vorwirft, sind schon seit langem ein zentrales Anliegen unserer Gesellschaften. In der zweiten Erklärung der Menschenrechte im Jahr 1793 wurde das Recht auf Bildung verankert, und die Rechte der Gewerkschaften, der demokratische Sozialismus und ein ganzer Komplex sozialer Gesetzgebung, deren Entwicklung sich über mehr als ein Jahrhundert erstreckte, und auf denen unser manchmal als Wohlfahrtsstaat bezeichnetes System beruht, geben Zeugnis von der entscheidenden Bedeutung, die dieser Kategorie von Rechten im demokratischen Leben des Westens zukommt.

Es ist nichts Neuartiges oder Opportunistisches an der

Priorität, die die Mitgliedsstaaten des Europarates und anderer Demokratien in der heutigen Zeit den Menschenrechten einräumen; es ist, was es schon jahrhundertelang war: ein Anliegen unserer Völker und Regierungen, das immer mehr an Bedeutung gewinnt. Das relativ Neue daran ist die wachsende Erkenntnis – nicht nur in den westlichen Demokratien, sondern auf der ganzen Welt –, daß die Mißachtung der Menschenrechte berechtigterweise weltweit Besorgnis erregte und daß die Sicherung der Menschenrechte nicht länger den nationalen Regierungen allein überlassen werden darf. Die Grundprämisse fundamentaler und mit internationaler Übereinstimmung abgefaßter Dokumente (wie der Charta der Vereinten Nationen, der Allgemeinen Erklärung der Menschenrechte, der Menschenrechtspakte der Vereinten Nationen und der Europäischen Menschenrechtskonvention) beinhaltet im wesentlichen die Feststellung, daß die Menschenrechte auf Werten beruhen, die Besitz aller Menschen sind und über die nationalen Grenzen hinausgehen. Auch hier liegt kein völliger Bruch mit der Vergangenheit vor. Im 19. Jahrhundert erweckten der Kampf zwischen Absolutismus und Liberalismus in Europa sowie das Schicksal der spanischen Kolonien in Lateinamerika in Großbritannien genügend Anteilnahme für die unterdrückten Nationalitäten, um den Kurs der britischen Außenpolitik zu beeinflussen. Die sogenannten bulgarischen Greueltaten des Jahres 1876 riefen in ganz Europa Bestürzung hervor und hatten eine nachhaltige Wirkung auf die Einstellung der internationalen Gemeinschaft zur Balkanfrage.

Für jene von uns, die konsequent und unbeirrbar versuchen, die Berücksichtigung der Menschenrechte in die Gestaltung der Außenpolitik zu integrieren, besteht heute die wesentlichste Aufgabe darin, Mittel zu finden, durch welche die Achtung der Menschenrechte erfolgreicher gewährleistet werden kann. Vielleicht hatte Lord Acton mit seiner Ansicht recht, daß die Erklärung der Menschenrechte mächtiger sei als alle Armeen Napoleons; doch die Macht des moralischen Beispiels reicht selten aus, zumindest dann nicht, wenn es um die Rechte des Menschen geht.

Die britische Regierung bemüht sich um stärkere Beachtung der Menschenrechte in ihren bilateralen Beziehungen zu Ländern, in denen die Situation Anlaß zur Besorgnis gibt. Wir werden diese Bemühungen fortsetzen. Doch ist dies weder ein idealer Weg noch reicht er aus, um die Dinge in Angriff zu nehmen, denn er erfordert einen festen moralischen Standort auf der einen Seite und eine nüchterne, aber unerläßliche Berücksichtigung des Staatsinteresses, des voraussichtlichen Erfolges oder Mißerfolges geplanter Aktionen und der öffentlichen Stimmung im Land auf der anderen. Verschiedene Länder und verschiedene Umstände werden unterschiedliche Maßnahmen erfordern, und die Regierung wird sich oft dem Vorwurf der Inkonsequenz aussetzen. Wie Außenminister George Canning im Jahre 1821 vor dem Unterhaus feststellte, halten der Wert der politischen Freiheit und die Kosten für ihre Verwirklichung einander hübsch die Waage.

Der grundsätzliche Respekt der Briten vor der Herrschaft des Rechtes, der individuellen Freiheit, vor Fairneß und demokratischer Debatte, hat durch das britische Empire, die Dominien, die Kolonien und das Commonwealth auf die ganze Welt seinen Einfluß ausgeübt. Die Debatte wird innerhalb Großbritanniens fortgesetzt, doch ist es unvermeidlich, daß wir nach unseren eigenen großen Fortschritten in der Verbreitung der Menschenrechte den Wunsch haben, diesen Respekt vor den Menschenrechten in alle Länder der Welt zu tragen. Die Politik der Menschenrechte und die Diplomatie der Menschenrechte bilden den Kern der Entwicklung der britischen Außenpolitik. Um zu verstehen, auf welche Weise Großbritannien die internationale Debatte beeinflussen kann, müssen wir zuerst unsere eigene Außenpolitik analysieren.

Wir sind die Bewohner einer Insel, Teil Europas, doch mit

dem Atlantik vor unserer Küste. Ein Zufall in der Geschichte brachte uns die industrielle Revolution früher als allen anderen europäischen Ländern. Dies zusammen mit unserer Vormachtstellung zu See gab uns die nötigen Mittel, mit der ganzen Welt Handelsbeziehungen anzuknüpfen und fast überall Investitionen zu tätigen. Heute sind wir Mitglied der Europäischen Gemeinschaft, und unsere Zukunft ist mit jener Europas verflochten. Doch die Skala unserer internationalen Interessen erlaubt uns keinen Rückzug, selbst wenn wir ihn wünschten. Eine Einschränkung des Horizonts und ein Denken und Handeln, als lebten wir in einem Kontinent eingeschlossen, liegt nicht im britischen Instinkt. Der maritime Einfluß macht sich bei uns sehr stark bemerkbar.

Doch das heutige Großbritannien hat wenig Verlangen nach vergangenem Empire-Ruhm. In den letzten zehn Jahren haben wir gelernt, unseren Einfluß in der Welt realistischer einzuschätzen. Es ist nun an der Zeit, daß wir damit Schluß machen, uns unter unserem Wert einzustufen; und daß wir uns von unserer gegenwärtigen Stimmung der Introspektion und Selbstverunglimpfung losreißen. Wir brauchen mehr Selbstvertrauen, mehr nationalen Schwung. Wir neigen gefährlich dazu, unsere Schwächen zu übertreiben und unser Potential zu unterspielen. Wir besitzen nämlich ein beträchtliches Maß an Fähigkeiten.

Wir haben eine führende Stellung in der Europäischen Gemeinschaft inne, die mehr ist als bloß eine der reichsten und möglicherweise wirtschaftlich stärksten Gruppen der Welt. Die Bestrebungen der Mitgliedsstaaten gehen über unmittelbare nationale Anliegen hinaus. Diese Länder sind in Prinzip und Praxis bereit, zugunsten langfristiger Vorteile für die Gemeinschaft auf nationale Vorteile zu verzichten.

Wir sind ein Land, das ungewöhnlich stark vom Außenhandel abhängig ist und dessen Überseeinvestitionen gleich an zweiter Stelle nach denen der Vereinigten Staaten stehen. Wir sind immer noch das Finanzzentrum der Welt. Daraus ergibt sich die Notwendigkeit, daß wir eine Rolle in den wichtigsten internationalen Wirtschaftsinstitutionen – der OECD, dem IWF und dem GATT – spielen.

Wir sind ein lebenswichtiges Element des Atlantikpakts und der einzige europäische Mitgliedsstaat der NATO, der einen Beitrag zu den strategischen, taktisch-nuklearen und konventionellen Streitkräften der Organisation leistet. Wir haben eine fortwährende Verantwortung für Berlin, die für die Stabilität Europas von entscheidender Bedeutung ist. Wir sind ständiges Mitglied des UNO-Sicherheitsrates. Wir sind Mitglied des Commonwealth und haben dadurch einen einzigartigen Einblick in die Vorgänge und Interessen in fünfunddreißig unabhängigen Ländern, die einen breiten Querschnitt und ein Viertel der Weltbevölkerung repräsentieren. Dem Commonwealth gehören Länder in fast jedem Stadium wirtschaftlicher Entwicklung an, doch seine Vielfalt ist eine Stärke, nicht eine Schwäche. Der freie und zwanglose Meinungsaustausch, den eine gemeinsame Sprache und eine gemeinsame Geschichte ermöglichen, fördert das Verständnis für die Probleme jedes einzelnen Mitglieds.

Wir besitzen ein demokratisches System und eine Tradition politischer Stabilität, auf die wir zu Recht stolz sein können. Ab 1980 werden wir unseren Ölbedarf selbst decken können und für die nächsten Jahrzehnte als einziger wichtiger industrialisierter Staat von fremder Energie unabhängig sein. Wir haben in kultureller und moralischer Hinsicht einen Lebensstil entwickelt, der nicht nur einer unserer wertvollsten nationalen Vorzüge ist, sondern auch seit langem Europa und die ganze übrige Welt beeinflußt.

Diese positiven Kräfte werden allzu leicht daheim und im Ausland übersehen. Natürlich gibt es da auch eine negative Seite, und es wäre Torheit, sie zu übersehen. Wir können uns in der heutigen Welt nicht mehr auf die natürlichen Vorteile unserer Insellage verlassen, um das zu sichern, was wir wertschätzen. Mit der zunehmenden Verflechtung der Beziehungen sehen wir uns in Großbritannien in immer stärkerem Maße in unserer Fähigkeit eingeschränkt, unsere Interessen selbst zu schützen. Natürlich sind wir nicht die einzigen, die sich in dieser Lage befinden.

Wir leben in einer Welt, in der wahrscheinlich keine Nation und zweifellos keine industrialisierte Nation ihren Wohlstand und ihre Sicherheit garantieren kann, ohne den Blick nach außen zu richten. Das ist es, was wir im wesentlichen mit dem Modewort „Interdependenz" zum Ausdruck bringen. Es ist diese gegenseitige Abhängigkeit, die seit 1945 das internationale Gefüge verändert hat, in dem die britische Außenpolitik agieren muß. Es ist die Hauptaufgabe unserer Außenpolitik, zu entscheiden, wie wir unsere Grundziele – Förderung des nationalen Wohlstandes und Gewährleistung der nationalen Sicherheit – in einer Welt gegenseitiger Abhängigkeit am besten verwirklichen können.

Dazu müssen wir zuerst den Zusammenhang zwischen Wohlstand und Sicherheit erkennen. Wohlstand ohne Sicherheit ist von geringem Nutzen. Unsere Verläßlichkeit als Verbündeter und unsere Fähigkeit, in der Welt eine nützliche Rolle zu spielen, sind weitaus schwieriger aufrechtzuerhalten, wenn wir wirtschaftlich schwach sind.

Entscheidungen, die fern von unserem Land getroffen werden und auf die wir geringen oder gar keinen Einfluß haben, berühren uns in steigendem Maß. Unser Export von Gütern und Dienstleistungen macht etwa ein Drittel unseres Bruttonationalproduktes aus. Wir importieren die Hälfte unserer Nahrungsmittel und eine noch größere Menge unserer Rohstoffe. Entwicklungen in der internationalen Wirtschaft wirken sich daher direkt auf den Wohlstand jedes einzelnen Bewohners dieses Landes aus.

Seit 1945 spielen internationale Entscheidungen für die

Volkswirtschaft eine fast ebenso große Rolle wie innerstaatliche Entscheidungen. Die demokratischen Industrieländer haben ein gemeinsames Interesse an stabilen Währungen und der Ausweitung des freien Handels und betrachten es als vorrangige Notwendigkeit, eine Wiederholung der rückläufigen Konjunktur der dreißiger Jahre, die sich in diesem und in anderen Ländern so tragisch auswirkte, zu vermeiden. Durch die Weltwirtschaftskrise wurde diese gegenseitige Abhängigkeit seit 1973 noch stärker unterstrichen.

Eine Belebung der Weltwirtschaft hängt zu allererst von einer Steigerung der Nachfrage in den wirtschaftlich starken Ländern ab. Eines der zentralen Wirtschaftsprobleme ist die Frage, was mit dem OPEC-Überschuß geschehen soll. Eine weitere beunruhigende Erscheinung ist die Arbeitslosigkeit, die uns nicht in regelmäßigen Abständen heimsucht, sondern immer mehr zu einem strukturellen und langfristigen Problem wird, das sich nicht auf einzelne Länder beschränkt, sondern die ganze Welt erfaßt.

Ein ebenso bedeutender Aspekt der wirtschaftlichen Interdependenz ist das Verhältnis zwischen der entwickelten Welt und den Entwicklungsländern. Das wesentlichste und schwierigste Problem in diesen Beziehungen ist die Tatsache, daß in der internationalen Wirtschaft ein Drittel der Weltbevölkerung ein Pro-Kopf-Einkommen von weniger als hundert Pfund Sterling im Jahr bezieht, und daß sich die Bevölkerung der Entwicklungsländer noch vor dem Ende dieses Jahrhunderts wahrscheinlich um sechzig Prozent vermehrt haben wird.

Doch die Kluft zwischen den reichen und armen Ländern ist nicht bloß eine statistische Angelegenheit. Sie ist vor allem eine moralische Frage, die einen festen, grundsätzlichen Standpunkt erfordert. Ja, sie ist sogar eine Frage der Sicherheit. Die ungeheuerliche und ständig zunehmende Ungleichheit ist nicht nur in den Gesellschaften einzelner Staaten, sondern auf der ganzen Welt eine Quelle der Konfrontation, die letztlich zum offenen Konflikt führt. Wir sind entschlossen, uns für ein faireres und vernünftigeres Weltwirtschaftssystem einzusetzen, das den Menschen in den ärmeren Ländern ein Leben ermöglicht, in dem nicht mehr Unterernährung, Not und chronischer Mangel vorherrschen. Die Tatsache, daß es im Rahmen des nationalen Einverständnisses einfach nicht möglich ist, allen Bedürfnissen der weniger entwickelten Länder sofort und gleichzeitig gerecht zu werden, kann die Entschiedenheit unseres Vorhabens nicht beeinträchtigen.

Seit 1945 nimmt Großbritannien in steigendem Maße freiwillig einen Platz in Organisationen ein, die dazu dienen, gemeinsam mit anderen Nationen Entscheidungen zu treffen. Das hatte Kompromisse zur Folge; nicht immer konnten wir unseren Willen durchsetzen. Es wurden aber auch in gemeinsamem Bemühen Lösungen für gemeinsame Probleme gefunden, die wir ebenso wie andere Nationen allein nicht hätten bewältigen können. Dies gilt im besonderen für unsere Mitgliedschaft in der NATO und der Europäischen Gemeinschaft.

Die Gründung der NATO im Jahre 1949 war Ausdruck der Tatsache, daß die Staaten Westeuropas sich nicht jeder für sich verteidigen konnten und daß die Sicherheit nur gemeinsam mit den Vereinigten Staaten gewährleistet werden konnte. Die Beziehungen Großbritanniens und Europas zu den Vereinigten Staaten sind ein wesentliches Merkmal des Gefüges der gegenseitigen Abhängigkeit, in dem die britische Außenpolitik agiert. Dies ist eine logische Folge der Stellung der Vereinigten Staaten in der internationalen Wirtschaft. Es ist auch ein Spiegelbild der militärischen Stärke der Vereinigten Staaten. Die Beziehungen zwischen England und den Vereinigten Staaten ruhen auf einer sehr starken Grundlage: auf gemeinsamen Idealen und Prinzipien. Für Großbritannien gab es niemals eine Frage der Wahl zwischen Europa und den

Vereinigten Staaten. Wir brauchen beide, und die Vereinigten Staaten brauchen uns beide.

Die Mitgliedschaft in der NATO ist die Basis der britischen Sicherheit. Diese Organisation ist in einem Zeitalter der Entspannung ebenso wichtig, wie sie es in der Zeit des Kalten Krieges war. Denn Entspannung ohne Sicherheit ist ein Widerspruch in sich. Zum Glück ist dieser spezielle Aspekt der Beziehungen Europas zu Amerika beruhigend stabil, trotz der raschen Veränderungen, die sich in internationalen Angelegenheiten vollziehen. Es ist bemerkenswert, daß, nach drei Jahrzehnten des Friedens und tiefgreifender wirtschaftlicher und sozialer Umwälzungen, der Atlantikpakt – eine Vereinigung fünfzehn freier, demokratischer Nationen – immer noch starken Zusammenhalt und Vertrauen in die gemeinsamen Ziele besitzt.

Die Entspannung und die fortgesetzte Suche nach einer konstruktiveren, leichter zu handhabenden und von größerer Sicherheit geprägten Beziehung zur Sowjetunion und den anderen Ländern Osteuropas ist das Hauptanliegen des Bündnisses. Es wäre jedoch ein schwerwiegender Fehler, in der Entspannung eine ausschließlich europäische Angelegenheit zu sehen, oder einen Prozeß, der sich auf die bilateralen Beziehungen zwischen den beiden Supermächten beschränkt. Es gibt zahlreiche Gebiete außerhalb Europas, in denen Spannungen den Weltfrieden ständig bedrohen. Die künftige Glaubwürdigkeit der Entspannungspolitik hängt von der Bereitschaft zur Zurückhaltung und Verantwortung aller Staaten in Krisensituationen inner- und außerhalb Europas ab. Das verstehen wir unter Unteilbarkeit der Entspannung. Abrüstung und Rüstungskontrolle sind ihre Kernpunkte und zentraler Bestandteil jeglicher Ausweitung der Menschenrechte zur Schaffung einer sichereren Welt.

Großbritannien ist zu Beginn des Jahres 1973 der Europäischen Gemeinschaft beigetreten, weil es erkannte, daß keine europäische Nation allein die Ressourcen, die moralische Kraft und das Material besitzt, mit den Herausforderungen der modernen Welt erfolgreich fertig zu werden. Wir Briten sahen, daß die westeuropäischen Beziehungen in der zweiten Hälfte des 20. Jahrhunderts auf eine völlig neue Basis gestellt werden mußten und daß Großbritannien dabei nicht abseits stehen konnte. Wenn die Völker Westeuropas weiterhin in Wohlstand und Frieden leben wollten, wenn die Werte demokratischer Gesellschaften dem Druck bedrohlicher Ideologien standhalten sollten, und wenn Europa den ihm gebührenden Platz und Einfluß in der Welt zurückgewinnen wollte, mußte in Europa ein neuer Geist der Zusammenarbeit erwachen, und es mußten Institutionen geschaffen werden, die diesem Geist gerecht werden. Deshalb unterschrieben wir die im Abkommen von Rom niedergelegte Entschlossenheit unserer Partner, „den Grundstein zu einer immer enger werdenden Union der Völker Europas zu legen . . . den wirtschaftlichen und sozialen Fortschritt unserer Länder durch gemeinsame Aktionen zu sichern . . . und unsere Ressourcen zusammenzulegen, um den Glauben an die Freiheit zu erhalten und zu stärken".

Am 31. Dezember 1977 endete die Übergangsperiode der Mitgliedschaft Großbritanniens in der Europäischen Gemeinschaft, und seit dem Beginn des Jahres 1978 ist Großbritannien ordentliches Mitglied der Gemeinschaft. Und dies nicht nur im engen rechtlichen Sinn. In diesen ersten Jahren vollzog sich eine schrittweise Anpassung auf den verschiedensten Gebieten der Regierungspolitik an die Mitgliedschaft in der Gemeinschaft. Doch von noch größerer Bedeutung ist das neue politische Verständnis für die Permanenz unserer EG-Mitgliedschaft, das sich nach einer Periode manchmal schmerzlicher Anpassung entwickelt hat.

Die Gemeinschaft der Neun ist mehr als eine um drei Mitglieder erweiterte Gemeinschaft der Sechs. Die Neuner-

Gemeinschaft ist eine Vereinigung, die sich trotz Beibehaltung des grundlegenden institutionellen Rahmens zu einer völlig neuen Gemeinschaft entwickelt hat. Diese neue Gemeinschaft ist mehr als bloß die Summe ihrer Bestandteile. Da Großbritannien das größte Land unter den neuen Mitgliedern ist, werden wir von den Puristen, die keine Änderung in der Haltung und den Praktiken der früheren Sechser-Gemeinschaft wünschen und keinen Unterschied zwischen der Gemeinschaft der Neun und der ursprünglichen Gemeinschaft der Sechs sehen, immer wieder zum schwarzen Schaf gestempelt. Sie haben manchmal das Gefühl, Großbritannien versuche die Gemeinschaft zu verändern, um seinen eigenen Interessen zu dienen, anstatt sich den Regeln des Klubs zu unterwerfen, dem es freiwillig beitrat. Natürlich müssen wir die Regeln akzeptieren, doch die Regeln eines Klubs können durchaus auch dann bestehen bleiben, wenn der Klub seinen Charakter ändert; und genau das ist in der Gemeinschaft geschehen.

Die Einführung der politischen Zusammenarbeit außerhalb des Vertragsrahmens im Jahre 1972 bedeutete eine zunehmende politische Entwicklung der Gemeinschaft bei gleichzeitiger, zumindest vorübergehender Verlangsamung der institutionellen und finanziellen Entwicklung, die vielleicht auch auf die weltweite Wirtschaftsrezession zurückzuführen war. Auf dem Gebiet der Menschenrechtspolitik unternimmt die Gemeinschaft den Versuch zu gemeinsamem Handeln. Wir koordinieren unser Abstimmungsverhalten bei den Vereinten Nationen, so daß die Gemeinschaft in achtzig Prozent der Fälle einstimmige Entscheidungen getroffen hat. Wir koordinieren unsere Standorte vor und während der Konferenzen, wie zum Beispiel im Fall der Schlußakte von Helsinki und der Folgekonferenz in Belgrad.

Die Stabilität in Europa kann von der Stabilität in der Welt nicht getrennt werden. Die Gemeinschaft hat ihrer Überzeugung Ausdruck verliehen, daß die Forderung der Entwicklungsländer nach einer gerechteren Wirtschaftsordnung zu Recht besteht. Ebenso wie unser Land haben auch Frankreich, Deutschland, Belgien und Holland eine koloniale Vergangenheit, und so wie wir vertreten sie die Auffassung, daß es sowohl im Interesse der hochentwickelten Länder als auch der Entwicklungsländer stehe, den letzteren ihren gerechten Anteil an Einflußnahme auf das internationale Wirtschaftssystem einzuräumen. Durch die Lomé-Konvention, die zweiundfünfzig Entwicklungsländer umfaßte, wurde die Politik der Gemeinschaft in letzter Zeit durch die Berücksichtigung der Menschenrechte beeinflußt, was sich zum Beispiel in ihrer Haltung gegenüber Uganda äußerte. Doch der Anwendung der Konvention sind Grenzen gesetzt, denn sie beruht auf dem Prinzip der gleichberechtigten Mitbestimmung und erfordert daher die Zustimmung aller Beteiligten.

Die Gemeinschaft, deren Hauptsorge natürlich den weniger Glücklichen unter den eigenen Leuten gilt, hat auch die unausweichliche moralische Verpflichtung akzeptiert, sich in gleichem Maß für die Benachteiligten auf der ganzen Welt einzusetzen; sie ist sich bewußt, daß wir die Armen dieser Welt nicht auf Gnade und Ungnade der Malthusschen Trilogie von Krieg, Hungersnot und Krankheit ausliefern können. Obgleich die Europäische Gemeinschaft als Gemeinsamer Markt begann, hat sie auch oft aktiv interveniert und stützt sich nicht nur auf die Kräfte des Marktes. Zumindest die europäischen Sozialisten können sich nicht daheim mit Überzeugung der Sprache der Sozialdemokratie bedienen und in der internationalen Gemeinschaft eine *laissez-faire*-Politik und die Ideale eines Adam Smith vertreten.

Wie auch immer die politische Philosophie ihrer Mitgliedsstaaten beschaffen sein mag – es waren sich alle stets darin einig, daß die Gemeinschaft die Pflicht zur Förderung der Menschenrechte und zur Entfaltung ihres politischen und wirtschaftlichen Einflusses hat, um den Dialog mit den Entwicklungsländern voranzutreiben. Dies steht nicht nur im Einklang mit den alten Banden der Freundschaft und Zusammenarbeit einzelner Mitgliedsstaaten zu außereuropäischen Ländern, sondern auch mit der rasch an Bedeutung gewinnenden Rolle der Gemeinschaft selbst als einer wichtigen Kraft im internationalen Geschehen.

Zusätzlich verfolgt Großbritannien eine weltweite, multilaterale Annäherung an das Problem der Menschenrechte durch seine Mitgliedschaft in den Vereinten Nationen. Diese Organisation hat schon eine ganze Menge erreicht. Die Menschenrechte sind ein integrierender Bestandteil der Charta selbst. Die Allgemeine Erklärung der Menschenrechte, die 1948 von der UNO unterschrieben wurde, gilt allgemein und zu Recht als Standardtext. Die beiden internationalen Pakte – einer über die wirtschaftlichen, sozialen und kulturellen Rechte, der andere über die bürgerlichen und politischen Rechte – bringen in allen Einzelheiten die der Erklärung zugrunde liegende Auffassung vom Menschen als ein in Politik, Gesellschaft und Wirtschaft verankertes Wesen zum Ausdruck. Die Vereinbarungen wurden von einer ausreichenden Zahl von Staaten ratifiziert, so daß sie jetzt in Kraft treten können. Der Ausschuß für Menschenrechte, der speziell dazu geschaffen wurde, die Durchführung des Internationalen Paktes über bürgerliche und politische Rechte zu überwachen, funktioniert gut. Zusätzlich gibt es noch ein System von Institutionen unter der Schutzherrschaft des Wirtschafts- und Sozialrates (die Menschenrechtskommission, die Subkommission zur Verhinderung der Diskriminierung und zum Schutze der Minderheiten, und das vertrauliche Verfahren auf der Grundlage der Resolution 1503). Auch die Internationale Arbeitsorganisation (ILO) und die UNESCO sind auf dem Gebiet der Menschenrechte aktiv. Doch alles in allem besehen, liegt die einzige Macht der UNO zur Verwirklichung ihrer Ziele in der

Bereitschaft und im guten Glauben ihrer Mitglieder – Eigenschaften, die die Organisation bei ihren Erwägungen im Zusammenhang mit der Mißachtung der Menschenrechte nur allzuoft unberücksichtigt läßt. Das wäre auch dann der Fall, wenn Verbesserungen der Art eingeführt würden, wie wir in Großbritannien sie vorziehen: so zum Beispiel die Ernennung eines Hochkommissars für Menschenrechte und häufigere Zusammenkünfte der Menschenrechtskommission, um eine stärkere Kontinuität zu gewährleisten. Das ist kein Argument für eine Rücknahme der Bereitschaft Großbritanniens, die UNO in jeder nur möglichen Weise zu unterstützen. Ganz im Gegenteil! Die Mißachtung der Menschenrechte ist eine weltweite Erscheinung, und die internationale Gemeinschaft muß versuchen, auf weltweiter Basis dagegen vorzugehen: Nur die UNO stellt ein Medium für diesen Versuch dar. Doch wir müssen uns darüber im klaren sein, daß dieser Vorgang langsam und mühevoll sein wird, und daß vielleicht erst unsere Kinder oder Enkel das Endziel einer formell bindenden und gesetzlich durchsetzbaren Verpflichtung der Mitgliedsstaaten im Hinblick auf allgemein anerkannte Kriterien der Menschenrechte erleben werden.

Vor kurzem legte Nigeria der UNO-Generalversammlung eine Resolution zur Schaffung regionaler Ausschüsse für die Menschenrechte vor. Großbritannien begrüßte diese Initiative, da regionale Ausschüsse dieser Art, in der richtigen Form und mit den richtigen Gewalten ausgestattet, die Arbeit der UNO unterstützen könnten. Es spricht viel für die Ergänzung der globalen Bemühungen durch Versuche, die innerhalb vernünftiger Grenzen auch verschiedene Traditionen und einen unterschiedlichen kulturellen Hintergrund berücksichtigen. Zweifellos sind die Aussichten für eine wirksame Sicherstellung der Menschenrechte weitaus größer, wenn die in Frage stehenden Länder auch eine Reserve gemeinsamer Werte besitzen.

Als Mitglied des Europarates gründen wir dieses Urteil in erster Linie auf unsere Bewertung der wachsenden Durchschlagskraft der Europäischen Konvention zum Schutze der Menschenrechte und Grundfreiheiten, die im Jahre 1950 entstand, und auf die Effizienz ihrer ausführenden Organe: der Europäischen Menschenrechtskommission, die viele Jahre hindurch einen britischen Präsidenten hatte, und des Europäischen Gerichtshofes für Menschenrechte. Die Konvention hat der Allgemeinen Erklärung der Menschenrechte zwar sehr viel zu verdanken, doch ist sie einzigartig darin, daß ihr in der Kommission und im Gerichtshof ein Durchführungsapparat zur Verfügung steht, der für die Mitgliedsstaaten des Europarates rechtsverbindlich ist. Die Kommission prüft Beschwerden eines einzelnen gegen einen Staat oder eines Staates gegen einen anderen.

Wir in Großbritannien sind uns der tatsächlichen Effizienz dieser Institutionen zum Schutz der Menschenrechte ebenso bewußt wie jedes andere Mitglied des Europarates, denn wir wurden sowohl von Staaten als auch von Einzelpersonen vor den Gerichtshof und die Kommission gebracht. Die meisten Klagen gegen das Vereinigte Königreich von Großbritannien erwiesen sich als unbegründet, doch nicht alle. Die Erfahrung war für uns sicher nicht besonders angenehm, doch Großbritannien akzeptiert die Tatsache, daß die im Rahmen der Europäischen Konvention vorgesehenen Institutionen zum Schutz der Menschenrechte ein integrierender Bestandteil des empirischen Prozesses geworden sind, durch den in Großbritannien Jahrhunderte hindurch die individuellen Freiheiten ausgebaut und gefestigt wurden. Dieser Prozeß ist die Grundlage unserer demokratischen Lebensweise. Im Gegensatz zum kontinentalen Europa mit seiner im Römischen Recht verankerten Tradition haben wir formelle Verfassungen niemals geschätzt, und die Argumente für eine *Bill of Rights* nur widerstrebend akzeptiert. Wir zogen es vor, uns auf den angelsächsischen Empirismus zu verlassen und schufen Schritt für Schritt eine Gesetzessammlung, die die Rechte des Staatsbürgers sichert. Dieser Prozeß muß seiner Definition nach ein Prozeß ständiger Evolution sein, um dem ebenfalls ständigen Entwicklungsprozeß der Gesellschaft gerecht zu werden. Es wird stets Raum für Verbesserungen geben, um die Rechte des einzelnen zu sichern, in Großbritannien wie auch anderswo in Europa. Daß die Autorität und die strikten Regeln des Europäischen Gerichtshofs und der Menschenrechtskommission nun neben unseren eigenen Institutionen dazu beitragen, diese Verbesserungen zu verwirklichen, ist voll und ganz zu begrüßen und sollte nicht mit insularem Mißtrauen betrachtet werden. Eingaben bei der Kommission oder beim Gerichtshof in Straßburg haben beispielsweise im Vereinigten Königreich zur Einführung eines neuen Systems von Rechtsmitteln für Einwanderer beigetragen und zur Festsetzung neuer Bestimmungen für das Recht Gefangener auf Zutritt zu den Gerichten.

Was kann oder sollte getan werden, um die Europäische Konvention noch erfolgreicher zu machen? Das System hat sich natürlich im Lauf der Jahre ständig weiterentwickelt. Mit dem ersten und vierten Protokoll zur Konvention wurden wesentliche neue Rechte hinzugefügt. Auch eine Reihe technischer Verbesserungen wurden vorgenommen. Derzeit wird daran gearbeitet, eine erfolgreichere Anwendung der grundlegenden Maßstäbe auf spezielle Probleme zu ermöglichen. Dazu gehören beispielsweise die Pressefreiheit und die Bedrohung der Privatsphäre durch Datenbanken. Ein zwischenstaatliches Expertenkomitee, in dem das Vereinigte Königreich vertreten ist, untersucht gegenwärtig die Möglichkeit, gewisse Rechte, die im internationalen Pakt über bürgerliche und politische Rechte verankert sind, und die von der Europäischen Konvention nicht ausdrücklich erfaßt werden, zu übernehmen.

Bisher konnte die Konvention noch nicht in allen Punkten erfüllt werden, und nicht alle Mitgliedsstaaten anerkennen ihre Bestimmungen und die Bestimmungen ihrer Protokolle. Vier Länder akzeptieren die verbindliche Gerichtsbarkeit des Gerichtshofes nicht, fünf anerkennen das individuelle Petitionsrecht nicht, acht Länder haben das vierte Protokoll nicht ratifiziert. Dazu gehört auch Großbritannien, das das Protokoll allerdings unterzeichnet hat. Dieses Protokoll garantiert gewisse Rechte im Zusammenhang mit der persönlichen Freiheit und der Bewegungsfreiheit. Hinter diesem Problem steht ein grundlegender Unterschied in der Einstellung Großbritanniens nicht nur zum Europarat, sondern zur gesamten Weiterentwicklung der Europäischen Gemeinschaft – einer Einstellung, die sich in der gesamten britischen Haltung widerspiegelt.

Ein sehr bedeutender Unterschied zwischen unserer Einstellung und der Anschauung unserer meisten Partner in der Europäischen Gemeinschaft beruht auf der alten Trennung zwischen den angelsächsischen und napoleonischen philosophischen und politischen Traditionen. Die im Römischen Recht und der Französischen Revolution verwurzelte napoleonische Tradition legt besonderes Gewicht auf die Darlegung der Ziele in einem formellen gesetzlichen Rahmen, während unsere angelsächsische Tradition sich auf den Empirismus stützt, auf das langsame, schrittweise Vorgehen. Ein voll ausgereifter Föderalismus innerhalb der Europäischen Gemeinschaft ist ein edles Ziel, aber ein Ziel, das den meisten Menschen in Großbritannien unrealistisch, manchen sogar märchenhaft vorkommt. Verallgemeinerungen sind problematisch, und es gibt sicher viele verschiedene Ansichten in Großbritannien, doch im großen und ganzen vertreten die Briten eine eher praktische Einstellung. Wir können uns eine föderalistische Verbindung zwischen neun Nationen mit sehr unterschiedlichen politischen, sozialen und kulturellen Traditionen, von denen einige im europäischen Sinn noch sehr junge Nationen sind, über einen realistischen Zeitraum politischer Aktivität hinaus nicht konkret vorstellen. Erfolgreiche und unabhängige Föderationen brauchten meist lange Zeit zu ihrer Entwicklung, wie zum Beispiel die USA, oder weisen eine starke Homogenität auf wie Australien oder Deutschland. Während andere schöne Reden halten, richten wir unser Augenmerk instinktiv auf die praktischen Folgen: die Kontrolle der Außenpolitik, der Finanzen, der Währungspolitik und der Streitkräfte würde zur Gänze in die Hände einer übernationalen Regierung oder Bundesregierung übergehen. Sind unsere Partner dazu wirklich schon so bald bereit? Wir bemühen uns lieber um praktische Verbesserungen im Zusammenhang mit unmittelbaren Problemen, als uns für ein fernes Ziel einzusetzen, für das so gut wie alle nötigen Voraussetzungen fehlen. Im Vertrag selbst wird das Ziel einer europäischen Föderation nie ausdrücklich erwähnt. Die politischen Ziele der Gemeinschaft sind in diesem Vertrag mit den Worten: „. . . die Grundlage für eine ständig enger werdende Union der Völker Europas zu legen", festgehalten. Das britische Volk bevorzugt eine sich langsam entfaltende, offene Gemeinschaft, und wird sich aus vernünftigen kulturellen und politischen Gründen gegen den Versuch wehren, der Gemeinschaft eine starre, vorgefaßte Meinung über die künftige Beschaffenheit Europas aufzudrängen.

Die Väter der Europäischen Gemeinschaft setzten sich in den frühen fünfziger Jahren das Ziel einer zentralisierten Gemeinschaft, aus deren Kommission letztlich die Regierung eines Vereinten Europas hervorgehen sollte. Sie glaubten daran, daß die Gemeinschaft sich eines Tages zu einem föderalistischen Gefüge entwickeln würde, und daher wies die institutionelle Struktur des Vertrages zwangsläufig eine zentripetale Tendenz auf.

Wie die Ereignisse gezeigt haben, können nationale Interessen und Traditionen, die in manchen Fällen, wie zum Beispiel in unserem, auf einer mehr als tausendjährigen Entwicklung beruhen, nicht innerhalb von zwei Jahrzehnten in Nichts aufgelöst werden – selbst wenn dies wünschenswert wäre, was allerdings manche bezweifeln. Den föderalistischen Bestrebungen stehen das nach wie vor stark ausgeprägte Nationalgefühl, die unterschiedlichen Staatsinteressen und, bedauerlicherweise, die wirtschaftlichen Unterschiede innerhalb der Gemeinschaft entgegen.

Ein Vergleich der Geschichte Westeuropas mit jener der Vereinigten Staaten zeigt den weiten Weg, den wir zu gehen hätten, selbst wenn wir wirklich einen europäischen Staatenbund haben wollten. Die Vereinigten Staaten entwickelten ihr Bundessystem auf der Grundlage einer in kultureller und sozialer Hinsicht relativ homogenen Gesellschaft. Die dreizehn ursprünglichen Staaten hatten eine gemeinsame Sprache und einen gemeinsamen kulturellen, historischen und rechtlichen Hintergrund. Sie schlossen sich gegen einen gemeinsamen Feind zusammen, und ihr Zusammenhalt wurde durch eine gemeinsame Herausforderung gefestigt – durch die Herausforderung des riesigen, fast völlig leeren Kontinents, in dem sie lebten. Es bedurfte eines verheerenden Bürgerkrieges fast ein Jahrhundert nach der Gründung der Republik, um diese Föderation zu festigen, die sich in geographischer und demographischer Hinsicht langsam und maßvoll entwickelte.

Wenn man den Föderalismus jedoch ablehnt, wie soll man dann die Zukunft der Gemeinschaft definieren? Die Bezeichnung *Konföderalismus* ist ein häufig verwendeter Terminus, und manche Kommentatoren betrachten die Einstellung der Labour-Regierung als eine konföderalistische Haltung. So wie die Europäische Gemeinschaft heute aussieht, könnte man sie, objektiv besehen, als konföderalistisches System bezeichnen. Ein System, in dem souveräne Staaten die Verantwortung für die Handhabung gewisser gemeinsamer Angelegenheiten in die Hände einer zentralen Behörde legen und sich gleichzeitig ein gewisses Maß der Kontrolle über gemeinsame Unternehmungen und die unbestrittene Autorität in allen Angelegenheiten, für die die Verantwortung nicht dem Zentrum übertragen wurde, vorbehalten. Das ist die Gemeinschaft heute dem wahren Sachverhalt nach, und als solche kann sie akzeptiert werden.

Der Konföderalismus kann aus den der Kritik am Föderalismus entgegengesetzten Gründen angefochten werden. Während der Föderalismus sehr genau umreißt, wie die künftige Entwicklung aussehen soll, finden sich im Konföderalismus keinerlei Andeutungen über seine Ziele, und es ist nicht eindeutig festgelegt, welche Angelegenheiten kollektiv oder auf nationaler Ebene erledigt werden sollen. Es existiert heute keine Konföderation, die der Europäischen Gemeinschaft als Modell oder erstrebenswertes Vorbild dienen könnte. Doch gerade darin, daß sie etwas völlig Neues ist, liegt die Stärke der Gemeinschaft. Sie folgt keinem bestehenden doktrinären Plan und unternimmt keinen Versuch, irgendein bestehendes Modell nachzuahmen.

Die Gemeinschaft ist himmelweit von jeder üblichen Form zwischenstaatlicher Organisationen entfernt. Vor allem besitzt sie eine Institution – die Kommission –, die weit über den Rahmen eines einfachen Sekretariats hinausgeht. Die unabhängige Rolle der Kommission ist ein wichtiges Element in der derzeitigen Funktionsweise der Gemeinschaft. Es ist dieses Element, das die Gemeinschaft von allen anderen Systemen einer Staatenverbindung unterscheidet. In Großbritannien hat man das nicht ganz unbegründete Gefühl, daß gewisse Teile der Gemeinschaft – und auch der Kommission – länger als erwartet gebraucht haben, um zur Kenntnis zu nehmen, daß Großbritanniens Insellage eine geologische und geographische Tatsache ist und nicht ein tadelnswerter Akt antieuropäischer Haltung. Sie haben sich nicht immer klargemacht, daß ein

Inselstaat aus durchaus gerechtfertigten Gründen seine eigenen Ansichten über gewisse Dinge, wie zum Beispiel die Fischerei, hat, geradeso wie ein Land mit großen landwirtschaftlich nutzbaren Gebieten wie etwa Frankreich seine eigenen wohlverteidigten Ansichten über die Landwirtschaft hat. Oder nehmen wir ein anderes Beispiel: Unsere Wasserversorgungs- und Verschmutzungsprobleme sind völlig andersgeartet als die unserer Nachbarn auf dem Kontinent. Da unsere Flüsse kürzer sind und schneller fließen als die großen trägen Ströme des Kontinents, beruht es einfach auf gesundem Menschenverstand, wenn Großbritannien sich gegen allgemeine Normen sträubt, die die Verschmutzungsprobleme kontinentaler Flüsse zur Grundlage haben.

Eine erfolgreiche und leistungsfähige Kommission, die die Durchführung von Maßnahmen betreibt und dort gemeinsame Praktiken und Normen festsetzt, wo sie in unser aller Interesse stehen, muß flexibel sein und sich den rein praktischen Schwierigkeiten anpassen, die sich aus dem Bemühen um eine Harmonisierung in einer Gemeinschaft ergeben, die von sechs auf neun Mitglieder angewachsen ist. In einer Zwölfer-Gemeinschaft wird diese Notwendigkeit zur Anpassung noch vordringlicher sein. Die Puristen sehen in der Ausweitung eine Schwächung der Gemeinschaft und äußern sogar den Verdacht, die Befürwortung einer Vergrößerung sei Teil einer Strategie, durch die die Gemeinschaft entkräftet und zerstört werden soll. Zweifellos wird sich die Gemeinschaft durch eine Vergrößerung verändern; es wäre absurd, wollte man dies nicht zur Kenntnis nehmen. Einer der Gründe, warum die ursprünglichen Sechs sich so lange und ausführlich mit der Vergrößerung der Gemeinschaft auseinandersetzten, war ihre Sorge, ob der Gewinn die Verluste aufwiegen würde. Eine Gemeinschaft der Sechs war sehr attraktiv, doch waren ihr auch beachtliche Grenzen gesetzt. Wegen dieser Einschränkungen, vor allem in politischer

Hinsicht, wurde der Beschluß zur Erweiterung der Gemeinschaft gefaßt. Auch die Neun sind heute der Meinung, daß vor allem politische Argumente und politische Interessen als wesentliche Antriebskraft hinter dem Wunsch nach einer Vergrößerung auf zwölf Mitglieder stehen.

Wirtschaftliche Erwägungen dürfen durch politische Überlegungen nur beschränkt zurückgestellt werden. Was die Gemeinschaft im Grunde zusammenhält, ist die Tatsache, daß sie auf der soliden wirtschaftlichen Grundlage von Kohle, Stahl, Handelstarifen und Landwirtschaft errichtet wurde. Niemand ist gewillt, durch eine Erweiterung eine Untergrabung dieser Grundstruktur zu riskieren. Die Gemeinschaft ist nicht nur eine politische Superstruktur. Sie verfügt über wichtige Einrichtungen, die durch Verträge geschützt sind, und es ist durchaus richtig, daß diese verteidigt werden müssen. Es zeichnen sich bereits beunruhigende wirtschaftliche Divergenzen zwischen den Mitgliedsstaaten ab. Eine Verschärfung dieser Divergenzen im Zuge einer Erweiterung würde die Gemeinschaft ernsthaft schädigen. Sollte sich dieser Trend durchsetzen, so könnte dies den politischen und sozialen Zusammenhalt ernsthaft beeinträchtigen.

Unsere Befürwortung der Erweiterungsabsichten beruht auf unserer starken politischen Verpflichtung, die Demokratie in Griechenland, Portugal und Spanien zu unterstützen. Wir glauben, daß die Mitgliedschaft für diese drei Länder ein wichtiger Faktor zur Stabilisierung und zum Schutze ihrer Demokratien wäre. Wir setzen uns aus politischen Gründen sehr intensiv für eine Erweiterung der Gemeinschaft ein, doch wir geben uns keinen Illusionen über die zweifellos daraus erwachsenden wirtschaftlichen und institutionellen Probleme hin.

Eine Erweiterung ist vom historischen Standpunkt aus unvermeidlich und politisch wünschenswert. Einige der Länder, die sich um die Mitgliedschaft bewerben, stehen seit zwei

Generationen abseits der Hauptströmung demokratischer Entwicklung im Westen. Die politische Notwendigkeit ist also nicht zu leugnen.

Die Gemeinschaft muß jedoch den Realitäten ins Auge sehen, die sich aus dieser politischen Verpflichtung ergeben. Die Erweiterung wird nicht leicht sein. Sie wird eine Verschärfung der bereits bestehenden wirtschaftlichen Unterschiede nach sich ziehen. Sie wird den Prozeß der Annäherung verlangsamen. Sie könnte es schwieriger machen, zu Entscheidungen zu gelangen. Sie wird zweifellos Geld kosten. Und sie wird die wirtschaftliche und soziale Struktur der drei neuen Mitglieder solange belasten, bis der Integrationsprozeß abgeschlossen ist.

Großbritannien wird sich weiterhin gegen die Theorien über die künftige Architektur Europas zur Wehr setzen, es wird aber mit ebensogroßem Eifer Schritte zur Schaffung einer echten demokratischen Partnerschaft in Europa unternehmen. Und unsere Partner sollten wissen, daß wir, um gute Europäer zu sein, unsere Ziele nicht in Begriffen zu definieren brauchen, die uns theoretisch oder halb theologisch zu sein scheinen.

Die Europäische Gemeinschaft ist ein einzigartiges Gebäude, und ihre Entwicklung wird auf die Zukunft dieses Landes und auf die Zukunft Europas großen Einfluß haben. Sie ist eine wirtschaftliche Institution mit zunehmend politischen Charakterzügen. Sie ist eine Institution, die Elemente der Innen- und Außenpolitik in sich vereint. Und sie ist eine von Natur aus dynamische Institution, die in keiner anderen internationalen Organisation eine Parallele hat.

Es ist von außerordentlicher Bedeutung, daß der Europarat und die Europäische Gemeinschaft ihre beiderseitigen Bemühungen zum Schutze der Menschenrechte aufeinander abstimmen und ergänzen. Die neun Mitgliedsstaaten der Gemeinschaft bemühen sich jeder für sich und auch gemeinsam sehr intensiv darum, ein internationales Klima zu schaffen, in dem diejenigen, die die Menschenrechte mißachten, nicht gedeihen können. Die Stärke der Neuner-Gemeinschaft, die von den Mitgliedern des Europarates auf Grund ihrer deutlicher ausgeprägten Verschiedenartigkeit nicht erreicht werden kann, was auch gar nicht ihr Ziel sein sollte, liegt in ihrer Fähigkeit, durch den Mechanismus der politischen Zusammenarbeit in Sachen Menschenrechte geschlossen aufzutreten und zu handeln. Das taten die Neun beispielsweise bei einer Reihe aufeinanderfolgender Verhandlungen im Rahmen der Konferenz für die Sicherheit und Zusammenarbeit in Europa und in ihrer strikten Verurteilung der Apartheidpolitik. Anderseits liegt der große Vorzug des aus einundzwanzig Mitgliedern bestehenden Europarates darin, daß er seine Netze weiter auswerfen kann als die EG und fast das gesamte nichtkommunistische Europa erfaßt. Bei der Erweiterung der Europäischen Gemeinschaft von neun auf zwölf Mitglieder ist die breite Mitgliederbasis des Europarates eine Garantie dafür, daß Staaten, die der EG beitreten, im Rahmen der Europäischen Konvention bereits rechtsverbindliche Verpflichtungen hinsichtlich der Menschenrechte eingegangen sind und daher das Engagement dafür und das demokratische Anliegen der Gemeinschaft unterstützen werden.

In mancher Hinsicht kam es zu einer gewissen Zweigleisigkeit der Bemühungen des Europarates und der Europäischen Gemeinschaft in Menschenrechtsangelegenheiten. Die wichtigsten Institutionen der Gemeinschaft – das Europa-Parlament, der Ministerrat und die Kommission – legten im Vorjahr eine gemeinsame Erklärung der Grundrechte vor, die im Grunde eine Darlegung ihrer politischen Überzeugung war. Das Parlament forderte auch die einheitliche Anwendung der vom Gerichtshof der Europäischen Gemeinschaften garantierten bürgerlichen und politischen Rechte in allen Ländern der Gemeinschaft. Seit 1974 befaßt sich eine Arbeitsgruppe des Ministerrates mit der Frage, ob Staatsangehörigen eines EG-Landes, die in einem anderen Mitgliedsstaat leben, besondere Rechte gewährt werden sollten. Es liegt auch ein Antrag auf eine Grundrechtscharta der Gemeinschaft vor, die richterlicher Entscheidung unterworfen sein soll. Bis zu einem gewissen Punkt ist das durchaus gutzuheißen. Die Menschenrechte sind eine Frage von so grundlegender Bedeutung, daß es nicht schaden kann, wenn sie in einem gewissen Maß von zwei Seiten in Angriff genommen werden. Aber Versuche der Gemeinschaft, eigene Ansichten zu entwickeln, dürften nicht zu einer Schmälerung der Autorität des Europarates in Angelegenheiten der Menschenrechte führen. Es würde beispielsweise nur Verwirrung stiften und der Autorität und dem Ansehen der betreffenden Körperschaften und noch mehr der Sache der Menschenrechte selbst schaden, wenn gewisse Mitgliedsstaaten sich dem Europäischen Gerichtshof in Luxemburg und dem Gerichtshof für Menschenrechte in Straßburg gegenüber verantwortlich fühlten.

In der Konvention drückt sich vielleicht der höchste Grad an Gemeinsamkeit aus, der derzeit in Europa erreicht werden kann. Im Gegensatz dazu setzen einige Ideen im Hinblick auf einheitliche und gerichtlich erzwingbare Richtlinien für die Menschenrechte, die in der Gemeinschaft lanciert wurden, ein Maß an Einhelligkeit voraus, das einfach nicht vorhanden ist und sich nur in vielen Jahren entwickeln könnte. Dies dürfte auch eine der größten Schwierigkeiten bei der Auseinandersetzung mit dem Antrag Frankreichs auf ein gemeinsames Rechtsgebiet sein, dessen Überprüfung der Europarat kürzlich zustimmte, und der Maßnahmen vorschlägt, wie etwa die Delegierung von Strafverfahren von einem Land in ein anderes und die gegenseitige Vollstreckung strafrechtlicher Urteile. Dies ist zweifellos eine Angelegenheit, die ernsthaft erwogen werden sollte – der Kampf gegen den internationalen Terrorismus, auf den dieser Vorschlag hauptsächlich abzielt, ist für uns alle ein wesentliches Anliegen –, doch wir müssen zuerst genau wissen, was solche Maßnahmen nach sich ziehen, bevor wir einen endgültigen Beschluß fassen.

Können wir ein Prioritätenschema für die verschiedenen Kategorien der Menschenrechte aufstellen? Etwa eine Einstufung politischer und bürgerlicher Rechte einerseits und wirtschaftlicher und sozialer Rechte anderseits? Dies wirft Probleme von größter moralischer und politischer Komplexizität auf, die Akademiker, Menschenrechtsexperten und Politiker in gleicher Weise beunruhigen.

Die Sozialcharta des Europarates, die eine Reihe sozialer und wirtschaftlicher Rechte festlegt und die Großbritannien als erstes Land ratifiziert hat, fällt nicht in die Kompetenz des Durchführungsapparats der Europäischen Konvention. Es gab Anregungen, die Sozialcharta auf diese Weise zu schützen. Doch es ist ein wesentliches Merkmal des europäischen Rechtsschutzsystems, daß Rechte, die in die Kompetenz der Europäischen Konvention fallen, von einer Einzelperson eingeklagt werden können, das heißt also, der gerichtlichen Entscheidung unterworfen sind. Es liegt in der Natur der Sache, daß manche wirtschaftlichen und sozialen Rechte bei bestem Willen nicht einfach mit einer gerichtlichen Verfügung durchgesetzt werden können: Wenn dies möglich wäre, gäbe es schon lange keine Armut und Arbeitslosigkeit mehr. Jeder Erweiterung des Wirkungsbereiches der Konvention in dieser Richtung sind daher Schranken gesetzt. Darin zeigt sich keineswegs ein Mangel an Interesse Großbritanniens oder der anderen westlichen Demokratien für den Schutz wirtschaftlicher oder sozialer Rechte im eigenen oder in anderen Ländern. Eine Parallele zu dieser Einstellung findet sich in der UNO und in der unterschiedlichen Art, in der die Bestimmungen der beiden Internationalen Menschenrechtspakte erfüllt werden. Während es möglich war, das Menschenrechtskomitee zur Überwachung des Schutzes der bürgerlichen und politischen Rechte einzusetzen, wurden noch keine Maßnahmen getroffen, die Beachtung der wirtschaftlichen, sozialen und kulturellen Rechte zu kontrollieren.

Der Komplex der Menschenrechte ist in moralischer Hinsicht unteilbar. Wir müssen versuchen, sie alle mit dem gleichen Nachdruck und der gleichen Entschlossenheit zu verwirklichen. Doch liegt es in der Natur der Sache, daß die Durchsetzung einiger wirtschaftlicher und sozialer Rechte ein längerfristiges Ziel ist, schon allein deshalb, weil sie durch Kräfte beeinflußt werden können, die außerhalb der Kontrolle von Regierungen und Einzelpersonen liegen. Außerdem können die fundamentalen Rechte auf Arbeit, Nahrung und einen adäquaten Lebensstandard sowie die Förderung sozialer Einrichtungen von geringer Bedeutung sein; etwa in einer Gesellschaft, wo das Leben selbst keinen Wert hat, wo die Herrschaft des Rechtes unvollkommen ist, wo Willkür und Folter möglich sind, wo Gedankenfreiheit und freie Meinungsäußerungen unterdrückt werden und die Menschen ihr geistiges Potential, das ja den Menschen vor allen anderen Lebewesen auszeichnet, nicht voll entfalten können. Die Apartheid in Südafrika kann nicht mit dem Argument gerechtfertigt werden, daß die schwarze Bevölkerung dort einen höheren Lebensstandard genießt als in jedem anderen afrikanischen Land. Die Erfordernisse der wirtschaftlichen Entwicklung sind in keinem Land, sei es nun hochentwickelt oder in Entwicklung begriffen, eine Rechtfertigung für die Hintanstellung der grundlegenden politischen Freiheiten und bürgerlichen Rechte. Ein Ableugnen dieser Behauptung kann, streng logisch gesehen, auf lange Sicht nur zu einer Rechtfertigung der Diktatur führen; zu einer Rechtfertigung auf der unglaubwürdigen Grundlage, die Diktatur sei in wirtschaftlicher Hinsicht leistungsfähiger als die Demokratie. Wir in Europa wissen nur zu gut, wohin dieses Argument führt.

3

Der sowjetische Kommunismus

Die sowjetische Ideologie hat, was die Freiheit des Menschen betrifft, zu unvermeidlichen Spannungen zwischen unseren Regierungen und Völkern geführt. Der Kalte Krieg markierte den Höhepunkt der Feindseligkeiten zwischen Ost und West. Seit 1953 bemühen sich beide Seiten, die Beziehungen konstruktiver und weniger gefährlich zu gestalten. Die ersten Schritte in diese Richtung erfolgten zögernd, und es gab Rückschläge. Chruschtschows plastischer Ausspruch: „Es hängt Brandgeruch in der Luft" illustrierte die Stimmung zur Zeit der Kuba-Krise. Doch es kam auch zu echten Fortschritten; dazu gehört zum Beispiel der Vertrag über die Einstellung von Kernwaffenversuchen von 1963 und der Vertrag über die Nicht-Weiterverbreitung von Kernwaffen (Atomsperrvertrag) des Jahres 1968. Langsam erkannten der Osten und der Westen, daß der Gestaltung ihrer Beziehungen ein gemeinsames Interesse zugrunde lag: die Vermeidung einer militärischen Konfrontation und eines Atomkrieges. Auf dieser Grundlage wurde eine Vielzahl von Gebäuden errichtet, die heute jene Struktur bilden, die wir als Détente, als Entspannung oder Entspannungspolitik, bezeichnen. Kein Mensch mit einem Funken Vernunft kann leugnen, daß die Ost-West-Beziehungen infolge dieses Prozesses der Entspannung – der vor fast fünfundzwanzig Jahren begonnen hat und zu dem mehrere amerikanische Präsidenten und führende Staatsmänner in allen Teilen Europas ihren Beitrag leisteten – stabiler geworden sind und daß die Sicherheit in der Welt zugenommen hat. Die Zahl der Kernwaffen ist in dieser Zeit zwar leider auf beiden Seiten angewachsen; vom qualitativen Standpunkt aus jedoch wurden Fortschritte erzielt, und zwar hinsichtlich der Bemühungen des Ostens und des Westens, die gegenseitige Bedrohung durch die Atomwaffenarsenale auf beiden Seiten in Schranken zu halten.

Wir haben die barbarische und willkürliche Einstellung der vierziger und fünfziger Jahre durch relativ verfeinerte Methoden in unseren Beziehungen ersetzt. Das gilt nicht nur für die Supermächte, sondern auch für die Beziehungen zwischen den west- und osteuropäischen Ländern.

Am deutlichsten wird diese neue Einstellung im Verhältnis zwischen den USA und der Sowjetunion sichtbar. Nur wenigen ist bekannt, daß zwischen 1971 und 1974 etwa fünfundzwanzig bilaterale Abkommen zwischen den Vereinigten Staaten und der Sowjetunion unterzeichnet wurden, die alle auf verschiedene Art zur Entwicklung einer stabileren Beziehung beigetragen haben. Die wichtigste Errungenschaft war die Bereitschaft der USA und der Sowjetunion zu Gesprächen über die Beschränkung der strategischen Rüstung, zum Austausch von Ansichten und Daten, und zu dem Versuch, in bezug auf die am höchsten entwickelten Sparten der Militärtechnik zu einem Einverständnis zu gelangen. Als Ergebnis davon ist heute das Risiko von Mißverständnissen, das Risiko einer militärischen Konfrontation und damit das Risiko einer Atomkatastrophe geringer.

Großbritanniens Engagement für die Détente und sein Streben nach einer konstruktiveren Beziehung zur Sowjetunion und zu Osteuropa ist heute genauso stark wie am Vorabend der Konferenz des Jahres 1975, die zu der Schlußakte von Helsinki führte. Die Schlußakte, in der bestimmte grundlegende Menschenrechte schwarz auf weiß festgehalten sind, wurde von fünfunddreißig Regierungen unterzeichnet und veröffentlicht, darunter auch von jenen des Warschauer

Paktes. Doch im Laufe der letzten zwei Jahre ist in breiten Kreisen des Westens das Gefühl entstanden, daß zuwenig verbessert wurde und daß in einigen wichtigen Angelegenheiten sogar eine Wendung zum Schlechteren eingetreten sei.

Kein objektiver Beobachter wird leugnen, daß die Länder des Warschauer Paktes weiterhin die Schlagkraft ihrer Streitkräfte erhöhen – zu Land, zu Wasser und in der Luft – und daß dieser Prozeß in der Periode der Entspannung eine Beschleunigung erfahren hat. Viele stellen sich zu Recht die Frage nach dem Zweck all dieser militärischen Bemühungen. Viele fragen sich auch zu Recht, was wohl mit dem siebenten Grundsatz der Schlußakte geschehen ist, in dem die unterzeichnenden Staaten feierlich gelobten, die Menschenrechte und die Grundfreiheiten hochzuhalten. Wie steht es um die Verpflichtung zur persönlichen und geistigen Freizügigkeit, die die fünfunddreißig Staaten eingegangen sind und die bis heute mehr Wunsch als Realität ist?

Als Folge davon ist die öffentliche Meinung im Westen, besonders unter dem Eindruck der enttäuschenden Belgrader Folgekonferenz, von Skepsis im Hinblick auf die Schlußakte geprägt; einer Skepsis, die immer stärker wird und die sich auch auf die Entwicklung der Entspannung selbst überträgt. Es sollte aber nicht übersehen werden, daß diese Skepsis und Enttäuschung zum Teil auf Mißverständnissen beruhen und daß die Erwartungen in die Möglichkeiten der Détente einfach zu hoch gespannt waren.

Die Entspannungspolitik kann sicher wesentliche Erfolge für sich buchen, doch da die Ausgangsbasis für den Entspannungsprozeß nicht sehr günstig war, konnte bisher nur eine begrenzte, wenn auch äußerst wichtige Verständigung in Europa und zwischen den Supermächten erreicht werden. Wir sind Zeugen des frühen Stadiums dieses Entspannungsprozesses, nicht seines Höhepunktes. Durch die Détente konnten einige der vordringlichsten und akutesten Probleme in den

Ost-West-Beziehungen gelöst werden, und sie bildet die Grundlage zur Lösung der noch verbleibenden Probleme. Doch der Weg dorthin ist noch weit.

Die ungeschminkte Wahrheit lautet, daß das erste und leichtere Stadium der Entspannung vorüber ist. Die heute auf der Tagesordnung der Ost-West-Beziehungen stehenden Probleme sind vielschichtiger, mehr umstritten und viel schwieriger in Angriff zu nehmen. Wir greifen nun Probleme der grundlegenden Einstellung und des menschlichen Verhaltens auf, die das Selbstverständnis und die Interessen jeder Seite im Innersten treffen. Wir können daher zwangsläufig nicht erwarten, daß das Tempo der frühen siebziger Jahre beibehalten wird.

Dadurch wird es noch wichtiger, die Sache realistisch zu sehen. Die Détente als solche war nie dazu bestimmt, der Sowjetunion ihre Stellung als Weltmacht streitig zu machen und hätte dies auch gar nicht können. Noch weniger ist es möglich, die Russen und ihre Verbündeten damit vom Kommunismus abzubringen. Schon im letzten Jahrhundert war es klar, daß es nur eine Frage der Zeit war, bis ein Land von der Größe und mit der Bevölkerungszahl und den Ressourcen Rußlands sich zu einer Weltmacht entwickeln würde. Die Vorstellung, daß dieser Prozeß durch die Entspannung hätte rückgängig gemacht werden können oder sollen, ist absurd. Die Grundvoraussetzung, von der wir im Westen ausgehen müssen, ist die Tatsache, daß die Sowjetunion eine Weltmacht mit den entsprechenden nationalen Interessen und Ambitionen ist, woraus sich unweigerlich ein Wettkampf und manchmal eine Konfrontation mit dem Westen ergibt. Dazu kommt noch, daß die natürliche Rivalität zwischen dem Osten und dem Westen durch die kommunistische Ideologie die Dynamik eines unaufhörlichen Kampfes erhält.

Da wir nun Mechanismen zur Reduzierung der militärischen Spannung gefunden haben, wird dieser Kampf immer mehr zu einem Kampf um die geistige Haltung der Menschen. Im Krieg der Gedanken gibt es keinen Waffenstillstand. Doch dies ist ein Kampf, vor dem zurückzuschrecken wir keinerlei Grund haben. Warum sonst sollten wir einen freien Austausch von Informationen und Gedanken in beiden Richtungen gestatten? Wir vertrauen darauf, daß unser Gesellschaftsmodell zur Befriedigung menschlicher Wünsche, sowohl der intellektuellen wie der materiellen, besser geeignet ist. Natürlich haben auch wir im Westen unsere Probleme. Doch sind sie von einer Vielschichtigkeit und geistigen Differenziertheit, die sich in den kommunistischen Gesellschaften gerade erst zu entwickeln beginnen. Vor allem gedeiht die westliche Gesellschaft auf dem geistigen Nährboden intellektueller Auseinandersetzungen und unbehinderter menschlicher Kreativität in allen ihren Erscheinungsformen.

Wenn wir also die unrealistischen Erwartungen und die Enttäuschungen der letzten Jahre beiseite schieben, wird uns klar, daß der bisherige Prozeß der Entspannung im Zusammenhang mit dem Wettbewerb zwischen den beiden Systemen Seite an Seite und mit der Suche nach einer gemeinsamen Basis betrachtet werden muß. Der Spielraum, in dem eine Verständigung zwischen Ost und West möglich ist, wird durch diesen Wettkampf eingeschränkt. Manche fragen sich, ob es überhaupt der Mühe wert sei, einen Versuch zur Ausweitung dieses Spielraums zu unternehmen.

Die Antwort muß ein nachdrückliches „Ja“ sein. Die gegenwärtige Beziehung ist zutiefst unstabil. Sie birgt immer noch das Risiko der Fehlkalkulation und der Katastrophe in sich. Wir müssen dieses Risiko noch weiter verringern. Doch bei unserem Versuch, die Grenzen des Ost-West-Verständnisses zu öffnen, wird die Doppelnatur der Détente – Wettkampf auf der einen Seite und Zusammenarbeit auf der anderen – sich ständig geltend machen. Das sollten wir nicht unberücksichtigt lassen. Beide Seiten haben alles zu gewinnen, wenn sie den Konsequenzen ihrer verschiedenen Auffassungen von Entspannung mutig entgegenblicken. Genau besehen liegen darin für den Osten und den Westen auf lange Sicht die besten Chancen, den Bereich der Konfrontation schrittweise einzuengen und den Bereich der Gemeinsamkeiten schrittweise auszudehnen. Es wäre töricht, würde eine Seite den Entspannungsprozeß für die andere so unangenehm machen, daß diese sich ganz zurückzieht. Es sollte die goldene Regel sein, daß keine Seite eine Politik verfolgt, die zu einer derartigen Verschärfung der Konfrontation führt, daß die Struktur der Entspannungspolitik an sich bedroht wird.

Das ist natürlich leichter gesagt als getan. Die Entspannung ist ein außerordentlich komplexer Vorgang, der zahllose Elemente und Beziehungen auf verschiedenen Ebenen umfaßt: den politischen Dialog, den wirtschaftlichen und technologischen Austausch, kulturelle Kontakte, die ideologische Debatte und die militärische Wachsamkeit. Es gibt keine Zauberformel, die es dem Osten oder dem Westen ermöglicht, in den bilateralen Beziehungen jederzeit das richtige Maß zu treffen. Jede Seite tastet sich noch langsam vorwärts. Das einzige, was wir sagen können, ist, daß es ein Gleichgewicht zwischen den Elementen der Konfrontation und Kooperation geben muß, ob es nun um den Prozeß der Entspannung im ganzen geht oder um seine Komponenten.

Zu den Elementen des Wettkampfes zählt auch das, was in den kommunistischen Ländern als „ideologischer“ Kampf bezeichnet wird. Es ist sehr wichtig, sich den Zusammenhang zwischen der Détente und dem sogenannten ideologischen Kampf klarzumachen. Es ist wichtig, daß man zu verstehen versucht, was mit dieser Bezeichnung gemeint ist, und daß man sich dabei auch mit einigen Grundmerkmalen der Entspannungspolitik auseinandersetzt.

Die Russen sagen uns, daß diese Politik nur die Beziehungen zwischen den Regierungen betreffe. Die Gesetze des

Klassenkampfes könnten durch sie nicht geändert oder abgeschafft werden. Die Détente schaffe ein internationales Klima, in dem ihrer Ansicht nach der ideologische Kampf nicht nur weitergeführt, sondern sogar wirksamer weitergeführt werden könne.

Der sogenannte ideologische Kampf – den wir aus guten Gründen lieber als „Wettstreit" bezeichnen würden – manifestiert sich auf zwei verschiedene Arten: eine, die für uns akzeptabel ist und eine, die es nicht ist. Der akzeptable und echte ideologische Kampf ist der freie Wettstreit von Gedanken: ein Wettstreit zwischen der kommunistischen Lebensweise einerseits, die sich auf den Kollektivismus, die totalitäre Philosophie und die absolute Herrschaft einer einzigen Partei in der Sowjetunion und, in unterschiedlichem Ausmaß, in Osteuropa gründet, und der parlamentarischen, demokratischen Lebensweise auf der anderen Seite; eine Lebensweise, die auf individuellen Freiheiten und freien Institutionen beruht, die der Entwicklung der menschlichen Persönlichkeit freien Spielraum lassen. In den sechziger Jahren tauchten vielfach Theorien über eine zunehmende Annäherung zwischen diesen beiden Lebensweisen auf. Doch die Vertreter dieser Ansicht richteten ihr Augenmerk nur auf das erwachende Konsumdenken und die neue Bourgeoisie Osteuropas und übersahen dabei die nach wie vor bestehenden fundamentalen Unterschiede zwischen Ost und West.

Es ist paradox, daß der Wettkampf zwischen den beiden Lebensweisen durch die Détente verschärft wird. Durch den enger werdenden Kontakt um die im Ost-West-Dialog zunehmende Kommunikation zwischen den Ländern und Völkern sehen sich beide Systeme von der jeweils anderen Seite in grundlegenden Fragen herausgefordert. Der Westen hat dabei nichts zu befürchten. Wir haben zwar durchaus unsere eigenen ernsthaften Probleme, nicht zuletzt jene, die sich aus der Wirtschaftsrezession ergeben, doch trotz der schwierigen Aufgaben, vor die uns Arbeitslosigkeit und Inflation in unseren Ländern stellen – Probleme, mit denen wir immer noch ringen –, ist die Bereitschaft, auf Kritik zu hören und Mängel und Fehler zu erkennen nicht nur eines der Kennzeichen unserer Gesellschaft, sondern ein wesentlicher Bestandteil des menschlichen Fortschritts überhaupt. Deshalb sollten wir uns voll Vertrauen dem Wettkampf der Gedanken stellen.

Der Osten anderseits fürchtet diesen Wettkampf eher und versucht ihn einzuschränken und zu verhindern, daß er sich zu einem ehrlichen Wettstreit im guten Sinne des Wortes entwickelt. Daher die Vorliebe des Ostens für gewisse einseitige Regeln im Détente-Spiel, deren Hauptzweck es ist, den Umfang des freieren Gedankenaustausches in Osteuropa einzuengen, indem alle Kontakte zwischen Einzelpersonen und Organisationen staatlich kontrolliert werden, die westliche Haltung in der Entspannungspolitik als eine Bedrohung der sowjetischen und osteuropäischen Souveränität abgestempelt wird und immer wieder behauptet wird, der Westen breche die Regeln der Nichteinmischung in innere Angelegenheiten.

Der „ideologische Kampf" wird für den Westen inakzeptabel, wenn er als Deckmantel für eine destabilisierende Politik, besonders in der Dritten Welt, dient, deren Zweck es ist, die Macht und den Einfluß der UdSSR zu stärken. Die Sowjetunion würde in diesem Zusammenhang zweifellos das Argument vorbringen, daß alles, was den sowjetischen Einfluß fördere, der Sache des Kommunismus diene und daher legitim sei. Wir jedoch behaupten, daß zwar jede Macht das Recht hat, auf eine Verbesserung und Festigung ihrer Beziehungen zu anderen Ländern – ob sie nun der Dritten Welt angehören oder nicht – hinzuarbeiten, daß jedoch Methoden und Ziele sorgfältig überlegt werden sollten; sie haben unweigerlich einen direkten Einfluß auf die Glaubwürdigkeit des jeweiligen

Landes in den Augen der übrigen Welt. Die Welt, die wir vertreten, ist eine pluralistische Welt: eine Welt, in der alle Menschen, einzeln oder kollektiv, ihr Schicksal frei gestalten können; in der es ihnen überlassen bleibt, ihr Regierungssystem zu wählen und die Regierung zu wechseln, wenn sie es wünschen; in der sie ihre Gesellschaft nach ihrem Wunsch formen können; in der sie die Freiheit haben, ihre Grenzen, wenn sie es wünschen, auf der Basis von Verhandlungen und friedlichen Abkommen im Einklang mit dem Völkerrecht zu ändern; in der es ihnen freisteht, andere um Hilfe zu bitten oder auf diese Hilfe zu verzichten; in der sie ihre Wirtschafts- und Außenhandelspolitik nach eigenem Ermessen so gestalten können, wie sie es für ihr eigenes Wohlergehen am günstigsten erachten; in der sie die freie Wahl zwischen öffentlichem oder Privateigentum oder einer Kombination beider Systeme haben; in der sie ungehindert die Grenzen ihres Landes überschreiten können, und in der sie sich nach eigenem Gutdünken Informationen beschaffen können, worüber sie wollen und wo sie wollen.

Wir können es absolut nicht akzeptieren, daß irgendeine Macht labile Situationen begünstigt, ausnutzt oder verschärft, um daraus einen Vorteil zu ziehen. Wo dies geschieht, ist es unvermeidlich, daß die Glaubwürdigkeit jener Macht hinsichtlich ihres Bekenntnisses zur Détente in Frage gestellt wird. Ein unverantwortliches Verhalten in Gebieten außerhalb der Grenzen Europas und Nordamerikas übt einen direkten Einfluß darauf aus, wie die Öffentlichkeit in Europa und Nordamerika den Entspannungsprozeß beurteilt.

Der ideologische Kampf ist aber noch in einem anderen Sinn inakzeptabel. Gemessen am Standard der Dritten Welt gelten die osteuropäischen Länder in wirtschaftlicher Hinsicht als entwickelte Länder. Sie haben genauso wie wir die Verpflichtung, ihren Beitrag zur Bereitstellung der Ressourcen zu leisten, die die ärmeren Länder so verzweifelt dringend brauchen. Bisher lassen die diesbezüglichen Leistungen der kommunistischen Völker nicht darauf schließen, daß sie sich ihrer Verantwortung in diesem Zusammenhang voll und ganz bewußt sind. Sie neigen dazu, ihren Standort durch allerlei Erklärungen zu vertuschen und führen dazu auch überholte koloniale Argumente an. Wenn auch wir, die demokratischen Industrieländer, keinerlei Anlaß haben, uns zu rühmen – wir könnten und sollten uns noch mehr anstrengen –, so machten doch die sowjetischen und osteuropäischen Nettoausgaben für die Unterstützung der Dritten Welt (Vietnam und Kuba ausgenommen) im Jahre 1975 schätzungsweise weniger als fünf Prozent der Ausgaben der industrialisierten Demokratien aus. Wenn wir einen gerechten Maßstab auf der Grundlage des Bruttonationalproduktes anlegen wollten, hätten diese Ausgaben bei etwa sechsunddreißig Prozent liegen müssen.

Ein viel zu großer Teil der vom Osten gewährten Unterstützung konzentriert sich auf die Lieferung von Waffen und militärischer Ausrüstung, ein zu geringer Teil aber auf die grundlegenden wirtschaftlichen Bedürfnisse der Entwicklungsländer. Wenn es uns mit der Beseitigung der Armut und Ungleichheit in der Welt ernst ist, müssen wir die kommunistischen Länder in den Nord-Süd-Dialog einbeziehen und auch andere, die in der Lage sind, einen großzügigen und konstruktiven Beitrag zu leisten. Ideologische Unterschiede zwischen Ost und West dürften sich diesem Ziel nicht in den Weg stellen, denn dies ist ein Bereich, in dem eine Zusammenarbeit möglich wäre. Doch dieses Ziel wird so lange unerreichbar bleiben, solange die kommunistischen Länder dem Kampf um die Macht größere Bedeutung beimessen als einer kooperativen und verantwortungsbewußten Inangriffnahme des großen Problems der Armut in der Welt.

Erschreckende und dokumentarisch belegte Vorkommnisse lenken unsere Aufmerksamkeit zu Recht auf die Mißachtung oder das völlige Fehlen politischer, bürgerlicher und gesetzlicher Rechte und auf Verletzungen der persönlichen Integrität. Doch es gibt noch eine andere Kategorie von Rechten, um die wir uns ebenso kümmern sollten: die wirtschaftlichen und sozialen Rechte des Menschen und das Recht auf ein Leben frei von chronischer Armut, Unterernährung und Krankheit.

In den letzten fünfundzwanzig Jahren gründete sich die Détente auf die ständigen Fortschritte des Ostens und des Westens bei der Bewältigung des Problems der gegenseitigen Bedrohung durch die Atomwaffen. Nun lautet die Frage, ob es beiden Seiten gelingen wird, den Entspannungsprozeß voranzutreiben, indem sie die gegenseitige Bedrohung durch den ideologischen Kampf in Grenzen halten.

Wenn wir behaupten, die Détente müsse weltweit sein, so meinen wir damit, genau gesagt, daß die Sowjetunion ihre destabilisierenden Bemühungen in Gebieten außerhalb Europas und Nordamerikas aufgeben muß. Das ist eine völlig gerechtfertigte Forderung, vorausgesetzt, wir akzeptieren, daß sie auch für den Westen im selben Maß Anwendung findet. Das Festhalten an diesem Prinzip ist ein notwendiges Element der Entspannungspolitik.

Es kann keinen dauerhaften Frieden in der Welt geben, wenn Versuche friedlicher Lösungen auf verschiedenen Kontinenten von anderen Nationen sabotiert werden, die entweder im Namen der Hauptbeteiligten am ideologischen Kampf handeln oder durch den massiven Export moderner oder konventioneller Waffen Gewaltlösungen begünstigen. Die Grundvoraussetzung für die Détente ist ihre Unteilbarkeit und die Tatsache, daß sie sich nicht auf Europa, Afrika oder Asien beschränken darf. Es ist durchaus richtig, sich im Namen der Entspannung gegen alle destabilisierenden Maßnahmen auf der ganzen Welt zur Wehr zu setzen.

Die Debatte um die Menschenrechte hat nun ein neues Problem aufgeworfen: Soll der Westen, um die gegenseitige Bedrohung durch den ideologischen Kampf in Schranken zu halten, behutsam und umsichtig vorgehen, wenn er die Sowjetunion zur Teilnahme am freien Wettstreit im Ost-West-Dialog auffordert? Die Antwort darauf ist nicht einfach. Sicherlich sollte diese Aufforderung erfolgen. Der echte ideologische Kampf ist eine Grundlage der Détente und muß unerschütterlich verfolgt werden. Ohne ihn würde sie nicht über Handelsabkommen und ein bürokratisch verwaltetes Wettrüsten ohne jeden kreativen Kontakt zwischen den beiden Seiten hinausgehen. Es muß jedoch ganz klar erkannt werden, daß es sinnlos ist, rasche Änderungen zu fordern. Das bedeutet allerdings nicht, daß es notwendig oder wünschenswert wäre, in der stillschweigenden oder ausdrücklichen Vereinbarung gewisser Verhaltensnormen die Voraussetzungen für ein gegenseitiges Übereinkommen zu sehen.

Wir müssen ohne Zögern für unsere westlichen Werte eintreten. Wir müssen ganz klar zum Ausdruck bringen, daß wir zu keinem Kompromiß bereit sind. Doch wir müssen auch erkennen, daß jede Veränderung das menschliche Verhalten miteinbezieht und daher nur auf dem Wege einer langsamen Entwicklung möglich ist. Eine Änderung des Verhaltens tritt selten plötzlich ein. Und selbst wenn, ist sie entweder so unbeständig, daß sie die Instabilität nur steigert, oder sie führt zu jener starren Haltung, die so oft Kennzeichen einer Umstellung ist und die den Prozeß des Gebens und Nehmens verlangsamt, der jedem Dialog innewohnt.

Dieses Argument trifft ganz besonders auf die Menschenrechte zu. Die Menschenrechte sind Ausdruck jener Werte, die unseren Gesellschaften zugrunde liegen und die den Bemühungen des Westens im ideologischen Kampf ihren Sinn geben. Solange die Lockerung der Spannungen nicht dazu führt, daß wir in einen höheren Genuß der Menschenrechte kommen, hat die Entspannungspolitik keine andere Bedeutung und keinen anderen Zweck, als das nackte Überleben zu sichern. Wir werden niemals dahin gelangen, daß Friede, Stabilität und Wohlstand nicht die Ausnahme, sondern die Regel sind, solange es keine Achtung vor den grundlegenden Rechten und der Freiheit des Bürgers gibt.

Die Vereinigten Staaten und die Länder Westeuropas können sich gemeinsam für dieses grundlegende Ziel einsetzen, ohne deshalb irgendeine spezielle Form einer einheitlichen Haltung annehmen zu müssen. Jedes Land wird, von der praktischen Politik her besehen, für sich allein beurteilen müssen, wie es der Besorgnis in der Öffentlichkeit über die Mißachtung der Menschenrechte am besten Rechnung tragen kann. Internationale Interessen, Kultur, Geschichte und geographische Lage des Landes werden dabei die bestimmenden Faktoren sein. Und was die Menschenrechte in Osteuropa anlangt, so müssen wir auch die unterschiedlichen Interessen an der Entspannung berücksichtigen: Unterschiede, die keineswegs unüberbrückbar sind, sondern die eher als Variationen über ein Hauptthema betrachtet werden sollten.

Trotz verschiedener Nuancen innerhalb der westlichen Allianz gibt es eine grundlegende Übereinstimmung. Diese kam in der geschlossenen Front der Repräsentanten der westlichen Demokratien bei der Belgrader Nachfolgekonferenz zum Ausdruck.

Die Détente ist eine Beziehung, in der es neben dem Wettkampf zwischen dem Osten und dem Westen auch die Suche nach einer gemeinsamen Basis gibt: Darin liegt der Hauptwiderspruch der Entspannungspolitik und auch ihre wesentlichste Herausforderung. Die Folge davon sind unabänderliche Realitäten, die zur Kenntnis genommen werden müssen. Wenn die Entspannung gedeihen soll, so muß sie jedem etwas bieten können. Und wenn dies erreicht werden soll, müssen die Elemente der Kooperation und des Konfliktes im Gleichgewicht gehalten werden.

Die Öffentlichkeit des Westens hat deutlich zum Ausdruck gebracht, daß sie nicht gewillt ist, die Entspannungspolitik zu unterstützen, solange die Sache der Menschenrechte in Europa nicht vorangetrieben wird. Anderseits jedoch ist die Fortsetzung dieser Politik eine entscheidende Voraussetzung für die Verteidigung der Menschenrechte in Osteuropa. Wenn sie in einer für den Osten und Westen akzeptablen Form weiterbestehen soll, müssen wir einen schwierigen und heiklen Weg zwischen diesen beiden Erfordernissen beschreiten. Wenn wir versuchen wollten, Verhaltensnormen aufzustellen, könnten wir damit eine Unnachgiebigkeit ins Spiel bringen, die die Sache nur kompliziert. In der Praxis heißt das, daß wir zwischen unseren Prinzipien und den Mitteln, die wir zu ihrer Verwirklichung einsetzen, unterscheiden müssen, und daß wir sie gegeneinander abwägen müssen, um dann den richtigen Mittelweg zu finden.

Wir dürfen uns unserer Verpflichtung hinsichtlich der Menschenrechte nicht entziehen. Wir müssen weiterhin zu dieser Verpflichtung stehen. Solange die sowjetische Führung nicht erkennt, daß der aufrichtige Einsatz für die Menschenrechte ein entscheidendes Element der westlichen Außenpolitik ist, wird die Zukunft der Détente in Frage gestellt sein.

Es ist – vor allem bei der Überprüfung der bisherigen Resultate – nicht immer leicht gewesen, den Mittelweg zwischen ehrlicher Kritik und offener Konfrontation zu finden. Manches, was in krasser Verletzung der Bestimmungen der Schlußakte von Helsinki geschehen oder nicht geschehen ist, hat starke Emotionen erweckt. Das bezieht sich natürlich vor allem auf die Menschenrechte. Doch wenn wir jemals einen echten Fortschritt auf diesem Gebiet erzielen wollen, müssen die westlichen Regierungen Geduld haben und mit ihren Urteilen vorsichtig sein. Wenn wir die Konferenz über die Sicherheit und Zusammenarbeit in Europa zum Anlaß für unkontrollierte moralische Entrüstung nehmen, riskieren wir ihren Abbruch. Wenn wir beispielsweise die Russen dazu bringen wollen, die Verfolgung bestimmter

Personen einzustellen, so ist es nicht unbedingt zielführend, die Sowjetunion offen und direkt herauszufordern, indem wir jene Personen beharrlich beim Namen nennen und uns für sie engagieren, als wären sie unsere eigenen Leute. Nach Ansicht der britischen Regierung wäre es besser, sich nicht auf Einzelpersonen zu konzentrieren, sondern auf ganze Kategorien von Fällen, bei denen es um die Menschenrechte geht, und auf die Notwendigkeit einer allgemeinen Anwendung anerkannter Verhaltensmaßstäbe.

Wenn diese nachdrückliche Betonung des Prinzips der Universalität überzeugend und wirksam sein soll, ist es auch wichtig, daß jene Länder des Westens, die auf dem Gebiet der Menschenrechte Druck auf andere ausüben wollen, sich nicht ablehnend verhalten, wenn es darum geht, diesbezüglich ihren eigenen Ruf und den ihrer Freunde zu diskutieren. Die britische Regierung ist – wie auch die Delegation des Vereinigten Königreichs in Belgrad klargemacht hat – jederzeit bereit, sich die Kommentare anderer über ihr Verhalten in Angelegenheiten der Menschenrechte anzuhören, und sie wird jede faire Kritik ebenso akzeptieren wie sie jede ungerechtfertigte Kritik zurückweist. Zu dieser Haltung haben wir uns beispielsweise auch im Falle der Klage bekannt, die die Republik Irland kürzlich gegen uns erhob. Wir haben stets klar unsere Bereitschaft zum Ausdruck gebracht, eine Verurteilung zu akzeptieren und die nötigen Abhilfemaßnahmen zu treffen, wenn wir erwiesenermaßen im Unrecht sind.

Das gleiche Prinzip der Universalität gilt, so finde ich, auch für alle Pressure groups, die sich für die Menschenrechte einsetzen. Es ist natürlich völlig richtig und verständlich, daß sich jüdische Gruppen im Kampf um die Menschenrechte in erster Linie um die Juden in den kommunistischen Ländern kümmern, und wir alle respektieren die Entschlossenheit, Beharrlichkeit und das Geschick, mit dem sie auf internationaler Ebene agieren und ihren Ansichten Geltung verschaffen.

Doch die Tatsache, daß ihre Sorge in so auffälliger und manchmal ausschließlicher Weise den sowjetischen Juden gilt, schwächt in meinen Augen die Durchschlagskraft dieser Gruppen und kann sogar ein gewisses Ressentiment bei jenen hervorrufen, die um die Sympathie und Unterstützung der Öffentlichkeit für Fälle kämpfen, die diesen Einsatz ebenso verdienen und bei denen es nicht um Juden geht. Die jüdische Lobby könnte ihren Einfluß auf diesem Gebiet wesentlich stärker geltend machen, wenn sie ihre Macht bewußt und allen sichtbar auch auf andere ethnische und religiöse Gruppen ausdehnte, nicht nur in der Sowjetunion, sondern auch in anderen Ländern.

Einer der beruhigenden Aspekte der gegenwärtigen Situation ist die Tatsache, daß zahllose Kontakte zwischen dem Osten und dem Westen, die ihrerseits ein direktes Ergebnis der Entspannung sind, in einem Ausmaß gedeihen, das früher unvorstellbar gewesen wäre. Sie erstrecken sich auf die Zusammenarbeit auf den Gebieten der Wissenschaft und des Umweltschutzes, auf den wirtschaftlichen und kulturellen Austausch, auf alle Arten von Kontakten zwischen Akademikern und auf den fortgesetzten politischen Dialog auf Minister- und Beamtenebene. Diese Alltagskontakte bilden eine Sicherheitsstruktur, auf der die Ost-West-Beziehungen, zumindest vorübergehend, aufbauen können.

Auf diese Weise hat die Détente sich ihre eigene Infrastruktur und ihren Beamtenapparat geschaffen und ein Recht auf die Fortsetzung des Entspannungsprozesses erworben. Erprobte und bewährte Vorgangsweisen sind nun den Bürokratien auf beiden Seiten vertraut und für beide akzeptabel. Sollte nicht eine krasse, unvorhergesehene Verschlechterung des Klimas hinsichtlich grundlegender Fragen eintreten, so liegt in diesem bürokratischen Prozeß eine gewisse Versicherung für einen maßvollen, wenn auch nicht spektakulären Fortschritt.

Aber das ist nicht genug. Die vergangenen fünfundzwanzig Jahre haben uns gelehrt, daß ein qualitativer Fortschritt in den Ost-West-Beziehungen nur durch den ständigen Anreiz mutigen politischen Einsatzes auf höchster Ebene erzielt werden kann. Auf der westlichen Seite haben die persönlichen Beiträge führender Männer Amerikas und Europas im Lauf der Jahre im Entspannungsprozeß ihre Spuren hinterlassen. Jeder von ihnen hat auf seine eigene Weise – durch Gipfeltreffen, persönliche Kontakte, diplomatische „Geheimkanäle" und andere Mittel – das Zahnrad um einen Zahn weitergedreht, das Gebiet für die Zusammenarbeit erweitert und damit die Ost-West-Beziehungen auf eine höhere Ebene gehoben. Die Staatsmänner haben eine besondere Verpflichtung, sich für die Entspannung zu engagieren. Auf sowjetischer Seite kann Präsident Breschnjew mit Recht von sich behaupten, einen wichtigen und spezifischen Beitrag dazu geleistet zu haben.

Die Triebfeder der Entspannung ist die innere Dialektik zwischen kühnen politischen Beiträgen und bürokratischer Kontinuität. Beide Elemente sind äußerst wichtig, doch müssen sie sich im Gleichgewicht befinden. Wenn wir ein neues politisches Element in den Prozeß hineinbringen, dann müssen wir sehr darauf achten, daß es nicht in krassem Gegensatz zu allem Vorhergegangenen steht und daß dadurch die ganze Struktur unter der Last zusammenbricht. Die Warnung, die George Kennan in der *International Herald Tribune* aussprach, hat nichts an Gültigkeit verloren: „Viele Leute mögen die Vorteile der gegenwärtigen Beziehung für nicht sehr bedeutend halten. Doch sie sind das Ergebnis langer, geduldiger Bemühungen, und sie beruhen, so wie sie sind, auf ganz bestimmten und beruhigenden Vorstellungen von den Motiven und Absichten der anderen Seite, die sich in einem langen Prozeß entwickelt haben, und die durch verwirrende Signale oder abrupte personelle Veränderungen oder Änderungen im beiderseitigen Verhalten rasch zerstört werden könnten.

Wenn das geschehen sollte, wäre es sehr schwierig, die alten Vorstellungen wiederherzustellen . . .“

Diese Überlegungen gelten ganz besonders für die Schlußakte von Helsinki. Es kann nicht geleugnet werden, daß die Schlußakte, obgleich sie ein bedeutendes Stadium in der Entwicklung kooperativer Beziehungen zwischen Ost und West darstellte, in einigen ihrer Bestimmungen den Keim der Konfrontation enthält. Es ist daher sehr wichtig, daß wir ihre Bedeutung klar erkennen. Die Schlußakte ist kein Vertrag, mit dem der Status quo in Europa auf der Grundlage des Völkerrechtes sanktioniert wurde. Sie ist, ganz im Gegenteil, eine Erklärung der angestrebten Ziele, die nicht auf die Vergangenheit, sondern auf die Zukunft gerichtet ist. Sie trifft vor allem Vorkehrungen für eine friedliche Veränderung. Ihr grundlegender Wert liegt darin, daß sie sich für die Verwirklichung ihrer Ziele eine lange Frist gesetzt hat. Sie ist eine Charta und ein Verhaltenskodex für eine Beziehung zwischen den Regierungen und Völkern des Ostens und Westens, die im Lauf der Zeit hoffentlich normaler und offener werden wird. Sie ist ein Spiegelbild der höchsten Ziele der Entspannungspolitik.

Wollte man die Schlußakte an Hand quantifizierbarer und konkreter Resultate beurteilen, so käme man zu dem Schluß, daß der bisher erzielte Fortschritt äußerst gering ist. Doch die britische Regierung hat nie erwartet, daß die Bestimmungen der Schlußakte sofort und alle zugleich verwirklicht werden würden. Diejenigen in unserem Land, die die Schlußakte bereits als reine Papierverschwendung abgetan haben, sind bestenfalls kurzsichtig und schlimmstenfalls nur allzu bereit, langfristige politische Fortschritte durch kurzfristige politische Rhetorik zu ersetzen. Wenn wir auf die Erfüllung der Schlußakte drängen, so sollten wir nicht übersehen, daß wir es in vieler Hinsicht mit feststehenden Verhaltensweisen zu tun haben, die ihrer Natur nach nicht über Nacht geändert werden können. Nicht lange zurückliegende Ereignisse in Europa haben gezeigt, daß die Schlußakte bereits inspirierend wirkt und ein Bezugspunkt für jene ist, die eine friedliche und verfassungsmäßig verankerte Entwicklung ihrer Gesellschaften zu größerer Offenheit wünschen. Die Unterzeichner der Charta 77 in der Tschechoslowakei äußerten nicht den Wunsch nach einem Sturz des Regimes; sie befaßten sich ausdrücklich mit der Redefreiheit und grundlegenden Menschenrechten – und sie alle zitierten die Schlußakte. Sie hat also ohne jede Hilfe von außen in manchen Ländern Europas spontan eine Saite zum Klingen gebracht, und darin sehen wir ihre interessanteste und hoffnungsvollste Auswirkung.

Eine konsequente und wohldurchdachte politische Durchführungsstrategie vorausgesetzt, können die Ziele der Schlußakte verwirklicht werden. Doch falscher Optimismus und auf Scheinbeweisen beruhende Behauptungen über erzielte Durchbrüche sind hier fehl am Platz. Der Westen hat recht daran getan, in Belgrad keinen oberflächlichen Sieg für sich geltend zu machen. Die Ergebnisse waren mager, und es war am besten, das einzugestehen. Doch war das Treffen an sich wertvoll, da es das Verhalten der kommunistischen Länder in Angelegenheiten der Menschenrechte einer systematischen Überprüfung unterzog. Die Öffentlichkeit ist nicht dumm, sie wird die Détente an Hand tatsächlicher Erfolge beurteilen und sich nicht von politischen Posen blenden lassen.

Um Fortschritte in der Entspannungspolitik zu erzielen, müssen wir unsere Methoden zur Bewältigung von Krisen zwischen Ost und West noch weiter verfeinern. Dazu sind nicht unbedingt spezielle Abmachungen nötig; es geht eher darum, den Bereich möglicher Fehlkalkulationen auf beiden Seiten auf ein absolutes Minimum zu reduzieren.

Das heißt, daß wir möglichst gut über die gegenseitigen Absichten und Vorgänge informiert sein müssen. Hier spielen Staatsbesuche und bilaterale Kontakte auf höchster Ebene eine große Rolle. Wir verkaufen natürlich keine Waffen und beschränken den Austausch technologischer Daten, aber wir fördern Handelsbeziehungen und kulturelle Kontakte und begrüßen den Gedankenaustausch mit führenden Persönlichkeiten der Sowjetunion und anderer osteuropäischer Länder. Doch dieser Austausch ist nur von begrenztem Wert, wenn nicht beide Seiten die Grundvoraussetzung akzeptieren, daß die Détente unteilbar ist und sich nicht auf Europa beschränken darf. Wir haben gegenüber der sowjetischen Regierung klar unsere Meinung zum Ausdruck gebracht, daß die Glaubwürdigkeit der Entspannungspolitik nur dann fortbestehen könne, wenn alle Staaten sich der Notwendigkeit ihrer Zurückhaltung und ihrer Verantwortung in Krisensituationen in und außerhalb Europas bewußt sind. Die Ereignisse in Angola, Zaire und am Horn von Afrika, wo die Sowjetunion Kuba als Strohmann vorschob und das militärische Gleichgewicht in diesem Gebiet zu ihrem Vorteil verlagerte, sind besorgniserregend.

Es wäre absurd, wollte man behaupten, daß die Sowjetunion ein geringeres Recht habe als die Vereinigten Staaten, sich in Afrika zu engagieren und ihre Interessen durch die üblichen politischen, diplomatischen und wirtschaftlichen Mittel zu fördern. Es entspricht nicht den Zielsetzungen der Entspannungspolitik, der Sowjetunion oder irgendeinem anderen Land die Rolle einer Weltmacht streitig zu machen, doch es ist unser gutes Recht, darüber nachzudenken, wie ein Land seinen Einfluß geltend macht und seine Ressourcen als Supermacht einsetzt; ebenso ist es das gute Recht dieser Macht, sich für unsere Aktivitäten und die unserer Verbündeten zu interessieren. Die Sowjetunion und ihre Verbündeten, vor allem die Kubaner, intervenierten auf Verlangen der äthiopischen Regierung im Kampf zwischen Äthiopien und Somalia. Wie groß auch unsere Befürchtungen über das Ausmaß und die Natur dieser Intervention gewesen sein mögen – und sie waren erheblich –, und wie ernst auch unsere Sorge im Hinblick auf einige interne Maßnahmen und Praktiken des äthiopischen Regimes gewesen sein mag, wir konnten einem souveränen afrikanischen Staat nicht das Recht absprechen, dort Hilfe zu suchen, wo sie ihm geboten wurde, als sein Territorium bedroht war. Ebenso akzeptierte der Westen das Recht Präsident Mobutus von Zaire, in den Jahren 1977 und 1978 in Marokko um Hilfe anzusuchen. Der Westen sollte die afrikanischen Staaten dazu ermutigen, ihre Probleme unter sich auszutragen und zu lösen, und Hilfeleistungen dürften nicht dazu führen, daß Kontroversen in Afrika sich zu einer Ost-West-Konfrontation auswachsen; sie sollten vielmehr zu einer innerafrikanischen Lösung beitragen.

Dies ist der Grund, warum wir Somalia nicht unterstützen und keine Waffen liefern konnten, als somalische Truppen in Ogaden eingeschlossen waren. Es wurde so manche Kritik am Westen laut, weil er keine Waffen lieferte; doch Waffenlieferungen hätten uns in direkten Konflikt mit den Prinzipien der Charta der Vereinten Nationen und auch mit jenen der Organisation für die Einheit Afrikas gebracht und die Glaubwürdigkeit und Autorität des Westens in Afrika auf lange Sicht geschädigt. Paradoxerweise waren es dieselben Kritiker, die eine militärische Intervention des Westens in Zaire befürworteten. Der Westen warnte Äthiopien vor jedem Versuch, die Grenze Somalias zu überschreiten, und es ist ein Zeichen, das zu Hoffnungen berechtigt, daß Äthiopien sich nach dem Abflauen der Kämpfe mit den gegebenen Versicherungen begnügte. Auch die Russen und Kubaner erkannten die Notwendigkeit verantwortungsbewußten Handelns und die Gefahren einer echten Ost-West-Konfrontation, zu der es gekommen wäre, wenn sie Somalia attackiert hätten. Doch die Art der sowjetischen und kubanischen Intervention am Horn von Afrika bildete ein großes Fragezeichen für die Zukunft der Détente und barg das Risiko einer Eskalation des Konfliktes in sich.

Die Intervention in Afrika weist noch andere beunruhigende Merkmale auf, nicht zuletzt die Infragestellung des oft wiederholten sowjetischen Bekenntnisses zu einer von Prinzipien bestimmten Außenpolitik und der Behauptung Kubas, eine unabhängige Außenpolitik zu betreiben. Kuba beansprucht einen führenden Platz in der Bewegung der blockfreien Staaten. Hätte jedoch die Sowjetunion Somalia nicht so viele Jahre hindurch weit über das zur Selbstverteidigung nötige legitime Maß hinaus mit militärischer Ausrüstung beliefert, so wäre Somalia gar nicht erst zu einer Invasion in Ogaden in der Lage gewesen. Die Sowjetunion kann zu Recht behaupten, sie habe den Krieg beendet, und so manche im Westen sahen darin einen Erfolg der sowjetischen Außenpolitik. Doch es war ein Krieg, den sie selbst mit ihren eigenen Waffen angeheizt hatte, ein Krieg zwischen zwei Staaten, die zuvor beide in freundschaftlichen Beziehungen zur Sowjetunion gestanden waren. Das Ergebnis ist kein sehr rühmliches Kapitel in der sowjetischen Außenpolitik.

Auch die Haltung der Sowjetunion und Kubas gegenüber der Eritreischen Befreiungsbewegung ist sehr fragwürdig. Jahre hindurch unterstützten die Kubaner die eritreischen Kämpfer, wahrscheinlich von sowjetischer Seite dazu ermutigt, mit Ratschlägen und Ausbildern. Doch plötzlich, im Jahre 1978, galten die Eriträer als Marionetten der Imperialisten. Der ganzen Welt wurde sehr deutlich vor Augen geführt, in welchem Ausmaß die Kubaner zu Strohmännern der Sowjets geworden sind, und die blockfreien Staaten selbst begannen an der Glaubwürdigkeit Kubas zu zweifeln.

In Afrika wird der Westen oft kritisiert. Wir können die Tatsache unseres kolonialen Erbes nicht hinwegdiskutieren und nicht leugnen, daß wir Fehler gemacht haben. Die Ursprünge dieses Erbes reichen zurück bis ins Mittelalter, als

Portugal, die Niederlande und andere europäische Länder zum erstenmal in Afrika eindrangen. Um Parallelen zu dem zu finden, was seit 1975 in Afrika geschieht, müssen wir das europäische Mittelalter betrachten: eine Zeit, in der private Armeen durch die Lande zogen und das militärische Gleichgewicht nach den Launen aristokratischer Herrscher und auf den leisesten Wink jener, die sie bezahlen und ihnen zu essen geben konnten, ins Wanken brachten.

Militärischer Einsatz dieser Art bevorzugt zwangsläufig die gewaltsame Beilegung von Kontroversen. Er schafft das Potential für einen raschen Bruch und kann zu einer plötzlichen Verlagerung im regionalen Gleichgewicht der Kräfte führen. Das militärische Personal der Kubaner und Russen in Äthiopien, zu dem im Falle Kubas auch Kampftruppen gehörten, wurde einmal auf sechzehntausend beziehungsweise tausend Mann geschätzt. Die kubanische Präsenz in Angcla belief sich eine Zeitlang auf zwanzigtausend Mann, ein Großteil davon Armeeangehörige, und auf einige Hundert in anderen Teilen des südlichen Afrikas. Die Gesamtzahl der kubanischen Streitkräfte wird mit etwa vierhunderttausend Mann beziffert, dazu gehören auch Reservetruppen und paramilitärische Einheiten – das sind vier Prozent der Bevölkerung Kubas, ein sehr hoher Prozentsatz. Solange die kubanischen Streitkräfte in Afrika bleiben, wird Kuba immer wieder in Versuchung geraten, seine Streitmacht in neuen Situationen einzusetzen. In Eritrea hätten die kubanischen Streitkräfte in eine Angelegenheit verwickelt werden können, in der es im Grunde um die innere Sicherheit eines Staates ging. Keine fremde angreifende Macht war beteiligt.

Die Situation in Afrika erfordert dringend eine Regelung auf dem Verhandlungsweg, um weiteres Blutvergießen soweit wie möglich zu vermeiden. Es würde die Ost-West-Beziehungen zweifellos beeinträchtigen, wenn sich eindeutig herausstellen sollte, daß die Sowjetunion und Kuba sich aktiv und massiv für militärische Kampagnen in einer Sache engagieren, die im wesentlichen eine innere Angelegenheit Afrikas ist. Die OAU hat in der Vergangenheit mit Erfolg beschwichtigend eingegriffen. Die UNO hat sich in den Jahren 1950 und 1956 für das eritreische Problem und die Kongofrage erheblich engagiert. Beide sollten nun gemeinsam ihre Stimme gegen jeden Versuch einer militärischen Lösung erheben und alles unternehmen, um Lösungen auf der Basis von Verhandlungen herbeizuführen.

Noch ernsthafter wären die Komplikationen, die sich für Afrika und die Ost-West-Beziehungen ergeben würden, sollten die kubanischen oder andere fremde Streitkräfte irgendwie dazu verwendet werden, die laufenden Gespräche zu untergraben, deren Ziel es ist, Rhodesien und Namibia auf der Grundlage international akzeptabler und auf dem Verhandlungsweg getroffener Vereinbarungen Frieden und Demokratie zu bringen.

Die Détente sollte nicht nur dadurch gekennzeichnet sein, daß es keinen Krieg gibt und daß Krisen vermieden werden; sie sollte auch etwas über die Grundbedingungen des Friedens aussagen. Das bedeutet, daß wir an alle Aspekte unserer Beziehungen einheitlicher und systematischer herangehen müssen. Wir müssen unsere Zusammenarbeit auf gemeinsamen Interessensgebieten auf ein Höchstmaß steigern. So zum Beispiel auf dem äußerst wichtigen Gebiet der Nicht-Weiterverbreitung von Kernwaffen; denn sowohl Großbritannien wie auch die Sowjetunion sind Mitglied der *Nuclear Suppliers Group,* der Gruppe von Lieferanten spaltbaren Materials. Wir müssen danach trachten, die Stabilität des militärischen Gleichgewichts zwischen Ost und West zu stärken. Besonderes Gewicht sollte dabei auf Diskussionen zwischen den Vereinigten Staaten und der Sowjetunion über die weitere Einschränkung strategischer Waffen und auf Gespräche zwischen den beiden militärischen Allianzen in Wien über eine ausgewogene Reduzierung der Streitkräfte in Europa gelegt werden. Die Notwendigkeit größeren Vertrauens zwischen Ost und West auf dem militärischen Sektor ist Kernpunkt der Entspannung.

Wir sind uns darüber im klaren, daß das Problem der Menschenrechte nur ein Aspekt im Komplex der Ost-West-Beziehungen ist. Es entspricht nicht unserer politischen Haltung, Denunziationskampagnen zu fördern oder die Rolle des *agent provocateur* zu übernehmen. In gleicher Weise müssen jedoch auch die kommunistischen Länder einsehen, daß die Sorge um die Menschenrechte keine Ablenkungspolitik ist, sondern integrierender Bestandteil der Außenpolitik in den westlichen Demokratien.

Im Grunde ist es die Regierung, die entscheiden muß, wie die von uns allen angestrebten Prinzipien am besten verwirklicht werden können, und dabei werden unterschiedliche Situationen zwangsläufig unterschiedliche Maßnahmen erfordern. Doch auch wenn die Regierung die politische Linie festlegen muß, braucht sie doch die Unterstützung der Öffentlichkeit, um diese Linie beibehalten zu können. Die legitime Besorgnis in verschiedenen Kreisen der Öffentlichkeit über die mißliche Lage einzelner Menschen in anderen Ländern, denen die grundlegenden Menschenrechte vorenthalten werden, kann und darf von keiner demokratischen Regierung ignoriert werden.

Ebenso muß jedoch die Öffentlichkeit zur Kenntnis nehmen, daß die Regierungen bei ihrer Entscheidung, wie dieser Besorgnis am besten Rechnung getragen werden kann, die komplizierten zwischenstaatlichen Beziehungen auf allen Ebenen zu berücksichtigen haben. Das ist keine Ausrede, mit der wir uns um das Problem herumdrücken wollen. Doch wir müssen versuchen, den schmalen Pfad zwischen erfolgversprechenden Maßnahmen und solchen zu finden, die zu unliebsamen Gegenreaktionen führen könnten. In der Praxis bedeutet das, daß sich in manchen Fällen Privataktionen als wirksamer erweisen könnten, während ein andermal ein fester öffentlicher Standpunkt notwendig sein wird.

Manchmal werden die öffentlichen Erklärungen einer Regierung nicht die gleiche Wirkung haben wie beispielsweise die eindrucksvollen Aussagen berühmter Exilierter aus Osteuropa oder aus anderen Ländern. Ihre Botschaft ist ein Appell an das Herz und den Verstand des einzelnen, sich für die Menschlichkeit einzusetzen, und besitzt als solche große Überzeugungskraft. Ihr Mut und auch die großzügige Reaktion einzelner Mitglieder unserer Gesellschaft wirken stimulierend auf uns alle. Die Botschaft einer Regierung ist vielleicht nicht so aussagekräftig, denn es ist ihre wichtigste Aufgabe, die Basis für Frieden und Sicherheit zu schaffen und zu erhalten, auf der dann die Menschenrechte diskutiert, verteidigt und ausgebaut werden können. Das Verständnis für dieses komplexe Problem kann durch offene Debatten nur vertieft werden. Die Verfechter der Entspannungspolitik haben von solchen Diskussionen in breiten Kreisen der Öffentlichkeit alles zu gewinnen und nichts zu verlieren.

Was auch immer manche behaupten mögen – die Détente ist kein irreversibler Vorgang. Sie erfordert ständige Verhandlungsbereitschaft. Sie beinhaltet keinerlei automatische Garantie gegen Mißerfolge oder Umschwünge. Wenn wir nicht weitere Fortschritte erzielen, könnten wir alle bisherigen Errungenschaften der Entspannung aufs Spiel setzen.

Wir im Westen müssen alles tun, was in unserer Macht steht, um sicherzustellen, daß der Prozeß der Entspannung nicht nur nicht rückläufig wird, sondern daß die Gemeinsamkeiten zwischen dem Osten und dem Westen durch ihn vergrößert werden. Dies erfordert guten Willen und hohes Verhandlungsgeschick. Es bedeutet aber vor allem, daß wir unser selbst sicher sein müssen. Wir müssen uns auf den Zusammenhalt unserer Allianzen und Partner verlassen können. Wir müssen von unserem Glauben an unsere eigenen demokratischen Institutionen überzeugt sein. Und wir müssen an unsere Fähigkeit glauben, Bedrohungen – gleichgültig von welcher Seite – abwenden zu können. Auf dieser Grundlage können wir einen Beitrag zur Entspannung leisten, und die Zusammenarbeit und das gegenseitige Vertrauen könnten zum Nutzen aller Völker Europas, im Westen wie im Osten, gesteigert werden und größere Erfolge bringen.

4

Kommunismus in Westeuropa

Für all diejenigen, denen die Menschenrechte ein echtes Anliegen sind, gibt es heute kaum eine Frage von größerer Dringlichkeit als die, welche Haltung man den kommunistischen Parteien in Westeuropa gegenüber einnehmen soll. Diese Frage ist deshalb so bedeutsam, weil in einer Reihe von Ländern kommunistische Parteien von sich behaupten, sich gewandelt und insbesondere ihre Abhängigkeit von Moskau abgelegt zu haben und sich statt dessen der parlamentarischen Demokratie verpflichtet zu fühlen.

Man sagte früher, daß der Kommunismus noble Ziele, aber böse Methoden hätte, der Faschismus böse Ziele und böse Methoden, während der Sozialismus den Vorzug besitze, noble Ziele mit noblen Methoden zu vereinen. Die wahren Werte und Glaubensgrundsätze des demokratischen Sozialismus basieren nicht, wie seine Feinde behaupten, auf Kollektivismus und Bürokratismus, sondern auf Uneigennützigkeit und dem Streben nach einer gerechteren Gesellschaftsordnung. Sie sind verbunden mit der unabdingbaren Bereitschaft, sich der Entscheidung der Wähler zu stellen, einer Bereitschaft, die nicht etwa als widerstrebende Hinnahme verstanden werden will, sondern als grundsätzliche Überzeugung aus Respekt vor dem Urteil der Mitmenschen. Ein demokratischer Sozialismus, der seine Aufgabe in der Milderung der Armut und der Behebung der Ungleichheit erblickt, kann seine Anziehungskraft nicht auf Eigennutz gründen. Er sucht Unterstützung nicht in Zwang, sondern in Überzeugung – in einem Appell an das altruistische Element, das wir alle besitzen.

Wer sich einmal der Philosophie der Linken ergeben hat, kann sehr leicht den Schluß ziehen, daß eine freie Wählerschaft sich nie für die Realisierung der Wünsche einer unterprivilegierten Minderheit einsetzen wird. Deshalb argumentieren manche, daß es zulässig wäre, auf das zu verzichten, was sie den Luxus der Demokratie nennen. Viele Angehörige der Linken, die zu Kommunisten werden, glauben, nur eine einzige Partei könne die notwendigen Reformen durchsetzen, nur eine einzige Partei könne die notwendige Disziplin sicherstellen, deren es bedarf, um all die Mißstände und Ungerechtigkeiten der Gesellschaft zu korrigieren. Diese autoritären, traditionell marxistisch-leninistischen Ansichten sind die Antithese zum demokratischen Sozialismus.

Die Macht und der Einfluß kommunistischer Parteien in einer Anzahl europäischer Länder hat dieser Frage zusätzliche Bedeutung verliehen. In Italien ist die kommunistische Partei mit vierunddreißig Prozent der Stimmen bei den Parlamentswahlen von 1976 und dank einer langjährigen Beteiligung an der Regierung der Regionen und Städte jetzt die zweitstärkste Partei. In Spanien scheint die trotzige Haltung, die Señor Carrillo gegenüber der Sowjetunion einnimmt, aus ihm eine populäre Gestalt zu machen, und die Kommunisten sind bedeutende politische Rivalen der PSOE, der demokratischen Sozialisten. In Frankreich waren die Sozialisten und Linksradikalen bei der Bildung der Links-Koalition in den Wahlen vom März 1977 auf die Unterstützung durch kommunistische Wähler angewiesen.

In Großbritannien verfügt die CP (Kommunistische Partei) über einen beachtlichen Einfluß, obwohl sie im Juli 1977 nur 25 293 Mitglieder besaß. Kommunisten sind an vielen Fronten aktiv, nicht so wie früher, indem sie die Forderungen ihrer Partei geltend machten, sich in der Industrie Unterstützung verschafften und demokratische Sozialisten angriffen, sondern in der „breiten studentischen Linken" als Antirassisten, Frauenaktivisten oder Sozialarbeiter. Diese gefährliche, bewußte Verwischung der Grenzen zwischen Kommunismus und Sozialismus – welche den *Morning Star* dazu veranlaßt hat, Parlamentarier nicht als Labour-Abgeordnete, sondern als „Linke" oder „Sozialdemokraten" zu bezeichnen – macht die Herausforderung an die demokratischen Sozialisten viel heimtückischer. In dieser modifizierten respektablen Form ist sie deshalb gefährlicher, weil in ihr das Risiko steckt, daß die demokratischen Grundsätze des Sozialismus allmählich ausgehöhlt werden.

Was ihren Einfluß auf die Wahlen betrifft, bleiben die Kommunisten in diesem Lande lächerlich schwach. Ihre gesamte Stimmenzahl für die neunundzwanzig Sitze, um die sie sich bei den allgemeinen Wahlen im Oktober 1974 bewarben, betrug siebzehntausend. Den britischen Kommunisten – die den Begriff von der „Diktatur des Proletariats" ablegten und statt dessen 1951 den „britischen Weg zum Sozialismus" übernommen haben – ist es nicht gelungen, die Unterstützung des Volkes zu gewinnen, obgleich sie ebenso wie ihre Genossen in Frankreich, Italien und Spanien die Sowjetunion kritisiert und sich öffentlich dazu verpflichtet haben, die parlamentarischen Institutionen zu respektieren. Dennoch haben sie nie die gleiche Unterstützung bei Wahlen erhalten. Die Gründe sind komplex – historisch sowohl wie philosophisch –, aber man sollte sie sorgfältig analysieren.

Die britische kommunistische Partei hat feierlich erklärt, wenn sie an die Macht käme, würden „demokratisch organisierte Parteien, inklusive jener, die dem Sozialismus feindlich gesonnen sind, das Recht haben, ihre Organisation, ihre Publikationen und ihre Propaganda fortzusetzen und an Wahlen teilzunehmen". Ist es ihnen mit dieser Behauptung ernst? Können wir ihnen glauben? Man muß dieselben Fragen in Frankreich, Italien und Spanien stellen. Auch diese drei Parteien haben wiederholt feierlich und manchmal gemeinsam ihre Verpflichtung bestätigt, die grundlegenden Freiheiten der pluralistischen parlamentarischen Demokratie nicht nur während des Prozesses des „Aufbaus des Sozialismus", sondern auch nach seiner Vollendung aufrechtzuerhalten. Sie lehnen den sowjetischen Weg zum Kommunismus ab. Für sie ist das sowjetische Modell, das auf der gewaltsamen Ergreifung der Macht in der frühindustriellen Gesellschaft basiert, in welcher die Bourgeoisie nur einen kleinen Teil der Bevölkerung bildete, weit von den heutigen Verhältnissen in Westeuropa entfernt. Ebenso sind die Zustände in Italien, Frankreich und Spanien nicht mit der Situation in Osteuropa unmittelbar nach dem letzten Krieg vergleichbar, als die Präsenz der Roten Armee ein bestimmender Faktor für die Schaffung kommunistischer Regierungen war. Berlinguer sagte 1975 in einem Bericht an das Zentralkomitee der Kommunistischen Partei Italiens, es wäre „undenkbar, den Sozialismus im Westen in den gleichen Formen und Bahnen zu gestalten, wie es in Sowjeteuropa und in anderen Staaten Osteuropas und Asiens geschehen ist".

„Eurokommunismus" ist ein Terminus, der von Nichtkommunisten erfunden wurde, um die Gemeinsamkeiten der westeuropäischen kommunistischen Parteien zu definieren. Dies trat zum erstenmal 1977 in Berlin während der Vorbereitungen für das Treffen der westlichen europäischen kommunistischen Parteien deutlich hervor. Daran ändern bedeutende politische Differenzen zwischen den drei führenden Parteien des Eurokommunismus, die die verschiedenen Stimmanteile, die unterschiedlichen Beziehungen zu den diversen sozialdemokratischen Parteien und, sehr grundsätzlich, die ausgeprägten nationalen Traditionen, Kulturen und historischen Erfahrungen widerspiegeln, nichts. Die kommunistischen Parteien Italiens, Frankreichs und Spaniens haben sich inzwischen daran gewöhnt, das Etikett Eurokommunismus zu tragen und es gelegentlich sogar selbst zu gebrauchen.

Für diese drei Parteien ist das Prinzip getrennter nationaler Wege zum Sozialismus von fundamentaler Bedeutung: Sie lehnen daher die Führungsrolle der sowjetischen kommunistischen Partei in der kommunistischen Weltbewegung ab. Gleichzeitig kommen sie aber zu einer ähnlichen Diagnose der fortgeschrittenen kapitalistischen Gesellschaft und ihrer Rolle darin. Berlinguer hat das so ausgedrückt: „Was Eurokommunismus genannt wird, ist das Ergebnis einer Entwicklung, welche jeder von uns auf unterschiedliche Weise erreicht hat ... ohne zu verkennen, was die Länder Westeuropas gemeinsam haben." Alle drei Parteien argumentieren, die Umwandlung der Gesellschaft vom Kapitalismus zum Sozialismus (worunter sie die Schaffung einer kommunistischen Gesellschaft verstehen) erfordere ihre Teilnahme an den Institutionen und politischen Vorgängen des sogenannten bürgerlichen demokratischen Staates. Unter den in Westeuropa herrschenden Zuständen kann nur der parlamentarische Weg zu politischer Macht führen. Da sie sich dazu bekennen, daß diese Umwandlung der Zustimmung der Mehrheit des Volkes bedarf, suchen sie Bündnisse mit nichtkommunistischen politischen Parteien und für sich selbst eine breit angelegte Wählerunterstützung, welche über ihre traditionelle Anhängerschaft, die Industriearbeiterklasse, hinausgeht.

Das wiederum hat zur Kritik an der Art und Weise geführt, in der sich der Kommunismus in den osteuropäischen Ländern entwickelt hat, und an der dort häufig geübten Praxis der Verletzung der Menschenrechte. Das Bekenntnis zu den individuellen Freiheiten, das die französische kommunistische Partei 1975 abgelegt hat, umfaßt nicht nur jene, welche in allen pluralistischen Demokratien garantiert sind, sondern schließt auch einige ein (wie zum Beispiel das Verbot, jemanden willkürlich in Anstalten für Geistesgestörte festzuhalten), die nie in die Liste aufgenommen worden wären, hätte man nicht in der Sowjetunion Mißbrauch damit getrieben.

Die zentrale Frage ist nicht, ob oder in welchem Maße die kommunistischen Parteien in Europa noch marxistisch sind. Marxistisches Gedankengut ist in jedem Fall Teil des intellektuellen Erbes Westeuropas und (gemeinsam mit dem Methodismus, dem Gildensozialismus und dem Anarchismus) ein wichtiger Bestandteil des Denkens der Labour Party. Wir müssen uns statt dessen fragen, welche Haltung diese kommunistischen Parteien wirklich gegenüber der Demokratie und dem Recht auf freie Wahlen einnehmen. Auf dem siebenten Kongreß der Komintern im Jahre 1935 sagte Generalsekretär Georgi Dimitrov, als er seine Volksfrontpolitik propagierte: „Genossen, ihr erinnert euch sicher alle der alten Geschichte von der Eroberung Trojas . . . wir revolutionäre Arbeiter sollten uns nicht scheuen, dieselben Taktiken anzuwenden." Ist der Kommunismus in Europa ein modernes trojanisches Pferd? Oder hat es seit den dreißiger Jahren einen Wandel gegeben? Wollen die wichtigsten westeuropäischen kommunistischen Parteien nun deshalb einen echten und dauerhaften Beitrag zu der künftigen Entwicklung der Demokratie innerhalb eines Rahmens individueller Freiheiten und pluralistischer Werte leisten?

Auf diese Fragen gibt es keine Antwort. Die betreffenden kommunistischen Parteien müssen erst noch die Probe der Regierungsverantwortung bestehen, und solange das nicht der Fall ist, kann niemand, auch ihre Führer nicht, voraussagen, was geschehen wird. Wichtig ist, daß wir uns bemühen, die Natur des Kommunismus in Europa, so wie er sich bis zur Stunde entwickelt hat, klar zu verstehen und uns eine Vorstellung davon zu machen, in welche Richtung er sich eventuell weiterentwickeln wird. Inzwischen muß das, was demokratische Sozialisten und Kommunisten in England trennt – nämlich die bewiesene Bindung an demokratische Werte und Einrichtungen –, als ebenso bedeutsam für unsere Beziehungen zu den kontinentalen kommunistischen Parteien angesehen werden.

Es hat unter den Linken und in der kommunistischen Internationale stets die verschiedensten Gruppierungen gegeben. Die Auseinandersetzungen zwischen den italienischen, französischen und spanischen Parteien einerseits und jenen der Sowjetunion und Osteuropas anderseits sind nur ein weiteres Beispiel für die permanente Spannung zwischen sogenannten Revisionisten und Revolutionären der kommunistischen Bewegung – eine Spannung, die man bis zum Kampf der Bolschewiken gegen die Menschewiken im vorrevolutionären Rußland und noch weiter zurückverfolgen kann und die nur die Kluft zwischen dem Kommunismus und der Sozialdemokratie vorwegnahm.

Marx selbst führte endlose polemische Kämpfe mit anderen europäischen Sozialisten: Bakunin in Rußland, Proudhon in Frankreich, Lassalle in Deutschland, um nur einige zu nennen. Die Erste sozialistische Internationale erlebte den Bruch zwischen Marx und Bakunin, woraus sich die anarchistische Bewegung entwickelte.

Die Zweite Internationale brach 1914 zusammen, als die Mitgliedsparteien sich mit Lenin überwarfen, die Forderungen des internationalen Sozialismus ablehnten und ihre jeweiligen nationalen Regierungen im Ersten Weltkrieg unterstützten. Die Dritte beziehungsweise erste wahrhaft kommunistische Internationale, die 1919 von Lenin ins Leben gerufen wurde, als die Revolution über Europa hinwegzufegen schien, sagte sich von der bürgerlichen Demokratie los, proklamierte die Diktatur des Proletariats und besiegelte dadurch endgültig den Bruch mit den Sozialdemokraten. Die Kominform, welche sich 1947 konstituierte, um die sowjetische Kontrolle über die internationale kommunistische Bewegung im Kalten

Krieg wiederherzustellen, war es, welche ein Jahr darauf den Austritt der jugoslawischen Partei provozierte.

Seit der letzten Weltkonferenz der kommunistischen Parteien in Moskau haben die Spaltungstendenzen zugenommen, wie die Berliner Konferenz der europäischen kommunistischen Parteien 1977 zeigte. Die Debatte über die dort diskutierten Fragen hat – sieht man einmal davon ab, daß sie einen Keil zwischen die herrschenden Parteien Osteuropas und die drei wichtigsten Parteien Westeuropas trieb – auch unter anderem die britischen, griechischen und schwedischen Parteien entzweit.

Über einen Zeitraum von hundert Jahren betrachtet, zeigten der europäische Kommunismus und Sozialismus nie ein Bild monolithischer Einheit, und es gibt auch keinen Grund, weshalb heute eine solche Einheit herrschen sollte, schon gar nicht unter der Leitung Moskaus. Aber während der annähernd drei Jahrzehnte zwischen der Gründung der Komintern 1919 und Stalins Tod 1953 wurde die natürliche Vielfalt innerhalb des europäischen Kommunismus durch eine von der KPdSU geführte internationale kommunistische Bewegung kontrolliert. Während dieser Periode diktierten zuerst die Komintern und dann die Kominform die Parteitaktik und handelten als Instrument der sowjetischen Außenpolitik. Insbesondere wurden gemeinsame oder Volksfronttaktiken ständig empfohlen, wenn Moskau an Kooperation mit dem Westen dachte, jedoch davon abgeraten, wenn sich die Sowjetunion in ihr Schneckenhaus zurückzog. Dies ist der Grund dafür, warum der europäische Kommunismus zwischen 1919 und 1953 wiederholt zwischen der Befürwortung und der Ablehnung von Bündnissen mit nichtkommunistischen Parteien schwankte.

Anfang der zwanziger Jahre befürwortete die Komintern Volksfronttaktiken zwischen kommunistischen und sozialdemokratischen Parteien, während Lenin seine neue Wirtschaftspolitik verfolgte und Handel und wirtschaftliche Hilfe beim Westen suchte. Stalin stoppte diese Politik und beschimpfte die Sozialdemokraten als „Sozialfaschisten", während er nach innen eine Politik der Kollektivierung und der Autarkie betrieb. 1935 propagierte er in der Komintern Volksfronttaktiken, um so den Faschismus in Westeuropa zu bekämpfen und angesichts der Bedrohung durch die Nazis seinen Frieden mit den westlichen Regierungen zu machen. Von 1939 bis 1941, der Zeit des Nazi-Sowjetpaktes, wurde diese Politik wieder umgedreht: deshalb war die Haltung einiger westeuropäischer Kommunisten gegenüber Hitler schändlich zweideutig. Zwischen 1944 und 1946, als es Stalins Hauptziel war, das Kriegsbündnis mit dem Westen aufrechtzuerhalten, wurden die kommunistischen Parteien erneut dazu ermutigt, eng mit Nichtkommunisten zusammenzuarbeiten. Das führte in den unmittelbaren Nachkriegsjahren zu einer Beteiligung der KPF und der KPI an der Regierung. Obwohl die Kommunisten in Frankreich und Italien wegen ihrer führenden Rolle in den jeweiligen Widerstandsbewegungen in einer wesentlich günstigeren Position als je zuvor (oder je danach) waren, um die Macht zu ergreifen, befahl Moskau Mäßigung. Das ging so weit, daß sogar die kommunistischen Vertreter in der verfassunggebenden Versammlung Italiens dahingehend beeinflußt wurden, für die Lateran-Verträge zu votieren, die Mussolini mit dem Vatikan abgeschlossen hatte und die der Kirche in der Gesellschaft und im politischen Leben Nachkriegsitaliens die bisherige einflußreiche Rolle sicherten. Gleichzeitig sprach Stalin von der Zweckmäßigkeit individueller nationaler Wege zum Sozialismus, um die Feindseligkeit gegenüber den neu eingesetzten kommunistischen Regierungen in Europa zu verringern.

Mit dem Beginn des Kalten Krieges 1947 veränderten sich die Dinge erneut. Ein ungehemmter Stalinismus – welcher die Rolle sowohl von Ursache wie von Wirkung bei den Spannungen dieser Jahre spielte – beherrschte Osteuropa und die internationale kommunistische Bewegung. Diese gefährlich anwachsende Feindseligkeit zwischen Ost und West machte es den kommunistischen Parteien in Westeuropa unmöglich, an der Regierung teilzuhaben. Mit der Schaffung der Kominform legte Stalin die Volksfronttaktik wieder auf Eis, und die KPI und die KPF gingen in die Opposition.

Stalins Tod im Jahre 1953 war in jeder Hinsicht ein bedeutsamer Wendepunkt: für die Sowjetunion, für Osteuropa, für die internationale kommunistische Bewegung und für die Ost-West-Beziehungen. Als Chruschtschow sich auf dem Zwanzigsten Parteikongreß im Jahre 1956 vom Stalinismus lossagte, setzte er damit einen Prozeß in Gang, der in den folgenden zwanzig Jahren fortschreitend die monolithische Einheit des Kommunismus in Europa und der Welt unterminierte: die Entstalinisierungskampagne und der Schaden, den sie der moralischen Autorität der sowjetischen Kommunistischen Partei und der Kominform zufügte; der bewaffnete Aufstand in Ungarn und die Unruhen in Polen im Jahre 1956; der Bruch mit China und das daraus resultierende rivalisierende ideologische Zentrum; die Invasion der Tschechoslowakei im Jahre 1968; die Ausbreitung marxistisch orientierter Regime in der Dritten Welt – all diese Dinge verliehen den auseinanderstrebenden Tendenzen, welche der Tod Stalins ausgelöst hatte, zusätzlichen Schwung.

Gleichzeitig öffnete Chruschtschows Entscheidung, Stalins Doktrin von der Unvermeidbarkeit des Krieges mit der kapitalistischen Welt aufzugeben, einer sowjetischen Politik der Entspannung und der friedlichen Koexistenz den Weg. Sie machte erneut Bündnisse mit nichtkommunistischen Parteien hoffähig. Aber indem sie den westeuropäischen kommunistischen Parteien Gelegenheit gab, zwischen Ost und West zu manövrieren, hat die Détente selbst sich als bedeutende Zentrifugalkraft im europäischen Kommunismus erwiesen.

In Italien war die kommunistische Idee eines nationalen Weges zum Sozialismus, basierend auf einer Strategie breit angelegter Bündnisse mit katholischen und nichtkommunistischen Interessen, ein zentraler Punkt im Denken Gramscis, des Gründers der Partei. Als die italienische kommunistische Partei zwischen 1944 und 1947 der Regierung angehörte, vertrat sie den sogenannten „Pakt des gemeinsamen Handelns" mit den Christdemokraten und Sozialisten als Grundlage des Wiederaufbaus nach dem Kriege. Auf dem Sechsten Parteikongreß 1948 erfand Togliatti die Phrase vom „Italienischen Weg zum Sozialismus", um eine Politik zu umschreiben, die auf Machtergreifung durch friedliche und parlamentarische Methoden beruhte. Auf dem Achten Parteikongreß 1956 wurde der „Polyzentrismus" offiziell anerkannt und die Pluralität sozialistischer Parteien ausdrücklich gebilligt. Von da an wurde über Togliattis Jalta-Memorandum, das 1964 nach seinem Tod veröffentlicht wurde, bis zu Berlinguers Proklamation des „historischen Kompromisses" im Jahre 1973 Gramscis ursprüngliche Idee eines kommunistischen Bündnisses mit den anderen volksnahen Kräften der italienischen Gesellschaft verfeinert und den Umständen angepaßt. 1963 hatte die Partei erste Zeichen einer Auflehnung gegenüber Moskau gezeigt, als sie sich einer Interparteienkonferenz widersetzte, welche die Chinesen verurteilen sollte. Fünf Jahre später verurteilte die KPI die sowjetische Invasion der Tschechoslowakei.

Dieser Prozeß vollzog sich vor dem Hintergrund wachsender Polarisierung zwischen den Christdemokraten und den Kommunisten. Als die kommunistische Partei 1947 aus der italienischen Regierung ausschied, verfügte sie über etwas weniger als ein Fünftel der Stimmen, die Sozialisten hatten einige mehr. 1947 und 1948 spalteten sich die Sozialisten über der Frage einer Zusammenarbeit mit den Kommunisten in zwei Parteien – die PSI und die PSDI. Mit Ausnahme einer kurzen Periode 1968, in der eine Wiedervereinigung versucht wurde, sind die Sozialisten seitdem stets geteilt geblieben. Das Ergebnis war, daß sich die KPI zunehmend als Hauptalternative zu den Christdemokraten entwickelte. Seit 1947 haben die italienischen Kommunisten ihren Anteil an den Stimmen stetig erhöht. Sie erreichten bei den Wahlen des Jahres 1977 ihren bisherigen Rekord von mehr als 34 Prozent. Die Vergleichszahlen für die PSI und die PSDI betrugen 9,6 Prozent beziehungsweise 3,4 Prozent.

In Frankreich dauerte es im Gegensatz zu Italien und Spanien wesentlich länger, bis die Entstalinisierung sich bemerkbar machte. Erst 1964 unterstützte die französische kommunistische Partei die Rückkehr zu einer Volksfrontstrategie, und erst in den letzten beiden Jahren hat sich die KPF eine unabhängige Linie zu eigen gemacht und öffentlich erklärt, Meinungsverschiedenheiten mit Moskau zu haben. Zwar hatte die französische Partei die sowjetische Invasion der Tschechoslowakei 1968 verurteilt, jedoch anschließend dem Programm der sogenannten „Normalisierung" formell zugestimmt. Teilweise sind dafür historische Gründe maßgebend: Obwohl Maurice Thorez in den dreißiger und vierziger Jahren von einem speziell französischen Weg zum Sozialismus gesprochen hatte, gab es keine zusammenhängende geistige Basis, die dem Vermächtnis Gramscis an die KPI vergleichbar gewesen wäre, worauf man ein französisches Äquivalent des „historischen Kompromisses" hätte errichten können. Noch wichtiger aber ist, daß die französische Nachkriegspolitik keinerlei Ähnlichkeit mit der Situation in Italien zeigte.

In den letzten dreißig Jahren mußte die französische kommunistische Partei auf der Linken gegen eine starke sozialistische Tradition ankämpfen. 1946, als die Kommunisten in der Vorstellung der französischen Wähler noch eng mit der Résistance identifiziert wurden, gewannen sie fast neunundzwanzig Prozent der Stimmen, während die Sozialisten etwa fünf Prozent weniger erhielten. 1947 ging die KPF in die Opposition, wo sie im Gegensatz zu den italienischen Kollegen im wesentlichen eine obstruktive Rolle spielte. Das führte im Verein mit der antikommunistischen Stimmung im Lande während des Kalten Krieges zu einer Verringerung ihrer Popularität. Die Sozialisten waren ihrerseits außerstande, aus der Situation Nutzen zu ziehen. Sie fanden sich in überwiegend konservativen Regierungskoalitionen erdrückt und spalteten sich wie die meisten der Parteien, welche die Koalitionsregierungen der Vierten Republik bildeten.

Die Rückkehr von General de Gaulle im Jahre 1958 veränderte die Lage. Die Fünfte Republik polarisierte die politische Aktivität zwischen der Mehrheit, die de Gaulle unterstützte, und der Linken. Aber um welche Persönlichkeit sollte die Linke ihre Opposition zu der gaullistischen Mehrheit organisieren? In den sechziger Jahren scheiterten sozialistische Versuche unter Defferre, eine Mitte-Links-Gruppierung zu bilden. Im Gegensatz dazu glaubte Mitterrand, die sozialistische Partei müsse, wenn sie wirksame Oppositionspolitik machen und gleichzeitig erfolgreich mit der KPF konkurrieren wollte, ein kommunistisches Bündnis akzeptieren. 1965 unterstützten die Kommunisten Mitterrand bei den Präsidentschaftswahlen und verhalfen ihm zu fünfundvierzig Prozent der Stimmen. 1967 bildeten die Sozialisten und Kommunisten ein Bündnis für die allgemeinen Wahlen, welche beiden einen wesentlichen Zuwachs an Sitzen in der Nationalversammlung eintrugen, wobei die KPF immer noch einen prozentuell schwachen Vorsprung vor den Sozialisten hatte. 1973 führten die KPF und eine radikal reformierte sozialistische Partei unter Mitterrand den Wahlkampf auf der Grundlage eines gemeinsamen Regierungsprogrammes, auch als „Union der Linken“ bekannt. Gemeinsam konnten die beiden Parteien im Verein mit den Linksradikalen mehr als vierzig Prozent der Stimmen auf sich vereinen, wobei die

Sozialisten mit den Kommunisten bei zwanzig Prozent fast gleichzogen. Im darauffolgenden Jahr hätte die Linksunion Mitterrand fast zur Präsidentschaft Frankreichs verholfen, während es ihr nicht gelang, ihn im März 1978 zum Premierminister zu machen.

Die Union der Linken führte die kommunistische Partei in Reichweite von Ministerämtern. Es ist noch zu früh, um zu sagen, ob die Linksunion nach der Spaltung zwischen den Kommunisten und Sozialisten im September 1977 und den enttäuschenden Wahlergebnissen vom März 1978 irreparabel geworden ist. Auch die Motive, welche die Kommunisten dazu veranlaßten, diese Spaltung herbeizuführen, lassen sich nicht mit Bestimmtheit klären. Es scheint aber, daß in ihren Überlegungen der Wunsch eine wesentliche Rolle spielte, ihren Einfluß innerhalb der Linken zu festigen und keinen zu hohen Preis für eine mögliche Regierungsbeteiligung zahlen zu müssen.

In Spanien hat sich die kommunistische Partei nach vierzigjähriger Illegalität neu etabliert. Aber schon 1956 vertrat die Partei eine Politik der sogenannten nationalen Versöhnung für die Nach-Franco-Ära, welche auf breit angelegten politischen Bündnissen beruhen sollte. Während der sechziger Jahre kooperierte man im Untergrund mit katholischen und gewerkschaftlichen Verbänden des linken Flügels und bot sich wiederholt anderen Oppositionsgruppen als Partner an. 1968 kam es zu einer nachhaltigen Verstimmung mit der Sowjetunion, da Carrillo die Invasion der Tschechoslowakei verurteilte. In den frühen siebziger Jahren verschlechterten sich die Beziehungen zur Sowjetunion noch mehr, als Moskau eine prosowjetische Splittergruppe unterstützte. Die augenblickliche Forderung der Partei nach einer Koalitionsregierung, der auch Kommunisten angehören sollen, ist die logische Folge einer Situation, in der die Partei bei der letzten Wahl nur etwa neun Prozent der Stimmen des Landes auf sich vereinigen konnte, während die radikale Spanische Sozialistische Arbeiterpartei etwa vierundzwanzig Prozent der Stimmen gewann.

Infolgedessen war die Entwicklung der französischen, italienischen und spanischen kommunistischen Parteien seit 1945, und besonders ihre Reaktion auf die wechselnden politischen Gegebenheiten nach Stalins Tod, nicht einheitlich. Aber um die Mitte der siebziger Jahre hatten sie ihre verschiedenen nationalen Wege zu weitgehend gleichen Schlüssen über die besten Möglichkeiten zur Erringung der Macht geführt.

Die westeuropäischen kommunistischen Parteien sind dem dauernden Risiko ausgesetzt, zur Entscheidung zwischen den Forderungen ihrer bürgerlichen Wählerschaft und ihrer traditionellen Rolle als Repräsentanten der Arbeiterklasse gezwungen zu werden. Das fortgesetzte Streben nach Wahlerfolgen bedingt eine ständige Konsolidierung der außerhalb der Arbeiterklasse erzielten Stimmengewinne und womöglich deren Ausdehnung auf weitere bürgerliche Schichten. In einem Vortrag sagte Carillo kürzlich in London, es sei sein Ziel, Stimmen vom Zentrum und der Rechten des politischen Spektrums Spaniens zu gewinnen. Je breiter aber deren gesellschaftliche Basis angelegt ist, desto größer sind die inneren und äußeren Widersprüche. Schon kursiert das Gerücht von der Unzufriedenheit der Arbeiter, weil die KPI und die KPS die Wirtschaftsreformprogramme unterstützen, welche die italienische beziehungsweise die spanische Regierung vorgelegt haben und in denen der Lohnstopp eine wesentliche Rolle spielt.

Die Kommunisten sind deshalb anfällig für ein etwaiges Ausscheren der Linken. In Frankreich und Spanien, wo KPF und KPS um dieselben Wähler kämpfen wie radikale Linke und stärkere sozialistische Parteien, die es nicht nötig haben, dauernd ihre demokratische Glaubwürdigkeit beweisen zu müssen, ist die Gefahr noch größer. In Frankreich kommt dazu das Problem, daß die KPF innerhalb der Union der Linken ihre Identität verlieren könnte. Spannungen dieser Art haben in dem Bündnis zwischen den Kommunisten und Sozialisten eine Krise hervorgerufen. In Italien sind die sozialistischen Parteien zwar schwächer als die KPI, doch wird diese von ultralinken Studenten und Arbeitern angegriffen. Indem sie, ob nun in formeller Koalition oder nicht, eine Regierungspolitik unterstützen, welche sich als unpopulär oder nicht erfolgreich erweist (insbesondere in wirtschaftlichen und gesellschaftlichen Fragen), riskieren die Kommunisten eine Wahlkatastrophe. Die KPI setzt sich, wenn sie mit einer christdemokratischen Minderheitsadministration kooperiert, dem Vorwurf aus, Verantwortung zu übernehmen, ohne gleichzeitig auch Macht zu gewinnen. Anderseits wird argumentiert, daß eine Entscheidung, der Regierung die Unterstützung zu entziehen und damit eine größere politische und wirtschaftliche Krise auszulösen, das sorgfältig gepflegte Image der Partei von Verantwortungsbewußtsein und Mäßigung zerstören und damit ihre ganze Strategie in Frage stellen könnte, ein dauerhaftes Bündnis mit den anderen wichtigen Volkskräften Italiens herbeizuführen.

Die Teilnahme an erfolgreichen Regierungen erweist sich aber auch nicht notwendigerweise als vorteilhaft, wenn das Ergebnis darin besteht, daß die anderen Koalitionspartner gestärkt werden. In Italien ist die Frage immer noch offen, ob die Christdemokraten nicht vielleicht ebensoviel oder gar mehr Wahlvorteile aus einer erfolgreichen Koalition mit der KPI ziehen könnten wie das die KPI für sich erhoffen könnte. Sowohl die sozialistische als auch die republikanische Partei haben infolge ihrer Zusammenarbeit mit den Christdemokraten in der Vergangenheit Rückschläge bei Wahlen erlitten. Es ist nicht unvorstellbar, daß die KPI, trotz ihres relativ viel stärkeren Stimmpotentials, ebenso betroffen werden könnte.

Für die Sowjetunion könnte es so scheinen, als ob kommunistische Regierungsbeteiligungen der greifbare Beweis für den Fortschritt der „linken Kräfte“ in Europa sein könnten. Ein solcher Fortschritt der „linken Kräfte“ würde auch die Behauptung der Sowjets unterstützen, daß, um mit den Worten eines Mitglieds des Politbüros von 1974 zu sprechen, es in letzter Zeit „eine qualitative Verschiebung in der Krise des Kapitalismus“ gegeben hätte, indem die westlichen Demokratien von Rezession, Arbeitslosigkeit und Inflation betroffen wären. Man könnte erwarten, daß die Russen dies als eine der wesentlichen politischen Prämien der Détente betrachten, die zu einer Steigerung ihres Einflusses in Europa führen könnte. Statt dessen ergab sich eine paradoxe Situation. Die sogenannte Krise des Kapitalismus der siebziger Jahre ist gleichzeitig mit etwas aufgetreten, was einer Krise des Kommunismus sehr nahe kommt.

Die Sowjetunion sieht sich nun mit dem schon lange bestehenden Problem konfrontiert, die Interessen von Staat und Partei miteinander in Einklang zu bringen. In den Tagen der Komintern und der Kominform konnten die Sowjets diese Differenzen nach eigenem Gutdünken beilegen. Das ist nicht länger möglich. Die Sowjetunion als selbsternannter Führer der kommunistischen Weltbewegung hat die Verpflichtung, die kommunistischen Parteien Westeuropas zu unterstützen. Aber die verschiedenen kommunistischen Parteien bilden für die zwischenstaatlichen Beziehungen der Sowjetunion einen äußerst diffizilen Faktor, und dies zu einer Zeit, da Entspannung der Zentralbegriff der sowjetischen Außenpolitik ist. Die kommunistischen Parteien Frankreichs und Italiens sind auf nationaler Ebene politisch so stark geworden, daß die Sowjetunion sie nicht einfach als Bruderparteien behandeln kann, sondern als eigenständige politische Kräfte sehen muß, welche die Politik ihrer Regierungen und damit auch die zwischenstaatlichen Beziehungen beeinflussen.

Darüber hinaus könnte der Eintritt einer kommunistischen Partei in die Regierung einer größeren westlichen Macht das empfindliche Gleichgewicht stören, auf dem die Entspannung beruht, und damit Instabilität in den Ost-West-Beziehungen erzeugen.

Der Kommunismus in Westeuropa stellt eine dreifache Herausforderung an die Autorität der KPdSU dar: in der kommunistischen Weltbewegung, in Osteuropa und in der Sowjetunion selbst. Nach sowjetischer Meinung bilden die Theorie, die Erfahrung und die Praxis der sowjetischen Partei die Hauptgaranten des Erfolges im Kampf gegen den Kapitalismus. Nationale Eigenheiten können bei der Bestimmung der Wege zum Sozialismus berücksichtigt werden, aber der wahre Marxist-Leninist kann nicht von den grundlegenden revolutionären Prinzipien abweichen, deren wichtigster Hort die KPdSU ist. Diese Prinzipien werden in zwei Begriffen zusammengefaßt, der „Diktatur des Proletariats" und dem „proletarischen Internationalismus", welche beide von den Parteien Italiens, Frankreichs und Spaniens aufgegeben worden sind.

Der Eintritt einer kommunistischen Partei in eine westeuropäische Regierung würde dem revisionistischen Marxismus neuen Glanz verleihen und könnte damit gefährliche, beispielhafte Auswirkungen auf die Regime Osteuropas haben. Einige davon haben sich gegenüber ihren westlichen Genossen entschieden zweideutig verhalten, und zwar besonders in der Hervorhebung unabhängiger nationaler Wege zum Sozialismus.

Obwohl alle westlichen kommunistischen Parteien die Entspannung entschieden unterstützen, weil die Fortführung dieser Politik eine unabdingbare Voraussetzung für ihre ganze politische Strategie ist, weichen doch einige ihrer außenpolitischen Ziele deutlich von denen der Sowjetunion ab. Die KPI und die KPS unterstützen die europäische Gemeinschaft und den Gedanken der politischen Einheit Europas. Die Russen haben die Vorstellungen der spanischen Partei öffentlich als einen Versuch gebrandmarkt, eine europäische Kraft zu schaffen, welche „in erster Linie in Opposition zu den sozialistischen Staaten" stehe. Die KPF und die KPI unterstützen allem Anschein nach die weitere Mitgliedschaft ihrer Länder im Atlantischen Bündnis und sprechen sich gegen eine einseitige Auflösung der NATO aus.

Obwohl sie vor einem Bruch mit der Sowjetunion zurückschrecken, kann es doch keinen Zweifel an den tiefgreifenden Differenzen geben, die sich zwischen Moskau und den drei Parteien entwickelt haben. Was dies allerdings über ihre Bindung an die pluralistische Demokratie aussagt, ist eine andere Sache. Für den demokratischen Sozialisten bleibt das zentrale Paradoxon bestehen: daß ein politisches Phänomen, das seine politische Existenz aus dem Votum der Wähler bezieht, sich zu guter Letzt als das Instrument erweisen könnte, welches die Wahlurnen abschafft.

Alle Kommunisten in Westeuropa erklären die Abschaffung der kapitalistischen Gesellschaft zu ihrem Ziel. Sie räumen bereitwillig ein, daß sie sich fundamental von den Sozialdemokraten unterscheiden. Welchen Beweis gibt es also für ihre Behauptung, daß die pluralistischen Werte die Umwandlung von der kapitalistischen in die kommunistische Gesellschaft überleben werden?

Tatsache ist, daß es solche Beweise nicht gibt. Dies ist keine Frage, in der man sich Kompromisse leisten kann. In den vierziger Jahren gaben die kommunistischen Führer in Osteuropa ähnliche Verpflichtungserklärungen ab, von denen jedoch keine gehalten wurde. (Man argumentiert hier – mit einigem Recht –, daß die strategische Bedeutung Osteuropas für die Sowjetunion, das Niveau seiner wirtschaftlichen und gesellschaftlichen Entwicklung und die Atmosphäre des Kalten Krieges, die vor dreißig Jahren herrschte, keine genaue

Analogie zu der heutigen Lage in Italien, Frankreich und Spanien darstellen.)

In Italien hat die KPI durch dreißig Jahre die Region Emilia-Romagna verwaltet. Das offenkundig demokratische Verhalten der Kommunisten in der Regionalverwaltung läßt aber noch keine eindeutigen Schlüsse darüber zu, wie sie als Führer einer von ihnen beherrschten Zentralregierung auftreten würden.

Die Wahrheit ist, daß nur die Unterstützung des demokratischen Wahlsystems für alle westlichen kommunistischen Parteien der einzig mögliche Weg zu politischer Macht ist. Das Eintreten für das demokratische Wahlsystem ist für sie eine politische Notwendigkeit. Die Erklärung für ihre Bekehrung heißt Macht. Es wäre schwer, irgendeine philosophische Rechtfertigung zu finden, die dem Bekenntnis zur Demokratie, zu liberalen Werten, zur fundamentalen Achtung der Vielfalt, zur politischen Demut zugrunde läge. Lippenbekenntnisse geben uns keine Garantie dafür, wie die politische Macht, einmal erworben, gebraucht würde. Insbesondere die Unbestimmtheit, mit der die Parteien die Situation beschreiben, welche nach dem Übergang zum Kommunismus folgen soll, kann den Argwohn nur steigern. Carillo formulierte es 1974 so: „Alles, was wir zu diesem Problem sagen können, gehört der Sphäre künftiger Entwicklungen an, wie wir sie sehen, ohne daß es möglich wäre, sich auf Präzedenzfälle zu stützen."

Die zentrale Schwierigkeit bei der Lösung dieser Fragen besteht darin, daß der „Aufbau des Sozialismus" ein langfristiger Vorgang ist und daß definitive Antworten bis zum Abschluß dieses Prozesses würden warten müssen. Carrillo hat gesagt, daß man den Sozialismus nicht beschleunigen könne. Berlinguer erklärt, daß die italienische kommunistische Partei selbst mit einundfünfzig Prozent der Stimmen – und nur die KPI könnte auch nur annähernd einer solchen Zahl nahekommen – nicht aus eigenen Kräften imstande wäre, die Reformen durchzusetzen, die sie für notwendig hält. Das Gespenst Chiles – das was geschah, als Allendes Regierung, die demokratisch, wenn auch nur mit einer Minderheit der Wählerstimmen, gewählt worden war, versuchte, ein Land mit mächtigen bürgerlichen Institutionen auf einen sozialistischen Weg zu zwingen – hat bei allen drei Parteien einen erheblichen Eindruck hinterlassen. Ihre Führer sind sich voll bewußt, um mit den Worten von Isaac Deutscher zu sprechen, daß, um eine konterrevolutionäre Reaktion herbeizuführen, eine Revolution „nicht mehr zu tun braucht, als einen Schatten zu werfen".

Wir müssen versuchen, einige dieser Probleme zu klären und jede westliche kommunistische Partei auffordern, ihre wesentlichen Ziele offen und genau determiniert darzulegen. Im besonderen müssen wir die Aufmerksamkeit darauf lenken, was den grundlegenden Unterschied zwischen demokratischen Sozialisten und Kommunisten bildet: Parteitaktik und innere Parteiorganisation.

Die Demokratie beginnt, wie die Wohltätigkeit, zu Hause. Wir haben deshalb das Recht zu fragen, ob es nicht eine krasse Diskrepanz gibt zwischen den pluralistischen Beteuerungen all dieser westlichen kommunistischen Parteien und ihrem Festhalten an den Prinzipien des „demokratischen Zentralismus" in ihrer inneren Organisation. Worin unterscheidet sich denn die monolithische Vertikalstruktur der drei wichtigsten „eurokommunistischen" Parteien von den herrschenden Parteien Osteuropas und der Sowjetunion? Parteidisziplin ist *eine* Sache, aber was für eine Disziplin ist das denn, die wie im Falle der französischen Partei von einem Tag zum nächsten von einstimmiger Ablehnung zu einstimmiger Unterstützung der französischen nuklearen Abwehrwaffe umschwenken kann? Es ist verständlich, daß die kommunistische Partei im Spanien Francos nicht ohne ein geheimes Zellensystem überleben und die staatlichen Institutionen nur durch Infiltration beeinflussen konnte. Aber in freien und offenen Gesellschaften – welche demokratische Rechtfertigung kann es dort geben für die geheime Infiltration und für politische Zellen? Warum geben denn die Parteien nicht zu, daß sie innerlich genauso gespalten sind wie alle anderen Parteien? Warum ist es notwendig, daß Entscheidungen stets einstimmig getroffen werden? Das führt unweigerlich zu geheimen Parteiprozeduren, dazu, daß offene Debatten erstickt werden, ebenso wie die Kritik an Parteipolitik und Parteiführern; zu Namenslisten in internen Wahlen und zu Säuberungen von abtrünnigen Parteimitgliedern. All diese Dinge werden von demokratischen Sozialisten abgelehnt, und alle werden von kommunistischen Parteien in Westeuropa in größerem oder geringerem Maße praktiziert.

Wir müssen auch verlangen, daß man uns präziser und detaillierter erklärt, wie es mit den pluralistischen Garantien aussehen wird, sobald der Sozialismus einmal Wirklichkeit geworden ist. Würde das Parteiensystem immer noch funktionieren? Wenn nicht, wie würde die wesentliche Forderung – die Pluralität der Meinungen – garantiert und artikuliert werden? Carrillo hat gesagt, daß eine kommunistische Partei imstande sein müsse, rechtzeitig aus einer Regierung auszuscheiden, wenn sie nicht mehr die Unterstützung der Mehrheit des Volkes hat. Und doch scheinen manche Kommunisten außerstande zu sein, dies als praktische Möglichkeit für sich zu akzeptieren. Ein führender italienischer Kommunist, Radice, hat gesagt: „Würde denn irgendein Teil der Bevölkerung eine Abkehr vom Sozialismus sehen wollen, einen Schritt zurück von einer höheren zu einer niedrigeren Form der Gesellschaft? . . . Es ist ebenso unhistorisch wie unvernünftig anzunehmen, daß sie die Uhr zurückdrehen wollen.“

Ein weiterer entscheidender Test wird für die Parteien die Aufrechterhaltung ihres unabhängigen Vorgehens und ihre weitere Verbindung mit der parlamentarischen Demokratie bei Wahlrückschlägen sein. Es war kein Zufall, daß in Italien die Politik des „historischen Kompromisses" von der KPI während einer Periode ständiger Wahlerfolge eingeschlagen wurde. Im Gegensatz dazu sehen wir in Frankreich in dem Zerfall der Union der Linken eine Umkehr der parlamentarischen Strategie der kommunistischen Partei unter dem Druck eines – im Vergleich zu den Sozialisten – sinkenden Anteils an Wählerstimmen. Wenn der Kommunismus, wie von den Parteien behauptet wird, eine langfristige Strategie ist, so muß er den Wechselfällen des Wahlglücks standhalten.

Dies sind einige der grundlegenden Fragen, die die Entwicklung des Kommunismus in Westeuropa den demokratischen sozialistischen Parteien stellt. Es ist aber nicht sinnvoll, diese Entwicklung geringschätzig zu betrachten, weil sie sich in ausländischen Organismen abspielt. Es handelt sich um ein sehr ernstes Phänomen, das analysiert und besprochen werden muß.

Die Entwicklung des Kommunismus ist das Ergebnis eines weithin empfundenen Bedürfnisses nach Wechsel und hat für Millionen von Europäern die Möglichkeit geschaffen, sich wieder im demokratischen Prozeß zu engagieren. Die Effektivität der kommunistischen Widerstandsbewegung im besetzten Frankreich beziehungsweise im faschistischen Spanien oder eine erfolgreiche Regionalregierung von Kommunisten in Italien haben alle den kommunistischen Parteien in diesen Ländern ein Maß an Unterstützung geliefert, das ein Hinweis auf das Versagen der demokratischen sozialistischen Parteien ist. Und doch ist es gleichzeitig die Breite des Spektrums, das die Kommunisten in diesen Ländern ansprechen, die den demokratischen Sozialisten Hoffnung gibt. Der demokratische Sozialismus kann und sollte diese Wähler zurückgewinnen.

Bei der Analyse der drei stärksten kommunistischen Parteien in Westeuropa habe ich bewußt den Begriff „Eurokommunismus" nicht verwendet. Erhebliche Zweifel daran sind erlaubt, ob es ein solches einheitliches Phänomen überhaupt gibt. Es ist ein gefährlicher Terminus. Er vermittelt nämlich einem Phänomen Kohärenz und Realität, das uneinheitlich und bis jetzt noch nicht identifizierbar ist. Es ist sehr interessant, daß die westlichen Kommunistenführer jetzt selbst das Wort „Eurokommunismus" gebrauchen. Sie erkennen, daß es eine gewisse Attraktivität hat. Es ist ein bequemer Begriff, ein Etikett. Er veranlaßt die Menschen dazu, ihre Kritikfähigkeit ruhen zu lassen; sie vermeiden es, das Phänomen, Land für Land, zu analysieren und nehmen statt dessen zu Gemeinplätzen Zuflucht. „Eurokommunismus" fängt an, respektabel zu werden. Man sollte vermeiden, ihn geläufig werden zu lassen. Wir sollten ihn ablehnen, solange man uns nicht überzeugt hat, daß das Phänomen, welches er beschreiben soll, existiert. Indem man den Terminus ablehnt, weigert man sich zu akzeptieren, daß der Kommunismus irgendwo, ganz speziell in Europa, eine zusammenhängende Einheit bildet. Die Ablehnung des Begriffs erleichtert es, ein Nachlassen der Wachsamkeit der demokratischen Sozialisten zu verhindern. Wir sollten jeden Versuch, die britische kommunistische Partei mit dem „Eurokommunismus" in Verbindung zu bringen, ebenso zurückweisen wie die Forderung an die Labour Party, den britischen Kommunisten die gleiche Glaubwürdigkeit zuzubilligen, die manche gerne ihren italienischen, französischen und spanischen Gegenspielern zusprechen möchten.

Die Labour Party darf sich nicht von ihrer gegenwärtigen ausgeprägten Position, ja ihrer traditionellen Feindschaft gegen die kommunistische Partei Großbritanniens abbringen lassen. Wir müssen der Versuchung widerstehen, die Kommunisten zunächst zu tolerieren, uns dann mit ihnen zu verbünden und uns schließlich unter dem breiten Banner der

Linken mit ihnen zu vereinen, sie unter der berauschenden Schaumschlägerei des Modewortes „Eurokommunismus" zu umarmen. Die Folge wäre nicht nur der Wahltod für die Labour Party, sondern eine solche Entwicklung würde auch die wirksamste Massenbewegung gegen den Kommunismus in Westeuropa, ja in der ganzen Welt, schwächen.

Die wichtigste Beziehung der britischen Labour Party ist die zu unseren Mitsozialisten in Frankreich oder Italien oder Spanien. Diese weise Haltung machte die Labour Party sich zu eigen, als sie in Betracht zog, Delegationen aus kommunistischen Parteien zu ihrer jährlichen Konferenz einzuladen. Wir konsultierten zunächst die betreffende sozialistische Partei und sprachen die Einladung nur aus, wenn diese zustimmte. Wenn wir mit unseren Mitsozialisten zusammenarbeiten, dann werden wir auch ihren eigenen nationalen politischen Umständen angemessen Rechnung tragen und ihren nationalen Beziehungen zu ihren kommunistischen Parteien. Aber es ist nicht Teil unserer Philosophie, mit ihren kommunistischen Parteien zusammenzuarbeiten. Wir sollten ganz bewußt den sogenannten „Eurokommunismus" zergliedern und uns dabei stets bewußt bleiben, daß wir auf der Hut sein müssen und daß es nicht im Interesse des demokratischen Sozialismus liegt, auf Kosten unserer sozialistischen Kollegen irgendwo in Europa den Kommunismus zu fördern.

Die meisten Schriften und Reden im Westen über den sogenannten „Eurokommunismus" beginnen damit, daß die Drohung, die von ihm ausgeht, diskutiert wird, die Gefahren für die NATO, die Schwierigkeiten für die Europäische Gemeinschaft. Es ist gefährlich, an diesem Punkt zu beginnen. Obwohl man diesen Umstand nicht leugnen kann, so verstärken Drohungen nicht nur die Unterstützung, sondern es ergeben sich auch institutionelle Probleme. Der wirkliche Kampf wird um den Geist der Menschen geführt. Der Kommunismus in Westeuropa ist eine langfristige Herausforderung an unsere demokratische Gesellschaft und nicht etwa nur eine unmittelbare Bedrohung für unsere Institutionen. Sein Reiz beruht auf der Unzufriedenheit mit den existierenden europäischen politischen Parteien, dem Unvermögen, ernsthafte Mißstände in unserer Gesellschaft zu beheben, hohe Arbeitslosigkeit, krasse Ungleichgewichte von Wohlstand und Macht und sogar – in Italien – die Frage von Gesetz und Ordnung. Angst hervorzurufen und anzudeuten, daß wir Kommunisten in der NATO und der EG nicht als Partner akzeptieren würden, sollten sie in ihren Ländern Wahlen gewinnen, ist die Reaktion, die man sich denken kann. Sie unterminiert unsere eigene Verpflichtung, die Entscheidung der Wähler zu akzeptieren. Es gibt gute Gründe dafür zu glauben, daß die Anführer der westlichen kommunistischen Parteien selbst nicht inmitten einer Weltrezession in die schwierige direkte Verantwortung der Regierung hineingestoßen werden wollen. Wir werden nicht imstande sein, den Kommunismus zu bekämpfen, wenn wir nicht zuerst den Versuch machen, die Natur des Kommunismus in Europa zu untersuchen, seine Schwächen zu analysieren, insbesondere seine demokratische Grundlage. Die Aufgabe des demokratischen Sozialismus ist es, den eigenen Radikalismus neu zu entdecken, die jungen enttäuschten Rebellen zurückzuholen und unsere eigenen internationalen Verbindungen zu verstärken. Die Herausforderung ist ungemein ernst. Es ist eine Herausforderung an alle Demokraten, aber an die demokratischen Sozialisten im besonderen. Wie der französische Sozialist Léon Blum feststellte: „Ohne Sozialismus ist die Demokratie unvollständig. Ohne Demokratie ist der Sozialismus hilflos.“

5

Die Rassenfrage in Großbritannien

Am Ende der Geschichte seines Weltreichs steht Großbritannien vor einem besonders komplizierten und schwer zu bewältigenden Problem: der Rassenfrage. Das ist ein krasser Euphemismus für die Debatte um die zukünftige Rolle der farbigen Einwanderer aus den Commonwealth-Ländern und ihrer Nachkommen in unserer Gesellschaft.

Das Rassenproblem ist das direkte Ergebnis der in den Nachkriegsjahren von der Labour-Regierung getroffenen Entscheidung über den Rückzug Großbritanniens aus den Kolonien, die Ersetzung des Empire durch das Commonwealth und die Schaffung einer Commonwealth-Staatsbürgerschaft. Es ist ein außerordentlich komplexes Problem, das starke Emotionen weckt. Solange es nicht auf faire und gerechte Weise gelöst werden kann, wird unser an sich guter Ruf als ehemalige Kolonialmacht nachhaltigen Schaden erleiden, und wir werden als moralisches und politisches Leitbild in der Welt an Geltung verlieren.

Die Rassenfrage ist ein Problem, das unseren theoretischen Liberalismus der fünfziger und sechziger Jahre in der rauhen und grundlegend andersgearteten Wirklichkeit der späten siebziger Jahre auf eine harte Probe stellt. Die Geschichte der Einwanderung aus den Commonwealth-Ländern in unser Land zeigt deutlich die außergewöhnliche Komplexizität dieser Frage, deren Behandlung nüchternen Verstand und Verantwortungsbewußtsein erfordert. Doch nur allzuoft beherrschen naive und emotionell gefärbte Slogans das Feld.

Es ist nicht Aufgabe eines Politikers, sich zum Sprachrohr des Volksempfindens zu machen und Emotionen aufzurühren, oder aus Meinungsumfragen Rückschlüsse auf populäre Vorurteile zu ziehen und diese dann mit raffinierten Methoden der Öffentlichkeitsarbeit zu artikulieren. In Rassenfragen muß der Politiker mehr tun, als bloß den kleinsten gemeinsamen Nenner der Massenemotionen auszunützen.

Die Gefahren des Rassismus brauchen nicht eigens betont zu werden. Es gibt keine andere „Lösung" für den Rassismus als seine strikte Ablehnung und seine unermüdliche Bekämpfung. An der Gedächtnisstätte Yad Vashem im Westen Jerusalems wurde im Jahre 1953 ein Museum errichtet, um die Erinnerung an die Massenvernichtungen der Nazizeit wachzuhalten, der sechs Millionen Juden zum Opfer fielen. Diese Gedächtnisstätte ist eine ergreifende und anklagende Mahnung an die Konsequenzen aus Adolf Hitlers „Endlösung" des „Judenproblems". In Yad Vashem, so schrieb Leon Felipe, „besitzt Israel die größte Sammlung an Tränen, die die Welt geweint hat". Rassismus – gleichgültig, ob er nun bis ins letzte verfolgt wurde wie in den unaussprechlichen Greueltaten von Dachau und Auschwitz oder sich im Kindergartenstadium einer Nationalen Front und ihrer Verbrecher in Großbritannien befindet – ist stets verwerflich und zerstörerisch. Wenn wir dem Rassismus im eigenen Land begegnen, erkennen wir ihn oft nicht. Doch im Ausland wird Großbritannien kritischer betrachtet, und Angelegenheiten, die in unseren Augen manchmal bloß von flüchtiger journalistischer oder politischer Bedeutung sind, können in Afrika, im Nahen Osten oder in der Karibik aufgegriffen werden und erscheinen dort in einem völlig anderen Licht. Rassistische Ausbrüche, ob sie nun gegen schwarze oder braune Einwanderer oder gegen jüdische Menschen in Großbritannien gerichtet sind oder in der Billigung eines rassistischen Regimes im Ausland zum Ausdruck kommen, trüben unser Image und beeinträchtigen unsere Fähigkeit, in Weltfragen eine Hauptrolle zu spielen.

Die gegenwärtige Kontroverse über die Einwanderungspolitik ist in Großbritannien nichts Neues. Die Einwanderung von Juden, vor allem nach London in der Zeit zwischen 1880 und 1910, rief sehr ähnliche Reaktionen hervor. Es ist bemerkenswert, wie sehr die Sprache von heute dem damaligen Vokabular der Debatten über die Einwanderung in vielem ähnelt. Die aschkenasischen Juden, die Ende des vergangenen Jahrhunderts in unser Land kamen, galten oft nicht nur als Bedrohung der Gesellschaft des Gastlandes, sondern auch als Bedrohung der etablierten jüdischen Gemeinschaft. Propagandisten brachten das Argument vor, diese Gruppe sei in ideologischer und kultureller Hinsicht so völlig andersgeartet, daß ihre kulturelle Assimilation unmöglich sei. Und selbst der TUC (Gewerkschaftskongreß) nahm in den Jahren 1892, 1894 und 1895 Resolutionen an, in denen der „Massenimport jüdischer Fremdarbeiter" beklagt wurde. Wie heute, so waren auch damals die rassistischen Klischees verworren und widersprüchlich. Einerseits galten die Einwanderer als tüchtige Arbeiter, die den Engländern die Arbeitsplätze wegnahmen, und anderseits als faule Schmarotzer.

Es liegt nun nahezu dreißig Jahre zurück, daß der *British Nationality Act,* das Gesetz über die britische Staatsangehörigkeit, in Kraft trat. Mit diesem Gesetz erlangten alle jene die britische Staatsbürgerschaft, die mit Großbritannien und der damals noch großen Zahl britischer Kolonien verbunden waren. Alle diese Staatsbürger – ebenso wie die Staatsbürger der unabhängigen Commonwealth-Länder – hatten das Recht auf unbehinderte Einreise nach Großbritannien, bis man vierzehn Jahre später gewisse Einschränkungen für nötig hielt. Dies entsprach dem idealistischen Prinzip des *civis Britannicus sum* und zog in der Zeit vor der Vollbeschäftigung und der weiten Verbreitung der englischen Sprache keinerlei Schwierigkeiten nach sich. Im Großbritannien der Nachkriegsjahre gab es weit mehr Arbeitsplätze als einheimische Arbeitskräfte. Als langsam und zögernd die Einwanderung aus den Commonwealth-Ländern und den Kolonien einsetzte, ließ die Regierung auch Flüchtlinge aus den Flüchtlingslagern Europas ins Land. Zu dieser Zeit deckten sich unsere idealistischen Vorstellungen von der Commonwealth-Staatsbürgerschaft noch mit den Erfordernissen unseres heimischen Arbeitsmarktes. In der Folge wurden von mehreren aufeinanderfolgenden Regierungen – zumeist widerstrebend, oft aber auch übereilt – eine Reihe von Commonwealth-Einwanderungskontrollen verhängt. Heute können Commonwealth-Staatsbürger in dieses Land tatsächlich um nichts freier einreisen als Ausländer. Die Gesetze zur Kontrolle der Einwanderung aus den Ländern des Commonwealth der Jahre 1962 und 1968 (und das Berufungsgesetz für Einwanderer des Jahres 1969) sowie die alte und völlig andersgeartete Gesetzgebung für in Großbritannien lebende Ausländer und die unter diesen Gesetzeskomplex fallende Verordnung über Kontrollbestimmungen für diese Ausländer wurden durch das Einwanderungsgesetz des Jahres 1971 zur Gänze ersetzt. In großen Zügen wirkt dieses Gesetz sich dahingehend aus, daß alle Nichtansässigen – seien sie nun Staatsbürger des Vereinigten Königreiches oder der Kolonien, die keine feste Bindung zum Vereinigten Königreich haben, andere Staatsbürger des Commonwealth oder ausländische Staatsbürger – denselben grundlegenden Einwanderungskontrollen unterliegen. Staatsbürger aus Mitgliedsländern der EG und bestimmte Bürger des Commonwealth (solche, deren Vorfahren in Großbritannien lebten und solche, die sich vor 1973 in Großbritannien niederließen sowie ihre Angehörigen) genießen eine Ausnahmestellung.

Nun wurde trotz der ohnehin schon äußerst strengen Einwanderungskontrollen die Forderung laut, auch die in diesem Rahmen noch bestehenden Verpflichtungen aufzugeben – Verpflichtungen, die von der konservativen Regierung anerkannt wurden, als sie das Gesetz von 1971 einbrachte. Es wäre vom moralischen und politischen Standpunkt aus falsch, sich diesen Verpflichtungen zu entziehen. Wenn man dem britischen Volk anstelle allzu vereinfachter und emotionsgeladener Slogans vernünftige Erklärungen und Argumente bietet, wird es verstehen, was Rassismus eigentlich ist und warum er unermüdlich bekämpft werden muß.

Die Einwanderer kamen nicht zu uns, weil die Regierungen nachlässig oder dumm waren. Viele kamen, weil sie dazu aufgefordert wurden, andere, um der Arbeitslosigkeit daheim zu entfliehen. E. J. B. Rose hat in seinem Buch „*Colour and Citizenship*" gezeigt, wie eng die Ankunft schwarzer und brauner Einwanderer aus den Commonwealth-Ländern mit unserer jüngsten Wirtschafts- und Sozialgeschichte verflochten ist.* Rose beschreibt die Einwanderung aus den Commonwealth-Ländern als ein „Spurenelement", das sich durch die Gesellschaft zieht und an Hand dessen man die seit dem Krieg erfolgten Änderungen in der Beschäftigungsstruktur unserer Gesellschaft, im Zustand unserer Städte, auf dem Wohnungsmarkt, im Status einzelner Berufe und in der Bedeutung, die wir bestimmten grundlegenden Sozialeinrichtungen beimessen, wie auf einem Röntgenschirm verfolgen kann.

Es wird oft vergessen, daß die Einwanderer aus den Commonwealth-Ländern hauptsächlich zu einer Zeit des akuten Arbeitskraftmangels nach Großbritannien kamen. Bis zum heutigen Tag findet man keine Einwanderer in jenen Teilen des Landes, in denen es akute Arbeitslosigkeit gibt, wie etwa in Nordirland, den größten Teilen von Schottland und Wales, im Nordosten oder im West Country Englands. Die Einwanderer kamen in den vierziger, fünfziger und sechziger Jahren in die wohlhabenden Gebiete des Landes – dorthin, wo

* *Colour and Citizenship: Report on British Race Relations* (Oxford, 1969).

es Arbeitsplätze gab. Doch das ist nicht alles. Die Einwanderer zogen in die inneren Stadtbezirke, in die verfallenden Stadtzentren, um Arbeiten zu übernehmen, die die einheimische Bevölkerung im großen und ganzen nicht tun wollte.

Die Einwanderung aus dem Commonwealth ist daher eng verbunden mit Veränderungen in der Lebensstruktur der arbeitenden Bevölkerung dieses Landes. Etwa bis zum Ausbruch des Zweiten Weltkrieges lebte der Durchschnittsarbeiter im Stadtzentrum. Er wohnte in dichtbevölkerten Vierteln, oft in alten Miets- oder Reihenhäusern aus der Zeit Edwards oder aus der viktorianischen Zeit, und bewegte sich innerhalb eines eng umgrenzten Gebietes, in dem er zu Fuß zur Arbeit ging oder Freunde besuchte. Seit den zwanziger und dreißiger Jahren, besonders seit der Nachkriegszeit, besitzt nicht nur die Mittelklasse, sondern auch die Arbeiterklasse Privatautos, die Arbeitsstruktur veränderte sich, und viele der besser situierten Leute zogen von der City in die neuen Vorstädte, entweder in die sozialen Wohnbauten, die unter der Labour-Regierung der Nachkriegszeit in großer Zahl errichtet wurden, in die neuen Privatsiedlungen am Stadtrand, oder sogar aufs Land. Die Nachkriegsgeschichte der Londoner Innenbezirke ist von der Auswanderung der wohlhabenden weißen Arbeiter und der Einwanderung irischer Arbeiter und Immigranten aus dem Commonwealth gekennzeichnet. Umgekehrt wuchs die Bevölkerung in manchen Londoner Außenbezirken außerordentlich stark, und der öffentliche Versorgungsdienst und alle Einrichtungen, die das Leben angenehm machen, wurden dort ausgebaut. Die Alten, die weniger Tüchtigen und die Neuankömmlinge blieben in den Innenstädten, die Erfolgreichen und Wohlhabenden zogen in die neuen Außenbezirke.

Die alten viktorianischen Häuser, die alten Schulen und die alten Krankenhäuser wurden den Ansprüchen der modernen Gesellschaft immer weniger gerecht. Zu der weißen Bevölkerung der City, der ein unverhältnismäßig großer Anteil jener

Schicht angehörte, die sich nur schwer in die Gesellschaft eingliedern kann, kamen nun auch Einwanderer hinzu, die oft mit Sprachproblemen und anderen sozialen Schwierigkeiten zu kämpfen hatten. Wir haben daher das paradoxe Phänomen, daß die Erfolgreichen unserer Gesellschaft in den neuen, aufstrebenden Gebieten in der Umgebung unserer Städte wohnen, während die Armen, die Alten und die Neuankömmlinge sich in Gebieten zusammendrängen, in denen die Sozialstruktur immer unzulänglicher und mangelhafter wird.

Die Einwanderer aus dem Commonwealth kamen damals nicht als Touristen oder Kaufleute nach Großbritannien, sondern als Arbeiter; und sie wurden der untersten Schicht der britischen Gesellschaft eingegliedert. Sie zogen zwar in die wohlhabenden Teile des Landes, wohnten jedoch dort in den Distrikten, die immer mehr verfielen. Sie übernahmen die Arbeitsplätze, die von der einheimischen Bevölkerung, die in die modernen Vorstädte drängte, aufgegeben wurden und kamen in jene Gegenden, die an Beliebtheit verloren, und wo billige und oft minderwertige Wohnungen mehr oder weniger leicht zu haben waren. Einige der ersten Jobs, die Einwanderer von den westindischen Inseln erhielten, waren beispielsweise Arbeitsplätze im Transportwesen. Die Büros der Londoner Verkehrsbetriebe, die auf Barbados Arbeitskräfte anwarben, wurden 1955 eröffnet und rekrutierten bis 1970 etwa viertausend Transportarbeiter. Viele andere kamen ohne einen Arbeitsvertrag in der Tasche. Die Einwanderungsziffer von Arbeitern aus dem Commonwealth erreichte im Jahre 1955, als es fast eine Million freier Arbeitsplätze gab, eine Höchstzahl von 47.000, ging jedoch 1959 bei 65.000 freien Arbeitsplätzen auf 21.000 zurück. Nach dem Krieg hatte die Wiedervereinigung von Familien einen Geburtenboom zur Folge gehabt, und als dann in den frühen sechziger Jahren die herangewachsenen Kinder in den Arbeitsprozeß eintraten, wurden die ersten Maßnahmen zur Kontrolle und schließlich zum völligen Stopp der Einwanderung aus den Commonwealth-Ländern getroffen.

In diesem Zusammenhang müssen wir einen Blick auf die Einwanderungsstatistiken werfen. Interessanterweise ist die Abwanderung aus Großbritannien im Verhältnis zur Einwanderung ziemlich hoch. Zwischen 1971 und 1976 verließen 219.000 Menschen dieses Land. Und der Zustrom an neuen Einwanderern und somit neuen Arbeitskräften war in letzter Zeit sehr schwach. Die Familien der eingewanderten Arbeiter sind ihrem Oberhaupt und Erhalter oft sehr bald gefolgt. So kam beispielsweise in den späten fünfziger Jahren und frühen sechziger Jahren eine große Zahl von Arbeitern von den Westindischen Inseln nach Großbritannien, und etwa 1967 ließ der Zustrom der Familienangehörigen dieser westindischen Arbeiter plötzlich sehr stark nach. Im Falle der Asiaten erreichte der Einwandererstrom erst 1963 seinen Höhepunkt, und der Zustrom an Familienangehörigen war dementsprechend erst in den späten sechziger Jahren am stärksten; die Zuwanderung pakistanischer Familienangehöriger erreichte 1967 mit 17.506 Menschen ihren Höhepunkt. Die Einwanderung von den Westindischen Inseln ist nun so gut wie abgeschlossen. In den letzten Jahren lag die Auswanderungsziffer im Falle der Westinder sogar höher als die Immigrantenzahl. Sie sind entweder in ihr Heimatland zurückgekehrt oder in andere Staaten, zum Beispiel in die USA oder nach Kanada, abgewandert. Die Einwanderung engster Familienangehöriger von Immigranten aus Indien, Pakistan und Bangladesch setzt sich jedoch noch fort. Wir haben den Frauen und Kindern gegenüber eine Verpflichtung und dehnen diese auch auf die Zulassung Verlobter beiderlei Geschlechts und auf Angehörige des engeren Verwandtschaftskreises aus, wobei wir uns im wesentlichen von menschlichen Erwägungen leiten lassen, wie etwa im Falle verwitweter Mütter oder Eltern im forgeschrittenen Alter, die sich nicht mehr selbst versorgen können. Doch die Zahl neu zugelassener Haushaltsvorstände mit Arbeitserlaubnis ist nun verschwindend klein.

Die Zahl von Neuankömmlingen aus dem Neuen Commonwealth und aus Pakistan, die eine Arbeitserlaubnis besitzen, wird auch weiterhin sehr niedrig bleiben (im Jahre 1976 waren es 1.735 und 1977 1.317, wobei in diesen Zahlen auch jene mit befristeter Arbeitserlaubnis oder mit Arbeitserlaubnis für die Dauer einer Ausbildung inbegriffen sind), und auch die Zahl nachkommender Familienangehöriger wird in den kommenden Jahren weiter absinken. Im Jahre 1977 wurden 44.155 Immigranten aus dem Neuen Commonwealth und aus Pakistan zugelassen, das sind um zwanzig Prozent weniger als im Jahre 1976, in dem es 55.013 waren.

Wir sollten uns darüber im klaren sein, daß keine politische Partei dieses Landes im Hinblick auf die Einwanderungspolitik den alleinigen Anspruch auf gesunden Menschenverstand erheben oder des Unverstands bezichtigt werden kann. Es war eine konservative Regierung mit dem konservativen Innenminister Robert Carr, die im Sommer des Jahres 1972 auf anerkennenswerte Weise die Situation meisterte, mit der sie konfrontiert wurde, als Präsident Amin die gesamte asiatische Gemeinschaft aus Uganda vertrieb; damals waren das mindestens 40.000 Staatsbürger des Vereinigten Königreichs und der Kolonien. Die Entscheidung der Regierung erregte zwar mancherorts Mißfallen, doch es meldeten sich auch viele Organisationen und Einzelpersonen, die bereit waren, den Umsiedlungsprozeß zu unterstützen. Bis vor kurzem waren Rassenprobleme keine parteipolitische Angelegenheit. Menschen aller Parteien kämpften um die Erhaltung des Rechtes auf freie Einreise für Commonwealth-Staatsbürger. Als Anfang der sechziger Jahre die damalige konservative Regierung den ersten Gesetzesentwurf für die Regelung der Einwanderung aus dem Commonwealth einbrachte, äußerten prominente Konservative die Ansicht, es wäre „tragisch", dem

Recht auf freie Einreise ein Ende zu setzen. Und die Labour-Regierung kämpfte erbittert gegen die Einführung der Commonwealth-Einwanderungskontrollen und akzeptierte sie erst einige Zeit nach der Wahl der Wilson-Regierung im Jahre 1964. Auch heute ist manchen noch nicht ganz wohl bei der Sache, was vielleicht damit zusammenhängen mag, daß die Politik der offenen Tür in diesem Land so lange Zeit hindurch von beiden großen Parteien vertreten wurde und daß die Einwanderungskontrolle an sich oft als rassendiskriminierende Maßnahme betrachtet wird. Großbritannien braucht wie jedes andere Land eine vernünftige Einwanderungspolitik, doch dürfte es sich dabei keinesfalls von rassistischen Erwägungen leiten lassen.

Eines der auffallendsten Merkmale des „Zahlenspiels" ist unsere Verallgemeinerung auf der Grundlage gefühlsbetonter Urteile. Wir jonglieren mit einzelnen Zahlen, anstatt sie in einen vernünftigen Kontext zu setzen und überlegt zu beurteilen. So heißt es zum Beispiel, die Zahl der Familienangehörigen, die derzeit nach Großbritannien einreisen – etwa 30.000 pro Jahr –, sei zu „hoch". Doch niemand hat sich bis jetzt die Mühe gemacht zu erklären, warum dies so sei, oder warum etwa 15.000 zu akzeptieren wären, oder welche Zahl überhaupt akzeptiert werden könnte. Die Einwanderungszahl sollte als einer von vielen Faktoren des Gesamtbildes betrachtet werden, zu dem auch der natürliche Bevölkerungszuwachs, die Sterblichkeitsziffer und die Auswanderungszahl gehören, die ja alle die Bevölkerungsstruktur beeinflussen. Der Rassismus wird von Ängsten und Unsicherheiten genährt, und vage und emotionsgeladene Phrasen und bedeutungslose Statistiken wiederum nähren diese Ängste.

Wenn wir mit den fruchtlosen Gesprächen über Einwanderungsstatistiken aufhören wollen, müssen wir uns klarmachen, daß wir in unserer Einwanderungspolitik zwei eindeutige und ganz unterschiedliche Fehler machen, deren Beseitigung die

Grundlage für die Bewältigung des Rassenproblems wäre. Es geht dabei zunächst um den Begriff der Rasse an sich – um die Mißverständnisse und Reibungen, die sich aus dem Zusammenleben von Menschen aus unterschiedlichem Milieu, mit unterschiedlichem kulturellen Hintergrund und verschiedener Rassenzugehörigkeit ergeben. Dies schließt das Problem des Rassismus im allgemeinen mit ein, doch es zeigt auch, wie wichtig es wäre, alle Gruppen der Gemeinschaft zum Zusammenleben zu erziehen, und vor allem die Immigranten über das Leben in Großbritannien zu informieren. Das bedeutet, den Kindern der Einwanderer dabei behilflich zu sein, die englische Sprache zu erlernen und sich unserer Gesellschaft anzupassen. Zweifellos ist das ein schwieriger und heikler Bereich unserer Einwanderungspolitik. Der zweite wichtige Punkt zur Verbesserung der Rassenbeziehungen ist leichter in Angriff zu nehmen, erfordert aber ebenfalls Phantasie und Weitblick und energischen Einsatz. Es geht dabei um den großen Bereich der sogenannten „inner city policy" („Innenstadtpolitik") – mit anderen Worten um die Beseitigung der Unzulänglichkeiten und mißlichen Zustände, die nun für viele unserer Stadtzentren charakteristisch sind und von denen nicht nur die Einwanderer betroffen sind.

In der Frage der Beziehungen zwischen den verschiedenen Gruppen der Gemeinschaft unternahm die Regierung mit dem *Race Relations Act* von 1966, dem im Jahre 1968 ein weiteres Gesetz folgte, und die schließlich beide in das Gesetz des Jahres 1976 über die Rassenbeziehungen übernommen wurden, den ersten Versuch, das Problem der Rassendiskriminierung und die Pflege guter Beziehungen in der Gemeinschaft auf gesetzlicher Basis in den Griff zu bekommen. Mit dem Gesetz von 1976 wurde die *Commission for Racial Equality,* die Kommission für die Gleichberechtigung der Rassen, eingesetzt. Diese Kommission hat nicht nur die Aufgabe, erzieherisch auf die Minderheitsgruppen und die

Öffentlichkeit einzuwirken, sondern auch die Einhaltung der Gesetze gegen die Rassendiskriminierung zu überwachen und sogar gesetzliche Maßnahmen anzuregen, wenn sie es für nötig hält. Dieses Gesetz und die Arbeit der Kommission sind von außerordentlicher Bedeutung für die Beseitigung noch bestehender Rassendiskriminierungen in manchen Bereichen unseres Lebens – so zum Beispiel auf dem Wohnungs- und Arbeitssektor.

Das Rassengesetz von 1968 bildete die gesetzliche Grundlage für die Reorganisation der *Community Relations Councils,* die zuvor in Siedlungsgebieten als freiwillige Verbindungsausschüsse errichtet worden waren, um die Mitglieder der Einwanderergruppen und der einheimischen Bevölkerung zur Besprechung gemeinsamer Angelegenheiten und zur Findung gemeinsamer Lösungen zusammenzubringen. Heute haben die meisten Städte mit starken Einwanderergruppen einen solchen Rat und mindestens einen für Rassenbeziehungen zuständigen Beamten. Ihre Arbeit dringt oft nur dann an die Öffentlichkeit, wenn sensationsträchtige Probleme auftauchen, obwohl sie tatsächlich eine ganze Menge konstruktiver Kleinarbeit leisten, die zur Integrierung der Immigranten in die Gemeinschaft beiträgt. Lehrer, Ärzte und Sozialarbeiter werden in direkten Kontakt mit den Einwanderern gebracht, und die Vertreter der Einwanderergruppen kommen mit den führenden Persönlichkeiten der Lokalbehörden und den Vorständen politischer und anderer lokaler Organisationen zusammen, um mit ihnen über die Probleme ihrer Leute zu sprechen.

Obwohl zweifellos nicht nur rassische Minderheiten unter Benachteiligung zu leiden haben, ergeben sich doch aus dem Sprachproblem, aus kulturellen Unterschieden und aus dem Leben in einem Land, mit dem man nicht vertraut ist, ganz bestimmte Nachteile. Neben der massiven Ausweitung des Städtesanierungsprogrammes ist es wichtig, daß die dafür in Frage kommenden Lokalbehörden die Spezialfonds ausnützen, die unter Abschnitt 2 des Lokalverwaltungsgesetzes von 1966 geschaffen wurden; diese Fonds stellen die finanziellen Mittel für das Personal bereit, das speziell zur Bewältigung der Probleme eingesetzt wird, die sich aus der Anwesenheit von Immigranten aus dem Commonwealth ergeben, deren Sprache oder Sitten und Gebräuche anders sind als die der einheimischen Bevölkerung. Die im Verwaltungsjahr 1977/78 aus diesem Hilfsfond gedeckten Ausgaben wurden auf etwa 28 Millionen Pfund Sterling geschätzt. Der Hauptanteil aus diesem Fonds wird dazu verwendet, zusätzliche Lehrer für die Grundschulen und höheren Schulen zur Verfügung zu stellen, aber auch die Gehälter für die Beamten in den Verbindungsausschüssen, für Dolmetscher, für Sozialarbeiter, für das Personal in Kinderpflegeheimen und Kindertagesstätten und für Beamte der Gesundheits- und Umweltschutzbehörden werden zum Teil aus diesem Fond bezahlt.

Die Labour-Regierung errichtete in Manchester das *Centre for the Study of Disadvantage* (Zentrum zur Untersuchung von Benachteiligungen), um die Bildungsbedürfnisse benachteiligter Gruppen – wozu auch die Kinder von Immigranten gehören – festzustellen und um die Lehrerschaft dazu anzuregen, ihre Methoden den Gegebenheiten anzupassen. Die Umweltschutzbehörde und das Innenministerium führen nun Untersuchungen durch, um herauszufinden, wo die Wurzeln für die bedrückenden Verhältnisse auf dem Wohnungssektor liegen und welche Maßnahmen getroffen werden können, um eine gerechtere Verteilung der Wohnungen zu gewährleisten. Auch auf dem Arbeitssektor bemüht man sich um eine Überwachung des beruflichen Fortkommens der Immigranten und farbigen Arbeiter. Wenn wir ein gutes Verhältnis zwischen den Rassen schaffen wollen, müssen wir uns darum kümmern, was aus den schon länger in unserem Land lebenden Immigranten aus dem Neuen Commonwealth und aus ihren Kindern geworden ist.

Es gibt in Großbritannien weit mehr Weiße als Farbige, die in Armut leben. Doch im Verhältnis zu ihrer Gesamtzahl sind die Armen unter den Schwarzen und Braunen zahlreicher. Und viele von ihnen leben in den Innenbezirken unserer Städte und Großstädte, wo sie nicht nur unter Benachteiligungen auf Grund ihrer Rassenzugehörigkeit leiden, sondern auch unter den allgemeinen schlechten Bedingungen in diesen Vierteln. In dem im Juni 1977 veröffentlichten Weißbuch „*Policy for the Inner Cities*" wurde darauf hingewiesen, daß zwar alle Städte, kleinere wie auch große, mit dem Problem des Verfalls zu kämpfen hätten, daß dieses Problem aber in manchen Teilen unserer bedeutendsten Städte am ausgeprägtesten sei, da die Schulen und Krankenhäuser oft nicht den Erfordernissen entsprächen und man wegen der geringen Anziehungskraft dieser Bezirke nicht die geeigneten Leute zur Besetzung der wichtigsten Posten im öffentlichen Dienst bekomme. Die Regierung trifft nun energische Maßnahmen zur Bewältigung des Problems unserer Innenstädte. Das Budget für das Städtesanierungsprogramm soll von derzeit weniger als 30 Millionen Pfund Sterling pro Jahr für 1979–1980 auf 125 Millionen Pfund erhöht werden. Nicht in allen betroffenen Gebieten leben große ethnische Minderheiten, doch wo es sie gibt, leiden sie oft den ärgsten Mangel; auch sie gehören zu jenen, die von den zu treffenden Maßnahmen profitieren werden. Wie es im Weißbuch heißt, sollen die Innenbezirke bei der Durchführung der wichtigsten Programme und Maßnahmen vorrangig behandelt werden. Zusätzlich wurden die Lokalbehörden bestimmter Gegenden, die mit ernsten sozialen, wirtschaftlichen und anderen konkreten Problemen zu kämpfen haben, aufgefordert, umfassende Programme für die Sanierung zu entwerfen. In sieben Gebieten, in denen diese Probleme besonders kraß sind, werden diese Programme von der Zentralregierung und den Lokalbehörden gemeinsam ausgearbeitet; sie sollen durch

Mittel aus dem Fonds für das Städtesanierungsprogramm, dessen Umfang derzeit erweitert wird, unterstützt werden. Doch auch allen anderen Lokalbehörden in Gebieten mit besonderen sozialen Bedürfnissen soll weiterhin eine Hilfe im Rahmen des Städteprogramms zur Verfügung stehen. Außerdem hat die Regierung Gesetze erlassen, die den Lokalbehörden in Gebieten mit ernsthaften Schwierigkeiten in den Innenstädten größere Machtbefugnisse übertragen, um die Industrie zu stützen. Diese Maßnahmen zielen auf eine Verbesserung der äußeren Lebensbedingungen und der Sozialstruktur in den Innenstädten und auf die Wiederbeschaffung von Arbeitsplätzen ab. Alle staatlichen Stellen sollten sich bei der Planung ihrer Ausgaben um größere Selektivität bemühen, um ihre Mittel den Bedürfnissen entsprechend in die richtigen Kanäle zu leiten. Das Gesundheitsministerium hat durch die Arbeit der *Ressource Allocation Working Party* gezeigt, wie man die Mittel des Gesundheitsdienstes besser verteilen kann, um eine größere soziale Gerechtigkeit zu erreichen, und wie die erzielten Fortschritte überwacht werden können.* Großbritannien braucht eine grundlegende Überprüfung des Sozialwesens, um die Ausgaben in den Mittelpunkt der Aufmerksamkeit zu rücken. Wir diskutieren seit Jahrzehnten über allgemeine Aspekte unserer Staatsausgaben, doch haben wir viel zu wenig darauf geachtet, daß diese Ausgaben dort getätigt werden, wo es am dringendsten nötig ist.

Wir haben die Verpflichtung, für einen hohen Standard der ärztlichen Betreuung der Familien in den Innenbezirken unserer Städte zu sorgen. Untersuchungen haben gezeigt, daß energische Maßnahmen getroffen werden müssen, um die Vernachlässigung und Benachteiligung der Einwandererkinder

* Siehe David Owen, *In Sickness and in Health: The Politics of Medicine* (Quartet Books, 1976), Kapitel 4.

zu bekämpfen. Familien, die durch ihre Einwanderung plötzlich aus ihrer Alltagsroutine und ihrer Tradition gerissen werden und große Schwierigkeiten haben, sich der neuen Lebensform anzupassen, haben in dieser neuen Situation weniger Zeit für ihre Kinder als englische Eltern aus vergleichbarem Milieu oder als ihre Landsleute daheim. So hat sich beispielsweise herausgestellt, daß Kinder von den Westindischen Inseln enorm unter der Einwanderung gelitten haben. Die Eltern gingen kaum je mit ihnen fort, sie hatten selten richtige Ferien, besaßen weniger Spielzeug als die englischen Kinder und lebten sogar auf einem wesentlich niedrigeren Standard als englische Kinder aus vergleichbaren sozialen und wirtschaftlichen Verhältnissen. Die Kinder, die bei der Untersuchung des Jahres 1972 erfaßt wurden, gehen nun bereits in höhere Schulen. Sie hatten aufgrund dieser Faktoren eine wesentlich schlechtere Ausgangsbasis. Eine Möglichkeit, ihnen zu helfen, besteht darin, daß wir uns klarmachen, wie notwendig es ist, in den Gebieten mit sozialer Benachteiligung und ungleichen Bildungschancen die verschiedenen öffentlichen Einrichtungen (Kinderfürsorge, Bildungs- und Gesundheitsdienst) für die Drei- bis Vierjährigen miteinander zu koppeln, die Lokalbehörden zur Planung einer erweiterten Vorschulerziehung zu ermuntern, und sie jenen Kindern zugänglich zu machen, die ihrer am meisten bedürfen.

Nichts ist für die künftigen Generationen wichtiger, als daß wir alle uns zur Verfügung stehenden Mittel voll ausnützen. Wenn wir uns auf allgemeine Diskussionen über das Thema „Einwanderung“ beschränken – ein Wort, das nur Ängste und Emotionen wachruft –, so lenken wir die Aufmerksamkeit bloß von den echten Problemen ab, die in Angriff genommen werden sollten. Wenn nicht energische Maßnahmen zur Bewältigung des Problems der Jugendarbeitslosigkeit in den Cities im allgemeinen und der Jugendarbeitslosigkeit in ethnischen Minderheiten im besonderen getroffen werden, so werden ganze Generationen unserer heutigen Jugend, und darunter viele Schwarze und Braune, zu verbitterten und enttäuschten Menschen heranwachsen. Aus dem Jahresbericht des *ILEA Careers Service* für das Jahr 1976/77 geht hervor, daß es im Londoner Bezirk Lambeth unter den schwarzen Jugendlichen zwei- oder dreimal so viel Arbeitslose gibt wie unter den Weißen dieser Altersgruppe. Diese Statistik ist weitaus alarmierender als die Hochrechnungen über die künftige Zahl der farbigen Bevölkerung. Die Regierung hat gehandelt, und das neue *Youth Opportunities Programme* der *Manpower Services Commission* (das am 1. April 1978 in Kraft trat) ist eine noch nie dagewesene und energische Antwort auf das Problem der Jugendarbeitslosigkeit.

Dies sind harte Zeiten für alle, die daran glauben, daß Großbritannien nicht nur ein „Depot" für Zivilisationswerte sein, sondern daß es diese Werte auch der ganzen Welt mitteilen soll. Wir müssen bereit sein, in einer Zeit der Wirtschaftsdepression die Soziallasten für die eingewanderten Arbeiter zu tragen, die unsere Wirtschaft zur Zeit der Vollbeschäftigung in Gang hielten. Wir können in der Welt keine Autorität für uns beanspruchen, wenn wir den Anschein erwecken, den Rassismus in unserem eigenen Land zu dulden oder stillschweigend über ihn hinwegzusehen. Daher müssen wir die Tatsache akzeptieren, daß unserer Gesellschaft viele Rassen angehören, müssen uns entschließen, aus dieser Vielfalt Nutzen zu ziehen, und versuchen, ein Problem, das ja nur eine Facette einer in zunehmendem Maße multirassischen Welt ist, erfolgreich zu bewältigen.

6
Die Apartheid

Rassismus gibt es in vielen Teilen der Welt, doch die Institutionalisierung des Rassismus in der Apartheidpolitik Südafrikas ist wohl die größte Herausforderung an die ganze Welt. Großbritannien muß sich um eine kohärente und realistische Politik gegenüber Südafrika bemühen, die bis in die achtziger Jahre fortgeführt werden kann. Wir brauchen eine Politik, die der Welt zeigt, daß wir uns mit aller Kraft und ohne Vorbehalte für die Bekämpfung der Rassendiskriminierung engagieren und uns auf der ganzen Welt für die Verteidigung der Menschenrechte einsetzen. Unsere Nachkriegspolitik der Entkolonisierung in Afrika war im großen und ganzen erfolgreich, bis zur widerrechtlichen Unabhängigkeitserklärung Rhodesiens im Jahre 1965. Seit damals steht Großbritannien im Mittelpunkt der Kontroversen über die Politik im südlichen Afrika. Unsere wiederholt mißlungenen Versuche zur Lösung des Rhodesien-Problems und unsere Wirtschaftsbeziehungen zu Südafrika haben dazu geführt, daß viele afrikanische Länder unser Bekenntnis zum Mehrheitsprinzip und unsere Haltung in Rassenfragen anzweifeln. Wenn wir unsere Lage analysieren wollen, müssen wir einen Blick zurück in die Geschichte werfen, denn sehr viele unserer gegenwärtigen Probleme haben ihre Wurzeln in der Vergangenheit.

Der Kampf um die Macht in Afrika, um die europäische Länder wie Frankreich, Portugal, Belgien und Deutschland etwa ab 1880 zu streiten begannen, veränderte die bis zu diesem Zeitpunkt übliche Kolonisationspolitik. Großbritannien hatte im Verlauf des 19. Jahrhunderts wenig Neigung gezeigt, koloniale Verpflichtungen zu übernehmen, die über das zur Erhaltung seiner strategischen Interessen notwendige Maß hinausgingen – Interessen wie die Aufrechterhaltung des freien Handels und, wo nötig, der Schutz der Missionare. Selbst als die imperialistischen Rivalitäten schon in vollem Gang waren, versuchte Großbritannien immer noch, sich mehr oder minder aus der Sache herauszuhalten, und beherrschte und verwaltete sein Imperium mit einer äußerst geringen Zahl britischer Soldaten und Verwaltungsbeamter. Der zweite Burenkrieg, in den wir fast vierhundertfünfzigtausend Mann und enorme Geldsummen investierten, festigte nur unseren Entschluß – der in unseren Erfahrungen in Kanada, Australien und im Amerikanischen Unabhängigkeitskrieg wurzelte –, das Selbstvertrauen der Kolonien zu stärken und uns nicht in Kriege mit den Siedlern einzulassen.

Diese Vorgangsweise hat auf lange Sicht sowohl positive als auch sehr negative Folgen gehabt. Einerseits wurde nie versucht, die afrikanischen Territorien völlig in die Macht der Metropole einzugliedern, wie das in einigen anderen Kolonialreichen der Fall war. Großbritannien blieb das Trauma anderer europäischer Länder erspart, die nach 1945 verzweifelt versuchten, die Fiktion einer engen Verbindung mit dem Mutterland aufrechtzuerhalten, was nicht nur bedeutete, daß die Territorien dieser Länder oft sehr lange auf ihre Unabhängigkeit warten mußten, sondern auch häufig zu blutigen Unabhängigkeitskriegen führte. Ein Beispiel dafür ist Algerien, doch gab es solche Fälle auch in jüngster Zeit. Denken wir nur an Mozambique und Angola, die bittere Kämpfe ausfechten mußten, um ihre Unabhängigkeit zu erlangen. Was auch immer Großbritanniens Motive gewesen sein mögen – sie waren in erster Linie eine Mischung aus Idealismus und aufgeklärtem Eigennutz –, unsere Förderung des

Selbstvertrauens in den Kolonien führte uns nie in die Versuchung, den Anspruch geltend zu machen, unsere afrikanischen Kolonien seien ein organischer Teil Großbritanniens.

Doch sowohl in Südafrika wie auch in Rhodesien führte unsere Politik der Befürwortung der lokalen Selbstverwaltung dazu, daß die weiße Minderheit sich hinter ihren Interessen verschanzte und sich langsam eine rassistische Gesellschaft entwickelte. Die Geschichte wird vielleicht urteilen, daß diese Politik auf lange Sicht weit gefährlicher war, da sie zur Entstehung des institutionalisierten Rassismus führte.

In den ersten Jahrzehnten des 19. Jahrhunderts begann sich in Großbritannien eine menschlichere Haltung gegenüber den Unterprivilegierten daheim und in den Überseekolonien durchzusetzen. Im Jahre 1833 wurde die Sklaverei im gesamten Empire abgeschafft. In Südafrika selbst trug die Arbeit der *London Missionary Society,* der Londoner Missionsgesellschaft, viel dazu bei, der britischen Regierung und der Öffentlichkeit ihre Pflicht zur Verteidigung der Menschenrechte der eingeborenen Bevölkerung klarzumachen. In den dreißiger Jahren des 19. Jahrhunderts ergriff das Kolonialministerium Maßnahmen zum Schutz der Nichteuropäer und Bantu-Stämme und ihrer Grundstücke. Nichteuropäer wurden unter den Schutz des Gesetzes gestellt, und von den Behörden annektiertes Land wurde den Bantu-Stämmen zurückgegeben.

Gerade diese humanitären Maßnahmen waren es, die die landhungrigen Buren 1836 dazu trieben, den Oranje zu überschreiten und sich auf den sogenannten „Großen Treck“ zu begeben. Das unmittelbare Ergebnis dieser Wanderbewegung war die Gründung Transvaals und des Freistaats Oranje, beides unabhängige Afrikaander-Republiken, in denen die Haltung der weißen Afrikaander von allem Anfang an jede Möglichkeit einer Partnerschaft zwischen den Weißen und der schwarzen und farbigen Bevölkerung unmöglich machte.

Großbritannien seinerseits gestattete der Kapkolonie im

Jahre 1872 die interne Selbstverwaltung auf der Grundlage eines nichtdiskriminierenden, wenn auch sehr beschränkten Wahlrechtes. Selbst damals hoffte Großbritannien noch, daß sich – und sei es nur aus wirtschaftlichen Gründen – in den südafrikanischen Territorien Gesellschaften entwickeln würden, in denen Weiße und Nichteuropäer in Frieden miteinander leben könnten.

Doch wir haben diese relativ aufgeklärte Politik weder mit genügend Zielstrebigkeit noch entschlossen genug verfolgt. Eine der Folgen des „Großen Trecks" war die zunehmende Enteignung der Schwarzen durch die Republiken der Afrikaander. Zahlreiche Kriege, die in den Jahrzehnten nach dem „Großen Treck" mit eingeborenen Stämmen ausgefochten wurden, hatten die Ursache im Expansionsstreben der Buren. Unsere eigenen Beziehungen zu den Buren waren in dieser Zeit immer stärkeren Belastungen ausgesetzt. Die Feindseligkeiten zwischen den Briten und den weißen Afrikaandern verschärften sich besonders, als im Jahre 1884 in Transvaal Gold entdeckt wurde, was den Kampf der europäischen Mächte um die afrikanischen Kolonien, der zu Beginn des Jahrzehnts eingesetzt hatte, noch stärker anheizte. Als wir die Buren schließlich im Jahre 1902 unterwarfen, standen wir vor dem Problem, ein großes Land beherrschen zu müssen, dessen Bevölkerung uns zum Teil feindlich gesinnt war. Zu dieser Zeit hielt man es für einen Akt der Vernunft und für ein Zeichen politischer Aufgeklärtheit, dem eigenen Beispiel in Australien und Kanada zu folgen und dem Land eine eigene Regierung zu geben. Angefeuert von einer gewissen Sympathie für die „schneidigen Buren", die nicht ganz am Platz war, sah man darin auch eine großzügige und versöhnliche Geste zwischen zwei Völkern.

Das Ergebnis war die Gründung der Südafrikanischen Union im Jahre 1910, eines Dominions mit eigener Regierung; in sämtlichen Teilen der Union, mit Ausnahme der britischdominierten Kapkolonie, hatten nur Weiße das Wahlrecht. Von da an war die Geschichte Südafrikas eine Geschichte der ständigen Untergrabung des Wahlrechtes für Farbige, das schließlich 1948 nach Einführung des Apartheid-Programms zur Gänze abgeschafft wurde.

Die Verwaltung Rhodesiens lag im Jahre 1889 in den Händen von Cecil Rhode und der British South Africa Company, da die Regierung nicht gewillt war, die Kosten für riskante Abenteuer in Mashonaland und Matebaland auf sich zu nehmen. Als die königliche Charta der Company im Jahre 1923 ablief, wurde Rhodesien offiziell als britische Kolonie annektiert. Es wurde jedoch keine britische Kolonialverwaltung ins Land entsandt, um die Regierungsgeschäfte zu übernehmen. Statt dessen bot Großbritannien der Bevölkerung Rhodesiens die Wahl zwischen einem Beitritt zur Südafrikanischen Union oder einer sogenannten „verantwortlichen“ Regierung, bei der sich Großbritannien gewisse Kontrollbefugnisse vorbehielt – Befugnisse, die allerdings in der Verfassung von 1961 so gut wie nicht mehr vorgesehen waren. Als Rhodesien sich für letzteres entschied, ging die Macht in die Hände einer weißen Minderheit über; diese setzte sich für rassistische Maßnahmen ein, die allerdings weit von der offiziellen Apartheid-Politik entfernt waren. Im Jahre 1930 wurde mit Großbritanniens Zustimmung das Landverteilungsgesetz erlassen, und Rhodesien wurde in „europäische“ und „afrikanische“ Zonen, also in getrennte Gebiete für Weiße und Schwarze, aufgeteilt. In Großbritannien hielten das viele für eine gute Maßnahme, durch die das Land der schwarzen Bevölkerung geschützt werden konnte, und ahnten nicht, daß gerade dieser Schritt zur Ausgangsbasis für die Rassendiskriminierung werden sollte.

Durch die wirtschaftliche Entwicklung wurde die Position der Weißen gestärkt. Vor dem Krieg waren zwei Drittel aller europäischen Investitionen in Afrika in die Gebiete südlich der Sahara und vor allem in die Bergbaugebiete von Süd- und Zentralafrika geflossen. Dieser Trend hielt auch nach dem 2. Weltkrieg noch an. In den vierziger und fünfziger Jahren erlebten diese Gebiete durch den Zustrom Tausender weißer Siedler, die dem in Westeuropa herrschenden Nachkriegselend entfliehen wollten, einen ungeheuren Wirtschaftsaufschwung. In Rhodesien wurde dadurch die bereits bestehende Kluft zwischen den Rassen noch tiefer. Die weiße Bevölkerung Rhodesiens stieg von fünfzigtausend im Jahr 1945 auf etwa eine Viertelmillion an. Es ist diese Gruppe der Neuhinzugekommenen, die sich allen Bemühungen um eine Durchsetzung des Mehrheitsprinzips oft am stärksten widersetzt.

Die britische Kolonialpolitik in Afrika ist immer ein wenig widersprüchlich und inkonsequent gewesen. Das ist kaum überraschend, wenn man die verschiedenen Interessen berücksichtigt, die in Einklang gebracht werden mußten. Das Hauptproblem ergab sich daraus, daß Großbritannien in Afrika eine Politik der Selbstregierung verfolgte, die sich auf seine Erfahrungen in Kanada und Australien stützte, wo der Großteil der Bevölkerung aus europäischen Siedlern bestanden hatte. In den afrikanischen Kolonien waren jedoch die Bestrebungen der Mehrheit mit der Selbstregierung der weißen Siedler unvereinbar. In der im Jahre 1953 errichteten Zentralafrikanischen Föderation versuchte Großbritannien ein multirassisches Gegengewicht zu Südafrika zu schaffen, wo die Afrikanische Nationalpartei eben an die Macht gekommen war. Dies war ein Versuch, das Unversöhnliche miteinander zu versöhnen. Es ließ sich jedoch nicht vermeiden, daß diese Föderation sich bald wieder auflöste, denn es erwies sich als unmöglich, ein rassistisches Südrhodesien und zwei Territorien, in denen die Bestrebungen der schwarzen Bevölkerung später in den unabhängigen Nationen Zambia und Malawi verwirklicht werden sollten, unter einen Hut zu bringen.

Aus dieser Unvereinbarkeit und aus der ihr entspringenden

zwiespältigen Haltung Großbritanniens läßt sich erklären, warum die britische Politik es einerseits ermöglichte, daß die Beziehungen zu Afrika sich größtenteils vom Kolonialismus zu einer reifen Partnerschaft zwischen Gleichberechtigten innerhalb des Commonwealth-Systems entwickelten und anderseits dazu führten, daß wir zuerst in Südafrika und dann in Rhodesien die Kontrolle aufgaben.

Eine ähnliche Zwiespältigkeit weist die heutige Politik Großbritanniens gegenüber dem Afrika der Nachkolonisationszeit auf. Es gibt Kreise in der britischen Öffentlichkeit, die sich den Gefühlen der schwarzen Mehrheit und ihrem Wunsch nach Freiheit völlig verschließen und sich ausschließlich mit den weißen Minderheitsregierungen im Süden Afrikas identifizieren. Diese Stimmung findet in der Politik Großbritanniens nur allzuleicht ihren Ausdruck und hat nicht nur die Einstellung und Handlungsweise mehrerer aufeinanderfolgender Regierungen beeinflußt, sondern auch dazu geführt, daß Großbritanniens Ablehnung der Apartheid-Politik und seine Entschlossenheit, dem Mehrheitsprinzip zum Durchbruch zu verhelfen, gelegentlich bestenfalls als ziemlich fragwürdig angesehen wurden. Dadurch wurde Großbritanniens im allgemeinen guter Ruf als ehemalige Kolonialmacht in Afrika getrübt, und unsere Motive wurden suspekt. Es ist eine große Aufgabe für eine Labour-Regierung, die sich aus Überzeugung und politischen Erwägungen allen Formen der Rassendiskriminierung unerbittlich entgegenstellt, unbeirrbar den richtigen Weg für Afrikas Zukunft zu weisen. Das ist nicht nur eine moralische Verpflichtung; es dient auch unserem nationalen Interesse. Wir müssen ganz klar herausstellen, daß wir entschlossen sind, alles zu tun, um den Eingeborenen Afrikas dabei zu helfen, ihre legitimen Rechte im Süden Afrikas geltend zu machen.

Gleichzeitig mit dem Druck auf Südafrika wächst auch der Druck auf jene Länder, die wirtschaftliche Beziehungen zu

Südafrika haben, diese Beziehungen zur Herbeiführung eines politischen Wandels auszunutzen. Großbritannien mit seinem enormen wirtschaftlichen Engagement in der Republik Südafrika befindet sich in mancher Hinsicht in einer guten Position, diese Verbindungen vernünftig und in konstruktiver Weise dazu zu verwenden, Südafrika zu einer gemäßigteren Politik zu zwingen. Umgekehrt machen uns jedoch gerade diese engen wirtschaftlichen Beziehungen äußerst verletzlich. Die starke Verflechtung unserer Wirtschaft mit einer Republik, deren Zukunft unsicher ist und in der das Risiko einer gesellschaftlichen Zerrüttung sehr groß ist, ist nicht nur schlechte Politik, sondern ist nun auch in wirtschaftlicher Hinsicht ein Wagnis geworden.

Was die Investitionen anlangt, so sind genaue Zahlen schwer erhältlich, doch nimmt man allgemein an, daß die Gesamtinvestitionen des Vereinigten Königreichs in Südafrika, einschließlich der Kapitalanlage in Wertpapieren, gemessen am Marktwert bei fünftausend Millionen Pfund Sterling liegen. Das ist wahrscheinlich doppelt so viel wie die Investitionssumme der USA oder Deutschlands und wesentlich mehr als jene Frankreichs oder irgendeines anderen westeuropäischen Landes.

Auch unsere Handelsbeziehungen zu Südafrika sind enger als die unserer Partner. Im Jahre 1976 exportierte Großbritannien Waren im Wert von 653 Millionen Pfund nach Südafrika, etwas weniger als die USA und Deutschland. Unsere Importe hingegen lagen rund doppelt so hoch wie jene Japans, der USA und Deutschlands. Ebenfalls wichtig ist die Tatsache, daß unsere Exporte in die schwarzen Länder Afrikas (1.329 Millionen Pfund im Jahre 1976) und unsere Importe aus Schwarzafrika (1.058 Millionen Pfund im Jahre 1976) nun etwa doppelt so hoch sind wie die Importe und Exporte von und nach Südafrika.

Derzeit hängen wir in weit stärkerem Maß von Südafrika

ab, als es für eine konsequente und gesunde Außen- und Wirtschaftspolitik günstig wäre. Da wir aber nun einmal bereits wirtschaftliche Beziehungen zu Südafrika haben, sollten wir die Chance wahrnehmen, unseren diesbezüglichen Einfluß zur Herbeiführung einer politischen Wende geltend zu machen. Die britischen Handelsgesellschaften spielen eine sehr große Rolle bei der Sicherstellung guter industrieller Beziehungen in Südafrika. Die Verhaltensnormen der EG, deren Schwergewicht auf dem Ausbau von Kollektivverhandlungen liegt, an denen schwarze Arbeitnehmer über unabhängige Gewerkschaften ihrer Wahl teilnehmen sollen, sind ein bedeutender Schritt, der dazu beitragen könnte, in den britischen Handelsgesellschaften in Südafrika ein größeres Verständnis für die positive Rolle zu wecken, die sie in diesem Land spielen könnten. Mit dem im Mai 1978 veröffentlichten Weißbuch wurde allen Firmen offiziell empfohlen, sich an diese Normen zu halten. Wir versuchen unser Bestes, auch andere OECD-Länder, wie zum Beispiel die USA und Japan, davon zu überzeugen, wie wichtig es wäre, diese Normen auch für ihre Länder zu übernehmen. Auch den britischen Gewerkschaften bieten diese EG-Normen eine gute Gelegenheit, ihren Einfluß geltend zu machen und darauf zu dringen, daß die britischen Stammfirmen sich ebenfalls der empfohlenen Praktiken bedienen.

Auf dem Investitions- und Handelssektor steht Großbritannien vor einem schwierigen Dilemma in seinen Beziehungen zu Südafrika. Wir müssen unsere zu starke wirtschaftliche Abhängigkeit von diesem Land reduzieren. Wenn irgend etwas schiefgeht, haben wir mehr zu verlieren als die meisten anderen. Vorsichtige Geschäftsleute und Investoren sollten ebenso wie die britische Regierung ihre Beziehungen zu Südafrika kritisch überprüfen.

Eine allgemeine Sperre des Handels mit Südafrika würde für die britische Exportindustrie schwerwiegende Probleme nach sich ziehen und die Zahl der Arbeitslosen – vor allem in der hochentwickelten technischen Industrie und auf dem Maschinenbausektor – erhöhen. Sie würde Industrien vernichten, die derzeit vom Import südafrikanischer Rohmaterialien abhängig sind, vor allem von Chrom, Mangan, Platin und anderen Rohstoffen. Es wäre daher unmöglich, unsere Wirtschaftsbeziehungen zu Südafrika von heute auf morgen zu lösen, ohne die heimische Wirtschaft schwer zu erschüttern und ohne ernsthafte Auswirkungen auf die Zahl der Beschäftigten. Durch die starke Verflechtung der Wirtschaft Südafrikas mit den Wirtschaftssystemen der umliegenden schwarz regierten Staaten wird die Sache noch komplizierter. Lesotho und Swasiland sind augenfällige Beispiele, aber auch Botswana und Mozambique sind besonders stark von Südafrika abhängig. Auch ein unabhängiges Namibia und Zimbabwe wären miteinbezogen, und selbst Zambia und Malawi sind indirekt davon betroffen. Die Verhängung wirtschaftlicher Sanktionen würde durch diese Verkettung zweifellos auf ungeheure Schwierigkeiten stoßen. Anderseits macht gerade diese Situation Südafrika die Notwendigkeit einer Zusammenarbeit mit den schwarzen Afrikanern stärker bewußt und zeigt die Absurdität und die Unhaltbarkeit des Apartheid-Systems.

Alle diese Faktoren müssen wir bei der Ausarbeitung einer konsequenten Politik auf einer festen moralischen Grundlage gegeneinander abwägen. Das ist jedoch leichter gesagt als getan. Es bedeutet, daß wir bei der Wahl unserer Mittel, die wir zur Verwirklichung unserer Prinzipien einsetzen wollen, sehr viel Fingerspitzengefühl entwickeln müssen. Die Rassendiskriminierung in Südafrika stellt uns vor ein ständiges Problem, das wir nicht in einigen Monaten, ja nicht einmal in einigen Jahren bewältigen können. Das Ziel ist der Übergang zu einer freien, demokratischen Gesellschaft auf der Grundlage der Gleichheit vor dem Gesetz und der Anwendung der Menschenrechte auf alle, die dieser Gesellschaft angehören.

Wir dürfen es nicht zulassen, daß die großen Schwierigkeiten, die uns unweigerlich bevorstehen, die Stärke unseres Engagements beeinträchtigen.

Menschenrechte, das bedeutet im Falle Südafrikas die Durchsetzung des gleichen Rechtes für alle Menschen, egal welcher Hautfarbe; des Rechtes, in Frieden zu leben und zu arbeiten, sowie Gleichberechtigung und gegenseitige Achtung innerhalb einer Gesellschaft, deren Grundlage das demokratische Mehrheitsprinzip ist. Ein integrierender Bestandteil unseres Engagements ist die Überzeugung, daß Gesellschaften dieser Art jetzt noch mit friedlichen Mitteln geschaffen werden können; lange dürfen wir uns dazu allerdings nicht mehr Zeit lassen.

Gewalt ist das letzte Mittel, zu dem Zuflucht genommen werden sollte, und es ist unwahrscheinlich, daß die westlichen Demokratien irgendwelche Gewaltmaßnahmen offen gutheißen würden. Die Befürwortung oder Billigung von Gewaltakten steht im Gegensatz zu dem gesamten Wertsystem, das zu unterstützen wir uns feierlich verpflichtet haben. Solange jedoch die weiße Minderheit ihr repressives System, an dem alle friedlichen politischen Bemühungen abprallen, weiterhin aufrechterhält, wird das Gefühl der Enttäuschung, Zurücksetzung und Erniedrigung unter der schwarzen Bevölkerung Afrikas immer heftiger werden und sie verständlicherweise immer mehr zur Gewalt und zum bewaffneten Widerstand treiben. Wir können diese Menschen nicht als Feinde der Demokratie und Jünger Moskaus brandmarken, bloß weil sie um ihre Rechte kämpfen. Der Sieg der durch sowjetische Waffenlieferungen unterstützten Freiheitskämpfer über den portugiesischen Kolonialismus führte zwangsläufig zu einer marxistisch orientierten Regierung in Mozambique, auch wenn diese leidenschaftlich nationalistisch ist und dem Bund blockfreier Staaten angehört. Das Chaos in Angola und der nachfolgende Bürgerkrieg lösten das erste kubanische Engagement und die ersten sowjetischen Abenteuer in Afrika aus; es folgte die Geltendmachung der Sowjetmacht am Horn von Afrika durch den Einsatz Kubas. Es liegt eine große Gefahr darin, den Konflikt in Afrika als ein direktes Kräftemessen zwischen dem sowjetischen Kommunismus und der westlichen Demokratie zu betrachten. Die Hauptprobleme in Zaire sind eine schlechte Regierung und politische Instabilität, die von den in Angola, Zaire und Zambia ansässigen Balundas herrührt. Es paßt den Sowjets ausgezeichnet ins Konzept, wenn diese Konflikte ausschließlich als ein Ost-West-Problem dargestellt werden, denn dann können sie den Westen überzeugend als moralisch bankrott und als Unterstützer der Apartheid-Politik hinstellen. Wenn wir unseren demokratischen und menschlichen Werten treu bleiben wollen, ist es unsere Aufgabe, unmißverständlich zu demonstrieren, daß eine demokratische Veränderung rasch und wirksam mit friedlichen Mitteln vollbracht werden kann. Das bedeutet, daß wir die Autorität der Vereinten Nationen heranziehen müssen und die Afrikaner dazu ermutigen sollten, auf dem Weg friedlicher Verhandlungen ihre eigenen Lösungen zu finden.

Was Südafrika anbelangt, so müssen wir überlegen, wie wir am besten zur Entwicklung einer Gesellschaft beitragen können, die auf einem ernstgemeinten Programm innerer Reformen aufbaut. Bisher gehörten zu den Mitteln moralischer und politischer Überredungskunst, deren sich die internationale Gemeinschaft bediente, auch die öffentliche Verurteilung und die fortschreitende Isolierung Südafrikas in den Vereinten Nationen. Der Abbruch sportlicher Kontakte mit Südafrika hat auf die weiße Bevölkerung zweifellos starken Eindruck gemacht. Das Waffenembargo, das unter dem Eindruck des tragischen Todes von Steve Biko im Jahre 1977 verhängt wurde, führte zu einer Verschärfung der Spannungen zwischen Südafrika und der internationalen Gemeinschaft. Bisher blieben die Reaktionen Südafrikas an der

Oberfläche und rüttelten in keiner Weise an den Grundlagen der Apartheid. Die geringfügigen Änderungen, die bisher vorgenommen wurden, sind im Verhältnis zum Ausmaß der tatsächlich nötigen Reformen völlig unzureichend.

Für Großbritannien mit seinen engen Wirtschaftsbeziehungen ist dieses Dilemma besonders stark spürbar. Der Versuch, unsere bestehenden Beziehungen in positiver Form zu einer Durchbrechung der Apartheid zu benützen, wäre eine Reaktionsmöglichkeit. Das soll nicht eine Rechtfertigung für neue Investitionen sein, aber zumindest ein Weg, die bereits vorhandenen Investitionen zu nützen. Die Verhaltensnormen der EG bieten eine Möglichkeit, die Rassendiskriminierung am Arbeitsplatz zu bekämpfen; zum Beispiel durch Bestimmungen, die es den schwarzen Arbeitnehmern nicht nur ermöglichen, ungehindert Gewerkschaften zu bilden oder einer Gewerkschaft beizutreten und an den Tarifverhandlungen teilzunehmen, sondern die auch die Zahlung eines anständigen Grundlohns, eine Angleichung an die Gehälter der weißen Angestellten, den leichteren Zugang zu Ausbildungsprogrammen, Beförderungen und Lohnnebenleistungen sicherstellen; Bestimmungen also, durch die unter möglichst weitgehender Aufhebung der Rassentrennung ganz allgemein dieselben Arbeitsbedingungen für Weiße und Schwarze geschaffen werden.

Die Verhaltensnormen sind nur ein Druckmittel, das wir anwenden müssen, wenn unsere Strategie zur Auslösung einer friedlichen Umwälzung glaubwürdig und erfolgreich sein soll. Im Grunde können wir und die anderen Demokratien unser wirtschaftliches Engagement in Südafrika nur dann rechtfertigen, wenn es als wirksames Instrument zur Herbeiführung eines politischen Wandels eingesetzt werden kann und auch eingesetzt wird. Die Aufhebung des *Immorality Act* und der *Pass Laws,* der besonders beleidigenden äußeren Zeichen der Apartheid, sowie die Abschaffung der Inhaftierung und anderer Einschränkungen der persönlichen Freiheit ohne ordentliches Gerichtsverfahren sind die Mindestmaßnahmen, die rasch getroffen werden müssen, wenn die Hoffnungen auf eine friedliche Lösung nicht zunichte werden sollen. Wenn diese Hoffnung stirbt, bleibt nur noch die Verzweiflung, und in der Verzweiflung liegt der Keim zur Gewalt, der Guerilla-Gewalt in der Stadt und in den ländlichen Gebieten.

Der neue Vorstoß auf dem afrikanischen Kontinent, den Präsident Carter mit seiner Regierungspolitik unternahm, und vor allem die Entschlossenheit der Vereinigten Staaten, sich für die friedliche Entwicklung einer demokratischen Gesellschaft in Südafrika einzusetzen, sind ein weiterer mächtiger Faktor in den Bemühungen um eine gewaltlose Veränderung. Bisher neigten die Vereinigten Staaten eher zu einer Politik der wohlwollenden Nachlässigkeit. Wenn sie sich nun mit all ihrem Einfluß, ihrer Autorität und ihrer Macht für eine ernstgemeinte Strategie einsetzen, die eine langsame und wohldurchdachte Entwicklung zum Besseren ermöglicht, dann besteht noch eine Hoffnung, daß die Gefahr gewaltsamer Ausschreitungen abgewendet werden kann.

Ein Umschwung dieser Art wird sich sicher nicht über Nacht vollziehen. Es handelt sich ja hier um einen Versuch, das menschliche Verhalten zu ändern, Vorurteile abzubauen und Gewohnheiten zu beseitigen, die in eineinhalb Jahrhunderten tiefe Wurzeln geschlagen haben. Wenn der Wandel nicht von innen kommt, wird das Bestreben, ihn von außen zu erzwingen, immer stärker werden und die internationale Gemeinschaft vor schwierige und folgenschwere Entscheidungen stellen. Es wird sich dann nicht mehr vermeiden lassen, daß vor der UNO die Forderung nach verbindlichen Wirtschaftssanktionen immer dringlicher geäußert wird.

Doch es führt zu nichts, Sanktionen zu verhängen, die nur eine moralische Geste sind oder eine Strafe für widerspenstiges Verhalten. Wir müssen genau überlegen, welche Folgen unsere Handlungen haben werden – für andere wie auch für uns – und sie mit unseren Zielen in Einklang bringen. Wir wollen sicher keine Maßnahmen in die Wege leiten, die die weiße Bevölkerung Südafrikas zu Verzweiflungstaten treiben würden, denn das könnte dazu führen, daß sie sich nicht nur jeglicher Veränderung widersetzt, sondern sogar ein Regime errichtet, das noch repressiver ist als das bereits bestehende. Gewalt ist nicht glamourös. Sollte der Freiheitskampf in Südafrika in Gewalttätigkeiten ausarten, so käme es zu einem Krieg, der blutiger wäre als alle anderen Kriege dieser Welt. Wir müssen den schmalen Pfad suchen und beschreiten, auf dem wir es vermeiden können, die Südafrikaner in eine Festung zu treiben, in der und um die herum Millionen Menschen lange Zeit leiden müßten. Wir müssen die Argumente finden, mit denen wir den Weißen klarmachen können, daß es in ihrem eigenen Interesse liegt, in ihrem Land eine Politik zu machen, die für die Mehrheit der Bevölkerung und für die internationale Gemeinschaft akzeptabel ist.

Der UNO-Sicherheitsrat ist dazu ermächtigt, alle Mitgliedsstaaten zu gemeinsamem Handeln anzuhalten, wenn er davon überzeugt ist, daß eine Bedrohung des Friedens, ein Friedensbruch oder ein Akt der Aggression vorliegt. Das war in der Geschichte der Vereinten Nationen erst viermal der Fall. Das erste Mal 1948 während der Nahost-Krise, das zweite Mal 1950 anläßlich der Korea-Krise, das dritte Mal 1966 im Falle Rhodesiens.

Im Jahre 1977 ergriff die UNO zum viertenmal diese Maßnahme – diesmal ging es um Südafrika. Der Entschluß dazu ist der UNO nicht leicht gefallen; die tiefe Besorgnis über das, was die ganzen Jahre hindurch in Südafrika vor sich gegangen war, ist daran zu ermessen. Die Grundlage für diesen Entschluß war die Überzeugung, daß die Waffenkäufe Südafrikas in der gegebenen Situation eine Bedrohung des internationalen Friedens und der internationalen Sicherheit darstellten. Die Resolution verpflichtet alle Mitgliedsstaaten der Vereinten Nationen, Waffenlieferungen und die Lieferung militärischer Ausrüstungen an Südafrika einzustellen.

Seit dem im Jahre 1964 von der Labour-Regierung gefaßten Beschluß hat Großbritannien sich an ein freiwilliges Waffenembargo gegenüber Südafrika gehalten. Als die Labour-Regierung 1974 wieder an die Macht kam, war es eine ihrer ersten Maßnahmen, die Einhaltung dieses Embargos noch strenger zu überwachen und die Exportlizenz für einen noch ausständigen Wasp-Helikopter zu streichen. Doch während Großbritannien sich in diesem Zusammenhang ein gutes Zeugnis ausstellen darf, setzten einige andere Länder ihre Waffenlieferungen fort. Ein allgemein verbindliches Embargo war schon längst fällig. In der Zwischenzeit allerdings konnte sich Südafrika reichlich mit moderner militärischer Ausrüstung eindecken, Flugzeuge anschaffen und eine bedeutende Rüstungsindustrie entwickeln.

Viele sprechen sich nun auch für allgemein verbindliche Wirtschaftssanktionen aus, doch sollten wir jede wirtschaftliche Zwangsmaßnahme genau überlegen und das Für und Wider sorgsam abwägen. Ein Ölembargo beispielsweise könnte sich auch auf andere Teile der Welt auswirken. Nicht nur der Entwurf einer Resolution, sondern auch ihre Folgen müssen sorgfältig durchdacht werden. Das südliche Afrika ist ein sehr komplexes Gebiet, in dem die wirtschaftlichen Beziehungen zwischen den einzelnen Ländern sehr stark miteinander verflochten sind. Großbritannien ist bereits im Begriff, seine wirtschaftlichen Beziehungen zu Südafrika gemeinsam mit seinen Partnern in der EG zu überprüfen. Wir werden unsere Verpflichtungen gegenüber der UNO respektieren und an unserem Engagement für die Beseitigung der Apartheid-Politik festhalten. Wir werden nicht versuchen, uns vor unserer Verantwortung zu drücken. Aber in einer Hinsicht werden wir unseren Standpunkt resolut verteidigen. Wir werden keine Maßnahmen ergreifen, die nicht von allen wichtigen Industriestaaten des Westens gestützt werden – und zwar nicht nur durch Resolutionen, sondern auch in der Praxis, und, wenn nötig, durch Gesetze. Wir werden im Namen der internationalen Sache unseren gerechten Anteil an jeder Last tragen, die wir auf uns nehmen müssen, um die Apartheid-Politik Südafrikas auf friedlichem Wege zu ändern. Wir können es jedoch unserem Volk gegenüber nicht vertreten, irgendwelche Wirtschaftssanktionen zu ergreifen, die die künftige Struktur des britischen Arbeitsmarktes und seine Finanzkraft schädigen könnten, während andere Länder die UNO-Resolution mißachten und die durch unseren Beschluß entstandene Wirtschaftslücke füllen.

Wir haben dies im Falle Rhodesiens viele Jahre hindurch getan, und zwar zu einem hohen Preis, weil wir die Verpflichtung hatten, der Welt ein Beispiel zu geben. Doch trotz der Tatsache, daß die Sanktionen im Falle Rhodesiens von der UNO verhängt worden waren, haben sich viele andere Länder nicht zur Gänze daran gehalten. Die Vereinigten Staaten zum Beispiel schlossen einige Jahre hindurch die Chrom-Importe aus Rhodesien ausdrücklich von diesen Sanktionen aus.

Was Südafrika anbelangt, so haben wir zweifellos eine moralische Verpflichtung, doch das gilt auch für die gesamte übrige Welt. Es sollte sich niemand irgendwelchen Illusionen über die Probleme hingeben, die die Vereinten Nationen in der Sache Südafrika erwarten. Es sind dies Probleme, die uns nicht nur Monate, sondern Jahre hindurch beschäftigen werden, und wir werden dabei Mut, Beharrlichkeit und Einsatzfreude brauchen. Doch wenn wir trotz aller Schwierigkeiten durchhalten, können wir einen Beitrag zum Frieden in der Welt leisten. Denn eines steht außer Zweifel: Wenn Südafrikas derzeitiger Kurs unverändert beibehalten wird, können die Folgen nur eine erbitterte Spaltung zwischen den Rassen und eine erbitterte und blutige Auseinandersetzung sein.

7

Die Vereinten Nationen

Die ständigen Bemühungen um eine Verminderung der Diskrepanz zwischen den angestrebten Zielen und den tatsächlichen Leistungen der Vereinten Nationen wurden 1955 vom damaligen Generalsekretär Dag Hammarskjöld als jenes Element beschrieben, das den Unterschied zwischen Zivilisation und Chaos ausmache. Diese Kluft zwischen Zielen und wirklichen Erfolgen besteht auch heute noch, und die Gefahr des Chaos ist noch lange nicht gebannt.

Die Vereinten Nationen haben sich von Anfang an für alle grundlegenden Menschenrechte eingesetzt: das Recht auf ein Leben, frei von Hunger und Krankheit; auf ein Leben in Frieden, frei von kriegerischen Auseinandersetzungen und der Gefahr eines Atomkrieges oder überhaupt irgendeines Krieges.

Es ist selbstverständlich, daß erschreckende und dokumentarisch belegte Ereignisse die Aufmerksamkeit der ganzen Welt auf die Mißachtung politischer, bürgerlicher und legaler Rechte, auf Verletzungen der persönlichen Integrität und auf die Beleidigung der Menschenwürde lenken. Dennoch muß gesagt werden, daß die Wirksamkeit der bisher getroffenen internationalen Aktionen in keiner Weise der Empörung gerecht wird, die Vorkommnisse wie jene in Chile und Uganda – um nur zwei Beispiele zu nennen – erregt haben. Das weltweite Problem chronischer Armut, Unterernährung und Krankheit ist eine Aufforderung an die ganze Welt, sich ihrer Verantwortung im Kampf um die wirtschaftlichen und sozialen Rechte nicht zu entziehen.

Zwischen 1952 und 1972 nahm das Bruttonationalprodukt der fortgeschrittenen Industrienationen um 1,82 Billionen Dollar zu. Das Gesamtprodukt der unterentwickelten Welt betrug im Jahre 1972 weniger als ein Drittel davon. So schockierend diese Statistik auch ist, die Wirklichkeit sieht noch schlimmer aus. Man ist sich allgemein darüber einig, daß mehr als vierhundert Millionen Menschen an Proteinmangel leiden. Etwa siebzig Millionen davon sind unmittelbar vom Hungertod bedroht. In einigen der allerärmsten Länder liegt die Kindersterblichkeitsziffer bei fünfzig Prozent, und die geistige Entwicklung wird durch den Mangel an Proteinen und Kalorien gehemmt. Die meisten Armen dieser Welt haben nur verseuchtes Wasser zur Verfügung. Sie sind daher besonders anfällig für Schistosomiasis (ein Symptom dieser Krankheit ist die Dysenterie) und Filariasis, die zu Erblindung und Elephantiasis führen kann. Die Zerschlagung der elementarsten Sozialeinrichtungen und des Gesundheitsdienstes auf einigen Kriegsschauplätzen stellt eine Bedrohung der Weltgesundheit dar. Es besteht die Gefahr eines Wiederauflebens der Pocken am Horn von Afrika und einer neuerlichen Verbreitung der Tsetsefliege, die die Schlafkrankheit überträgt, im Osten und Süden Afrikas. Die Bedürfnisse der Menschen in den Entwicklungsländern sind ein Problem, dem keiner von uns ausweichen kann und dessen Bewältigung Hauptbestandteil jeder Außenpolitik sein muß, die sich auf die Menschenrechte stützt.

Um zu einer gerechteren und vernünftigeren internationalen Wirtschaftsordnung zu gelangen, müssen die entwickelten Nationen und die Entwicklungsländer als gleichberechtigte Partner zusammenarbeiten. Wenn der Dialog erfolgreich sein soll, müssen wir ihn als eine Folge von Verhandlungen betrachten, die sich über einen langen Zeitraum erstrecken. Die Regierungen der demokratischen Industrieländer stehen derzeit unter dem außerordentlich starken Druck, rasche

Maßnahmen zur Reduzierung der hohen Arbeitslosenrate in ihren Ländern treffen zu müssen. Wir brauchen größere Offenheit und mehr Sinn für die Wirklichkeit im Dialog mit den Entwicklungsländern. Die weltweite Rezession hat sowohl die entwickelten Staaten wie auch die Entwicklungsländer getroffen. Wenn die Maßnahmen der entwickelten Welt im Widerspruch zu ihren Aussagen stehen, könnten sich in den Entwicklungsländern leicht Verbitterung und Verzweiflung breitmachen. Die demokratischen Industrieländer haben nicht das Recht, die eigenen wirtschaftlichen Schwierigkeiten als Ausrede vorzuschieben, um sich dem Dialog zu entziehen. Wir müssen gemeinsam versuchen, eine langfristige, glaubwürdige Strategie zu entwickeln, die es uns ermöglicht, die Auswirkungen kurzfristiger Entscheidungen, die wir zu treffen haben, wieder gutzumachen. Wenn wir unsere Ressourcen weiterhin so aufteilen wie bisher, wird die Kluft zwischen der entwickelten Welt und den Entwicklungsländern nie geringer werden.

Die Vereinten Nationen räumen ihrem Wirtschafts- und Sozialprogramm zu Recht Priorität ein (fast vierzig Prozent des ordentlichen Nettobudgets werden für diesen Zweck verwendet). Zusätzlich zu seiner Entwicklungshilfe im Rahmen der Europäischen Gemeinschaft stellte Großbritannien den Vereinten Nationen im Jahre 1976 rund fünfundachtzig Millionen Dollar als Beitrag zu den Wirtschafts- und Sozialprogrammen zur Verfügung.

Trotz der immensen Schwierigkeiten, die bei der Bekämpfung von Armut, Hunger und Krankheit immer noch bestehen, haben sich die Vereinten Nationen als wirksames und nützliches Instrument im Kampf gegen diese Probleme erwiesen. Die Institutionen der UNO haben auch einen bedeutenden fachlichen Beitrag zur Entwicklung geordneter internationaler Verhältnisse auf verschiedenen Gebieten geleistet: so zum Beispiel zur Verbesserung der Beziehungen zwischen Arbeitgebern und Arbeitnehmern, im Post- und Fernmeldewesen, in der Schiffahrt und in der Zivilluftfahrt.

Leider gilt das nicht für alle Gebiete. Die UNO kann nicht von sich behaupten, daß ihre Erfolge auch nur annähernd an die gesteckten Ziele herankommen, wenn es um die Verminderung von Konflikten, um den Frieden in der Welt und um die Einschränkung des Wettrüstens geht. Ein Blick auf den Verteilungsschlüssel der Ausgaben der Vereinten Nationen ist sicher der Mühe wert. Das UNO-Hauptquartier in New York und seine äußerst wichtigen autonomen Behörden gaben im Jahr 1976 rund zweitausendzweihundert Millionen Dollar aus. Nur acht Prozent des Gesamtbudgets wurden für Programme aufgewendet, die unter dem Titel politische, diplomatische und der Erhaltung des Friedens dienende Maßnahmen zusammengefaßt werden könnten. Wenn man all die Worte, die gesagt und geschrieben wurden, nur als annähernde Richtlinie nehmen wollte, hätten diese Maßnahmen in unserer Prioritätenliste eine weit wichtigere Position einnehmen müssen als alle anderen. Wir reden und schreiben so viel über dieses Thema und geben doch relativ wenig dafür aus, obwohl Millionen Menschen die bitteren Folgen politischer Konflikte tragen müssen.

Es ist eine bedauerliche Tatsache, daß die Erhaltung der Weltsicherheit vom institutionellen Standpunkt aus in den Vereinten Nationen am meisten vernachlässigt wird. Wenn es um die Probleme Gesundheit, Hunger und Armut geht, sind die Mitgliedsstaaten der Vereinten Nationen gerne bereit, die wichtige Rolle der UNO und die Kompetenz ihrer Institutionen anzuerkennen. Doch die Sicherheit wird mit wenigen Ausnahmen als Reservat der einzelnen Staatsregierungen betrachtet. Wir haben nichts dagegen, wenn unsere Ärzte, Landwirtschaftsexperten, Soziologen und Wirtschaftswissenschaftler zusammenarbeiten und ihr gemeinsames Wissen und ihre Erfahrung in den Dienst einer UNO-Institution stellen.

Doch wir sträuben uns dagegen, daß unsere Generäle, Admiräle und Strategen innerhalb eines solchen Rahmens gemeinsam für die Erhaltung der Weltsicherheit arbeiten.

Wir alle kennen unsere eigenen Sicherheitsprobleme, doch das Verständnis für die Sicherheitsprobleme der anderen, für ihre Ängste, für ihre Ziele, ist viel zu gering. Als internationale Körperschaft müßte die UNO doch eigentlich dazu fähig sein, mögliche Kontroversen vorherzusehen und rechtzeitig zu handeln, um den Ausbruch eines offenen Konflikts zu verhindern. Sie müßte in der Lage sein, rasche Maßnahmen zu ergreifen, um einer Auseinandersetzung gleich in den Anfängen die Spitze zu nehmen. Wenn sich die UNO in einen Konflikt einschaltet, dann meistens sehr spät und nur mit großem Widerstreben.

Die Vereinten Nationen sind das einzige Forum, in dem die gesamte internationale Gemeinschaft vertreten ist. Sie haben das Recht und auch die Pflicht, bei Kontroversen einzuschreiten, die den regionalen oder weltweiten Frieden und die Stabilität bedrohen. Doch bisher mangelte es der UNO dazu am nötigen Engagement und an der nötigen Autorität; beides können ihr nur ihre Mitgliedsstaaten geben.

Die Mitglieder der UNO sind nur höchst ungern bereit, auch nur die bescheidenste Verpflichtung hinsichtlich der internationalen Sicherheit einzugehen. Die Mittel, die für die Erhaltung des Friedens verwendet werden, machen nur einen Bruchteil der gesamten Mittel aus, die der UNO zur Verfügung stehen, und die Rolle der UNO bei der Erhaltung des Friedens wurde bisher von den Mitgliedsstaaten, die nicht bereit waren, Streitkräfte für den UNO-Dienst bereitzustellen, nicht zur Gänze anerkannt. Diese Tatsachen zeigen deutlich, welch niedrigen Rang wir den Aktivitäten der UNO auf diesem Gebiet zugestehen.

Wir sollten bereit sein, die Reputation der UNO in Fragen der Weltsicherheit kritisch zu analysieren, besonders jetzt, da die Konfrontationspolitik des Kalten Krieges vorüber ist und die Supermächte selbst detaillierte Informationen über das allerheikelste Sicherheitsproblem, die strategischen Kernwaffen, austauschen. Die Vereinten Nationen müßten – um ihre Fähigkeit zu raschem und wirkungsvollen Handeln zu verbessern – einen fachlichen und konstruktiven Dialog über alle Aspekte der Weltsicherheit zwischen den einzelnen Regierungen anregen. Wenn es einen solchen Dialog gegeben hätte, wäre es uns leichter gefallen, uns mit einigen der spezifischen Sicherheitsprobleme auseinanderzusetzen, vor die uns die Situation in Afrika stellt.

Die derzeitigen Grenzen, ebenso wie die derzeitige Bedeutung der UN-Friedensbemühungen, zeigen sich deutlich am Beispiel des Nahen Ostens und Zyperns, wo die UNO sich Jahre hindurch massiv und anhaltend um die Erhaltung des Friedens bemühte, ohne daß ihre Bemühungen besondere Anerkennung fanden.

Der Nahe Osten birgt nach wie vor eine der ernstesten Konfliktgefahren für die Welt. Das Wiederaufflackern der Kämpfe im Südlibanon im März 1978 rief uns warnend die Dringlichkeit einer Lösung des Nahostkonfliktes und die Schwierigkeiten der libanesischen Regierung bei der Wiederherstellung des Friedens und der Sicherheit in diesem Land ins Gedächtnis. Hier wäre für die Vereinten Nationen eine Gelegenheit gewesen, im Sicherheitsrat darauf hinzuweisen, daß die Situation den Frieden bedrohe und damit einer militärischen Auseinandersetzung vorzubeugen. Immerhin zeigte die Reaktion der Vereinten Nationen zu guter Letzt doch noch Flexibilität und ließ die Fähigkeit zu größerer Effizienz erkennen. Der Beschluß des Sicherheitsrates zur Entsendung einer UNO-Truppe wurde rasch und entschlossen an einem Wochenende gefaßt; ohne diese Maßnahme wäre eine Eskalation des Konfliktes wahrscheinlich unvermeidlich gewesen. Die Vereinten Nationen sind seit 1947 im Nahen

Osten auf diplomatischer Ebene aktiv. Die Sicherheitsvorkehrungen durch die UNEF und die UNDOF haben die Vereinten Nationen mehr als 269 Millionen Dollar gekostet. Im Jahre 1977 waren es rund 98 Millionen Dollar. Die Präsenz der Vereinten Nationen im Nahen Osten war zeitweise umstritten, doch ohne sie hätte es ein noch ärgeres Blutvergießen und noch häufigere Zwischenfälle gegeben.

Seit dem Sechstage-Krieg zwischen Arabern und Israelis stehen die Sicherheitsprobleme im Vordergrund der Debatte über das okkupierte Territorium und sind ein Grund zu tiefer und echter Besorgnis. Bisher neigten alle Staaten zu der Ansicht, die Sicherheit sei einzig und allein eine Frage des Territorialbesitzes. Heute jedoch ist das nicht mehr das einzige, worauf es ankommt. Hochentwickelte elektronische Anlagen können einem Land eine militärische Sicherheit geben, die bisher nur durch die tatsächliche Okkupation von Territorien möglich gewesen war. Die Überwachungseinrichtungen auf Sinai haben ein gewisses Disengagement und eine Verminderung des Mißtrauens zwischen Israel und Ägypten herbeigeführt. Maßnahmen zum Ausbau des gegenseitigen Vertrauens durch die Schaffung entmilitarisierter Zonen, eine Reduzierung der Streitkräfte in bestimmten Gebietsstreifen sowie Überwachungs- und Frühwarnsysteme könnten wichtige Komponenten für eine endgültige Beilegung des Konfliktes sein. Den Vereinten Nationen kommt dabei die Rolle zu, diese Einrichtungen zu überwachen oder zu bedienen, oder – was noch wichtiger ist – die Öffentlichkeit über die grundlegenden technischen Sicherheitsprobleme zu informieren und die Debatte darüber zu fördern.

Die Gefahr einer Erhaltung des Friedens durch UNO-Truppen, die ursprünglich als eine Art Feuerwehr für Krisenfälle gedacht waren, liegt darin, daß die Präsenz dieser Truppen zu einem Vorwand für den Mangel an politischer Aktivität werden kann und zu einem Ersatz für ernsthafte politische Verhandlungen. Sowohl in Zypern als auch im Nahen Osten gelang es den Friedenstruppen der UNO, die Feindseligkeiten zu vermindern und die nötige Zeit zu gewinnen, in der ernsthafte Verhandlungen hätten stattfinden können und sollen. Die derzeitige Anwesenheit der UNO-Friedenstruppe auf Zypern kann jedoch nicht als Selbstverständlichkeit betrachtet werden. In den dreizehn Jahren ihres Bestehens haben die UNO-Truppen auf Zypern die Mitgliedsstaaten etwa zweihundert Millionen Dollar an freiwilligen Beiträgen gekostet, und nun befindet sich diese Friedensstreitmacht mit rund fünfzig Millionen Dollar in den roten Zahlen. Das Vereinigte Königreich hat sich mit fünfundvierzig Millionen Dollar Personalkosten und durch logistische Unterstützung beteiligt. Im Jahre 1977 umfaßte unser Kontingent achthundert Mann – das war der größte Beitrag eines einzelnen Staates. Wie die kürzlich ergangene Bitte des Generalsekretärs um weitere Beiträge zu dieser UNO-Truppe deutlich zeigte, sind die Mittel der Vereinten Nationen nicht unerschöpflich, und die Reserven werden durch die Kosten für die Erhaltung des Friedens im südlichen Libanon weiter belastet werden.

Die Vereinten Nationen können daher weder in Zypern noch im Nahen Osten auf unbegrenzte Zeit als Vorwand für das Stocken der Verhandlungen herhalten. Wir dürfen sie nicht weiterhin als letzte Zuflucht betrachten – als ständige Krücke zur Erhaltung eines Zustandes, der weder Krieg noch Frieden ist. Eines jedoch können die Vereinten Nationen tun: dafür sorgen, daß die Mitgliedsstaaten ihre Initiativen in den Dienst der gemeinsamen Sache stellen und selbst die Rolle eines Katalysators übernehmen; so würden sie den politischen Rahmen schaffen, in dem Verhandlungen zwischen den Beteiligten stattfinden können, und würden damit den nötigen Impuls zur Überwindung des toten Punktes geben.

In Südafrika hat sich immer deutlich gezeigt, daß international akzeptierte und auf dem Verhandlungsweg getroffene Vereinbarungen, die die volle Unterstützung der Vereinten Nationen haben, die beste Aussicht auf eine Beendigung der Gewalttätigkeiten und auf die Schaffung einer stabilen Mehrheitsregierung bieten. Darin liegt auch die Hoffnung für ein künftiges Zimbabwe und Namibia.

Es ist eine Binsenweisheit, daß die UNO nur das ist, wozu ihre Mitglieder sie machen. Das Paradoxe an der Rolle der UNO ist die Tatsache, daß sie einerseits für die Friedensbemühungen unentbehrlich ist, anderseits aber durch Eigeninitiative nur in beschränktem Maße etwas erreichen kann.

Alle britischen Regierungen seit 1945 haben sich feierlich dazu verpflichtet, die Ideale der UNO-Charta, die sich im großen und ganzen mit den traditionellen Idealen der westlichen Demokratien decken, zu unterstützen. Es liegt eindeutig nicht nur in unserem eigenen nationalen Interesse, eine größtmögliche internationale Unterstützung dieser Ideale zu fördern, sondern auch im Interesse der gesamten freien Welt.

Die UNO ist wahrscheinlich trotz all ihrer Unvollkommenheiten immer noch die beste Weltorganisation, die wir je gehabt haben oder jemals haben werden, und wir sollten sie daher unterstützen und erhalten so wie sie ist. Die Charta wurde zu einer Zeit entworfen, da der Einfluß des Westens und das Ansehen Großbritanniens besonders groß waren. Würde man die Organisation heute von Grund auf neu aufbauen, so sähe ihre Struktur sicher ganz anders aus und zweifellos weniger vorteilhaft für Großbritannien und viele unserer engsten Verbündeten. Es ist ziemlich unwahrscheinlich, daß Großbritannien eines der fünf ständigen Mitglieder des Sicherheitsrates wäre.

Mit dem Vetorecht der ständigen Mitglieder trafen die Gründungsväter eine Sicherheitsmaßnahme gegen eine unverantwortliche Verwendung der Vereinten Nationen. Trotz aller

Enttäuschungen, zu denen es durch den Gebrauch dieses Vetorechtes manchmal kam – wenn die Vereinten Nationen etwa daran gehindert wurden, eine offenbar vernünftige Linie weiter zu verfolgen –, wurde dadurch doch auch verhindert, daß sie einen ähnlichen Niedergang erlebten wie der Völkerbund. Dieses Vetorecht gab den Vereinten Nationen eine Stärke und grundlegende Stabilität und stellte sicher, daß der Einfluß der Supermächte sich in der ganzen Organisation geltend machen konnte, was in einer Welt des mangelnden Kräftegleichgewichts zwischen den Mitgliedsstaaten besonders wichtig ist. Wäre die UNO eine Organisation, die nur die Mehrheit repräsentiert, die das Gewicht der Supermächte und die wirklichen Machtgegebenheiten nicht berücksichtigt, so hätte sie nicht die wichtige Rolle spielen können, die sie bisher gespielt hat.

Das Gleichgewicht des Einflusses in den Vereinten Nationen hat sich in den letzten fünfzehn Jahren radikal verlagert. Die Entwicklungsländer haben auf den meisten Arbeitsgebieten der Organisation eine dominierende Stellung erlangt. Großbritannien und andere Staaten, die so denken wie wir, befinden sich nun stark in der Minderheit. Diese Entwicklungsphase der Vereinten Nationen begann 1970. In den seither verstrichenen Jahren waren die Angelegenheiten Afrikas und der Nord-Süd-Dialog die vorherrschenden Themen der regelmäßigen Versammlungen und auch zweier Sondersitzungen. Ost- und Westdeutschland traten der Organisation bei, und die Volksrepublik China übernahm schließlich den Platz von Taiwan. Die Vereinten Nationen befinden sich nun im dritten Stadium ihrer Geschichte.

In den ersten Jahren ihres Bestehens war die UNO hauptsächlich ein Forum, vor dem der Kalte Krieg ausgefochten wurde, wobei der Westen sich auf eine beruhigende Mehrheit stützen konnte. Zu Beginn der sechziger Jahre verlagerte sich das Schwergewicht. Das Tauwetter im Kalten Krieg und die neugewonnene Unabhängigkeit der meisten früheren Kolonien lenkte die Aufmerksamkeit der Vereinten Nationen in den nächsten zehn Jahren auf koloniale Fragen. In jüngster Zeit hat die Dritte Welt ihre Mehrheit in der Generalversammlung dazu genützt, das Interesse, völlig zu Recht, auf die Entwicklung und auf ihre Forderung nach einer neuen internationalen Wirtschaftsordnung zu konzentrieren. Für die nächste Zukunft werden die Nord-Süd-Probleme ein zentrales Diskussionsthema im Rahmen der UNO bleiben.

Ein Großteil der UNO-Tätigkeit auf dem Wirtschafts- und Sozialsektor geht unbedankt vor sich oder wird als selbstverständlich hingenommen. Manche Teile des UNO-Systems sind von außerordentlicher Bedeutung für den reibungslosen Ablauf in unserer modernen Welt und funktionieren ziemlich klaglos. Nur selten loben wir die Arbeit der Weltgesundheitsorganisation (WHO), und doch hat sie den Traum der Welt verwirklicht, die Pocken praktisch zu besiegen. Auch andere gewaltige Veränderungen, wie zum Beispiel die Ausrottung der Malaria, sind ein Verdienst der Weltgesundheitsorganisation, wenn es auch noch viele andere Krankheiten gibt, die ein großes Problem für die ganze Welt darstellen und deren wir noch nicht Herr geworden sind. Die WHO ist nur eine der Sonderorganisationen, die große Erfolge verzeichnen konnten. Wenn wir die Aktivitäten der Vereinten Nationen beurteilen, sollten wir sie insgesamt betrachten und uns nicht nur auf die politische Aktivität in New York konzentrieren.

Wir werden weiterhin die unschätzbare Arbeit dieser Sondereinrichtungen unterstützen, ebenso wie die Arbeit der UNO auf dem Wirtschafts- und Sozialsektor. Doch das Urteil der Öffentlichkeit orientiert sich eher nach den Mißerfolgen der Organisation, die unbarmherzig veröffentlicht werden. Viele wollen die UNO nur deshalb abschreiben, weil es ihr nicht gelingt, einigen ehrgeizigen Erwartungen ihrer Gründer oder den allzu idealistischen Maßstäben, die sie sich selbst gesetzt hat, gerecht zu werden. Es ist viel sinnvoller, die UNO so zu akzeptieren wie sie ist, und sich klarzumachen, daß sie – wenn auch unvollkommen – eine äußerst notwendige und wichtige Aufgabe als einziges Forum zur Behandlung weltweiter Probleme erfüllt. Es ist unsere vordringlichste Aufgabe, dafür zu sorgen, daß sie diese Rolle so erfolgreich wie nur möglich spielen kann, und sie dabei zu unterstützen, wo wir nur können. Ihre Freunde müssen dazu bereit sein, sie zu kritisieren, sie dürfen die Kritik nicht nur ihren Feinden überlassen. Oft hindern die Beschränkungen, die ihr von ihren eigenen Mitgliedern auferlegt werden, die UNO daran, die ursprünglichen Ziele der Charta zur Gänze zu verwirklichen. Aber die Charta muß verteidigt werden – sie ist der einzige wirklich bedeutende Schritt in Richtung eines Weltfriedens und erfordert allein aus diesem Grund unsere Unterstützung.

Großbritannien ist an einer starken und leistungsfähigen UNO interessiert, die internationale Konflikte verhindern oder zumindest bremsen kann, die ein Forum für die Diskussion wichtiger Weltprobleme darstellt, ein Instrument für die Entwicklung und Errichtung der verschiedensten Hilfsdienste auf der ganzen Welt ist und ein Mittel, dem Einfluß und den Ansichten Großbritanniens über viele dieser Probleme Geltung zu verschaffen. Aus all diesen Gründen würden wir uns eine stärkere Weltorganisation wünschen, die der Erhaltung des Friedens besser dienen kann als derzeit, für ernsthafte Verhandlungen über strittige Probleme stärker gerüstet ist, besser organisiert ist, um ihre vielen praktischen Aufgaben zu erfüllen, und die dem besonderen Problem der ungelösten Nord-Süd-Fragen, die in immer stärkerem Maß die Weltpolitik beherrschen, besser angepaßt ist.

Die Erhaltung unserer nationalen Sicherheit wird von unserem Verhalten in den Vereinten Nationen nur indirekt beeinflußt werden, aber viele andere Ziele unserer Außenpolitik – die Beilegung von Kontroversen, ein geregelter Nord-

Süd-Dialog, die Abrüstung, die Rüstungskontrolle, die Förderung der Menschenrechte, die Vorantreibung und gesetzliche Regelung der Rechtsstaatlichkeit, die Organisation gemeinnütziger Einrichtungen auf der ganzen Welt – können am wirksamsten innerhalb des universellen Rahmens der Vereinten Nationen verfolgt werden. Sie alle tragen zu unserer Sicherheit bei, nützen unserer Wirtschaft und dienen der Entwicklung einer harmonischeren internationalen Gemeinschaft.

In Wirtschaftsfragen sind wir daran interessiert, uns des von der UNO geschaffenen Verhandlungsrahmens zu bedienen. Die Länder der Dritten Welt haben klar zum Ausdruck gebracht, daß die UNO ihr bevorzugtes Forum für die Fortsetzung des Nord-Süd-Dialogs ist. Wir sollten daher bereit sein, die Versammlung zumindest als einen Lenkungsausschuß für den Dialog zu betrachten, der die Situation regelmäßig überprüfen kann, auch wenn wir uns vielleicht manchmal wünschen, daß Verhandlungen über besondere Probleme vor einem spezielleren Forum der UNO abgehalten werden. Eines unserer besonderen Anliegen ist derzeit die Frage, wie wir einen internationalen Dialog über Energieprobleme zustande bringen könnten.

Es kann nicht geleugnet werden, daß die UNO in ihren Bemühungen um die Erhaltung des Weltfriedens in den vergangenen dreißig Jahren nicht so erfolgreich war, wie die meisten sich das bei ihrer Gründung erhofft hatten. Einige Gründe dafür liegen auf der Hand: Differenzen zwischen den Supermächten oder die mangelnde Bereitschaft der Mitglieder, den Aufrufen der UNO Folge zu leisten, wenn es um wichtige nationale Sicherheitsprobleme geht. In vielen Fällen wurde die Weltorganisation von einer Bedrohung des Friedens oder sogar von ernsten Konflikten offiziell überhaupt nicht in Kenntnis gesetzt. Die Konflikte in Vietnam, Nigeria, Angola oder die Kontroverse zwischen Somalia und Äthiopien wären alles Fälle für die Vereinten Nationen gewesen, doch sie wurden nie vor den Sicherheitsrat gebracht. In der Auseinandersetzung am Horn von Afrika wurde der OAU die Rolle des Vermittlers übertragen; die afrikanischen Staaten zogen es vor, sich ihrer regionalen Körperschaft statt der UNO zu bedienen. Das hätte vielleicht gelingen können, wenn nicht Rußland und Kuba an dieser Auseinandersetzung beteiligt gewesen wären. Sobald sie sich jedoch in die Kontroverse einschalteten, wurde klar, daß eine regionale Körperschaft wie die OAU nicht über die gleichen Mittel und den gleichen Einfluß verfügt wie die UNO. Wenn die Aktionen der UNO erfolgreicher verlaufen sollen, müßte sie unbedingt schon in einem wesentlich früheren Stadium eingreifen. Dazu ist es erforderlich, daß Mitgliedsstaaten, die nicht direkt mit dem Konflikt zu tun haben, bereit sind, Situationen, in denen ein Eingreifen der UNO zweckmäßig erscheint, vor den Sicherheitsrat zu bringen. Dies ist auch im Artikel 35 der Charta vorgesehen, doch wird es in der Praxis nur selten ausgenützt.

Außerdem wäre es nötig, daß das Sekretariat alle Krisensituationen auf der ganzen Welt ständig im Auge behält, so daß der Generalsekretär selbst Angelegenheiten vor den Sicherheitsrat bringen kann, wenn dies nach Artikel 99 angebracht erscheint. Es besteht auch die Notwendigkeit, daß die einzelnen Regierungen inner- und außerhalb des Sicherheitsrates Krisensituationen ständig überwachen, bevor sich noch ein regelrechter Krieg entwickeln kann. Wir müssen uns überlegen, auf welche Weise wir das bewerkstelligen könnten und sollten dabei auch den interessanten Vorschlag Kanadas hinsichtlich regelmäßiger Sitzungen des Sicherheitsrates auf Außenministerebene berücksichtigen.

Wenn wir die Diskussionen vorantreiben könnten, bevor es in Sondersitzungen zu Kontroversen kommt, so würde dies eventuell zu Vorschlägen für ein aktiveres Eingreifen der

UNO führen, noch ehe es zum Ausbruch von Kämpfen kommt. Dies könnte in Form von Aufrufen zu weiteren Verhandlungen zwischen den Beteiligten geschehen, durch einen Vermittler oder durch die Entsendung eines Sonderbeauftragten des Generalsekretärs.

Wir müssen im Dreiunddreißiger-Ausschuß Richtlinien zur Erhaltung des Friedens durch die UNO-Streitmacht ausarbeiten. Und wir müssen die Mitgliedsstaaten, wenn sie prinzipiell nicht abgeneigt sind, innerhalb zumutbarer Grenzen dazu ermuntern, einen Teil ihrer Streitkräfte zu organisieren und so auszubilden, daß sie auf Abruf für Operationen zur Verfügung stehen können, die der Erhaltung des Friedens dienen. Es gibt bereits einige Länder, die das tun. Und vor allem sollten wir in Großbritannien bereit sein, die Aufstellung neuer UNO-Truppen in entsprechenden Fällen vorzuschlagen und zu unterstützen. Zusätzlich zu unserem Beitrag zur Friedensstreitmacht auf Zypern stellten wir der UNO auch logistische Unterstützung für die Streitkräfte im Libanon zur Verfügung, weil wir es für wichtig hielten, der Aufforderung des Generalsekretärs Folge zu leisten.

Eine weitere wichtige UNO-Institution ist die im Jahre 1949 geschaffene Internationale Kommission für die Entwicklung und Kodifizierung des Völkerrechts. Die Kommission zeichnet unter anderem für die internationalen Konventionen über diplomatische Beziehungen, konsularische Beziehungen und über das Staatsvertragsrecht verantwortlich und befaßt sich derzeit mit der Frage der Rechtsnachfolge von Staaten im Zusammenhang mit internationalen Verträgen.

Die Menschenrechtskonvention und die beiden internationalen Menschenrechtspakte wurden im Ausschuß 3 abgefaßt, und der Abschluß der Abrüstungsverträge erfolgte in der Konferenz des Abrüstungskomitees. Ein Teil der Arbeit des Ausschusses 6, so etwa die Ausarbeitung der Prinzipien für freundschaftliche Beziehungen und die Definition des Begriffs

Aggression, kann – auch wenn es sich genaugenommen nicht um Rechtsschöpfungen handelt – als Versuch gewertet werden, einen internationalen Verhaltenskodex zu erstellen.

Das sind wichtige Dinge. Sie bilden die notwendige Grundlage für den reibungslosen Ablauf der UNO-Aktivitäten und den Rahmen für die internationale Stabilität und den internationalen Frieden. Diese Arbeit, die ständig und völlig unbeachtet vor sich geht, wird kaum mit Ruhm bedacht, doch gäbe es sie nicht, würden wir ihr Fehlen sehr bald bemerken.

Es ist eines der Hauptziele der britischen Regierung und unseres Landes, die Arbeit der Vereinten Nationen zum Schutz der Menschenrechte zu unterstützen. Viele Jahre hindurch beschränkten sich die Maßnahmen der Vereinten Nationen auf diesem Gebiet auf den Entwurf von Deklarationen, Konventionen und Abkommen, die – obwohl sie gewöhnlich mit großer Mehrheit beschlossen wurden – im allgemeinen keine merkliche Auswirkung auf den Schutz der Menschenrechte in irgendeinem Teil der Welt hatten. Es wurde daher immer häufiger darüber diskutiert, mit welchen Mitteln man diese Ziele besser verwirklichen könnte. Die Konvention zur Beseitigung aller Formen der Rassendiskriminierung, die im Jahre 1969 in Kraft trat, sah zuerst die Schaffung des nötigen Apparates zur Durchführung der eingegangenen Verpflichtungen vor. Die beiden Menschenrechtspakte, von denen einer 1976 in Kraft trat, sahen ebenfalls die Schaffung ähnlicher Einrichtungen vor, die nun bereits ihre Tätigkeit aufgenommen haben. Es ist sehr wichtig, dafür zu sorgen, daß diese Apparate wirklich effizient funktionieren. Die ungleichen Maßstäbe der Vereinten Nationen, die in manchen Kreisen kritisiert werden, sind gerade auf diesem Gebiet sehr auffällig. Israel, Südafrika und Chile wurden zu Recht von jedem Forum der Vereinten Nationen kritisiert, doch zögerte man merklich mit der Anklage gegen andere Staaten, die sich einer Verletzung der Menschenrechte schuldig machten, wie etwa die osteuropäischen Staaten und sogar einige Entwicklungsländer.

Einige Länder, deren Verhalten im Hinblick auf die Menschenrechte scharf angegriffen wird, verteidigen sich mit dem Gegenargument, der Westen sei allzu besorgt um bürgerliche und politische Rechte auf Kosten der wirtschaftlichen und sozialen Rechte, die für viele Menschen dieser Länder den Unterschied zwischen Leben und Tod ausmachen können. Es ist richtig, daß wir uns vor dem Versuch hüten sollten, nur die liberalen Werte unserer relativ wohlhabenden Gesellschaften in arme Länder zu tragen. In manchen Ländern klingt unsere Verfechtung der Menschenrechte ein wenig nach leerem Gerede, wenn sie nicht mit der Sorge um die wirtschaftliche Misere und die Entwicklungsprobleme dieser Länder verbunden ist. Wirtschaftliche, soziale und Menschenrechte gehören zusammen, und wir sollten nicht versuchen, sie zu trennen oder die Vernachlässigung der Menschenrechte in ärmeren Ländern zu rechtfertigen. Durch eine solche Handlungsweise würden wir das moralische Argument schwächen, das wir brauchen, um eine Neuverteilung der Ressourcen zwischen den reichen und armen Ländern dieser Welt sicherzustellen. Wir dürfen keine verschiedenen Maßstäbe mehr anlegen, wir müssen uns in allen Teilen der Welt für die Menschenrechte einsetzen. Wir müssen die Mißachtung der Menschenrechte durch Rechtsdiktaturen, wie etwa in Chile, bekämpfen, ebenso aber auch die Verletzung der Menschenrechte in kommunistischen Ländern. Wir müssen bereit sein, uns auf die Seite der schwarzen Mehrheiten zu stellen, die in Südafrika auf Grund ihrer Rasse diskriminiert werden. Wir dürfen nicht davor zurückschrecken, Rassismus im eigenen Land anzuprangern. Aber wir dürfen auch nicht zögern, die schwarzen Länder dazu aufzufordern, Ausschreitungen eines anderen schwarzen Landes, wie etwa Ugandas, zu kritisieren.

Die Entwicklungsländer werden weiterhin ihre Haltung gegenüber bürgerlichen und politischen Rechten mit ihrer Forderung nach wirtschaftlichen und sozialen Rechten verteidigen. Doch die Mißachtung bürgerlicher und politischer Rechte kann mit etwas gutem Willen immer durch relativ einfache politische Entscheidungen verhindert werden.

Wirtschaftliche und soziale Rechte erfordern die entsprechenden wirtschaftlichen Mittel, und es müssen daher positive Maßnahmen getroffen werden, um den ärmeren Ländern diese Mittel zu beschaffen. Die westlichen Länder werden nachdrücklich betonen müssen, daß sie beiden Arten von Rechten die gleiche Bedeutung beimessen.

Das Vereinigte Königreich wird sich mit allen Kräften dafür einsetzen, daß die Bemühungen um mehr Achtung vor den Menschenrechten zu einem zentralen Anliegen der Vereinten Nationen werden. Wir werden danach trachten, die bestehenden Verfahrensweisen und Einrichtungen zu verbessern; wir sind uns jedoch durchaus bewußt, daß es noch viel wichtiger wäre, eine grundlegende Haltungsänderung zu bewirken. In der Resolution 1503 haben wir den Entwurf einer vertraulichen Verfahrensweise vorgelegt, in dessen Rahmen von der UNO-Kommission für Menschenrechte und ihrer Subkommission Mitteilungen von Einzelpersonen oder Gruppen an den Generalsekretär geprüft werden, aus denen eine verläßlich belegte, ständige und krasse Verletzung der Menschenrechte hervorgeht. Wir werden alles tun, was wir können, um diesem Verfahren größere Wirksamkeit zu verschaffen, das heißt, wir werden überlegen, welche weiteren Mechanismen geschaffen werden könnten, um eine bessere Durchführung der Bestimmungen zu ermöglichen. Wir werden alle Vorschläge unterstützen, die die Arbeit der Menschenrechtskommission effizienter machen könnten, einschließlich des Vorschlags zu häufigeren Zusammenkünften. Wir werden uns weiterhin für die Ernennung eines Hochkommissars für Menschenrechte einsetzen. Wir werden einen ständigen Beauftragten oder – wenn es zweckmäßig erscheinen sollte – einen Minister zu den Vereinten Nationen entsenden, der uns bei wichtigen Tagungen der Kommission vertreten soll. Wir werden die Diskussion über die häufigsten Arten von Menschenrechtsverletzungen vorantreiben.

Vor allem aber werden wir an unserer bisherigen Vorgangsweise festhalten; und wenn wir uns gegen ein Land wenden, das die Menschenrechte verletzt hat, und uns vielleicht zu wirtschaftlichen Maßnahmen entschließen, so dürfen wir nicht damit rechnen, daß sich über Nacht Resultate zeigen. Wir müssen dazu bereit sein, drei, vier oder fünf Jahre an einer Politik festzuhalten und müssen darauf gefaßt sein, daß wir manchmal einen wirtschaftlichen Preis dafür werden zahlen müssen. Chile ist ein ausgezeichnetes Beispiel dafür, wie wichtig es ist, unbeirrbar bei einem klaren Kurs zu bleiben.

Die Rolle der Vereinten Nationen als zentraler Institution für die Diskussion weltweiter Probleme wird mit der Zeit wahrscheinlich eher an Bedeutung zunehmen als verlieren. Neben dem großen Problem von Krieg und Frieden gibt es noch viele andere Fragen, mit denen wir uns auseinandersetzen müssen. Die Verbreitung von Kernwaffen, die Katastrophenbekämpfung, Rechtsfragen im Zusammenhang mit dem Meeresboden, das weltweite Umweltproblem, die Energieversorgung, Abrüstung, Entwicklung, Währungsprobleme, die Rohstoffe der Welt – die Liste ist endlos. Für manches dieser Probleme gibt es spezielle Institutionen, meistens Sondereinrichtungen der UNO. In anderen Fällen können die Diskussionen nur von den Vereinten Nationen selbst geführt werden.

Großbritannien spielt bei solchen Debatten bereits eine aktive und positive Rolle. Wir müssen zu institutionellen Reformen bereit sein, um die UNO besser für die Auseinandersetzung mit diesen Problemen zu rüsten. Wir müssen uns weiterhin aktiv an der Umstrukturierung des Wirtschafts- und Sozialsektors der Vereinten Nationen beteiligen, um ihre Effizienz zu steigern. Doch vor allem müssen wir uns weiterhin zu der Institution der Vereinten Nationen bekennen und uns für sie engagieren.

8

Die Armut in der Welt

Utopische Versprechungen und unrealistische Wunschträume bringen ein heilloses Durcheinander in die Diskussionen um die Politik der Entwicklungshilfe. Man unterscheidet nicht zwischen den angestrebten Fernzielen und dem, was innerhalb eines realistischen Zeitraums verwirklicht werden kann, zwischen Maßnahmen, die in unserem eigenen Interesse liegen und jenen, die wir als Weltbürger zum Nutzen unserer Mitmenschen treffen sollten. Man glaubt, eine klare Grenze zwischen einem reichen „Norden" und einem armen „Süden" ziehen zu können, man ist davon überzeugt, es gäbe eine „Dritte Welt", und jedes Land gehöre eindeutig dem einen oder dem anderen Lager an. In Wirklichkeit aber sind die Kategorien nicht so einfach und klar umrissen. In einem reichen Entwicklungsland kann es neben großer Armut extremen Reichtum geben, und in einem armen Land können die vorhandenen Ressourcen gerecht an alle Bürger verteilt sein.

Die meisten Vorschläge der Regierung zur Schaffung einer neuen Wirtschaftsordnung dienen zwar durchaus dem Vorteil unseres Landes, doch das eigene Interesse sollte nicht im Vordergrund unserer Überlegungen über eine Umverteilung stehen, die eine langfristige Notwendigkeit ist. Das Problem hat auch eine moralische Seite, und wir sollten uns nicht scheuen, dafür einzustehen. Ein Land, das eine Einstellung und ein Ethos entwickelt, in dem die Sorge um die Armut und Ungleichheit in der Welt keinen Platz hat, wird sehr bald auch über Armut und Ungleichheit an seiner eigenen Schwelle hinwegsehen. Die Theorie, man könne sich zuerst auf die Probleme daheim konzentrieren und brauche erst danach den Blick nach außen in die Welt zu richten, klingt sehr bequem und verlockend, doch sie ist eine Selbsttäuschung. Wenn man den nationalen Horizont einmal eingeengt hat, ist es sehr schwer, ihn später wieder zu erweitern.

Eine Situation, in der die reichen Nationen weiterhin das Monopol auf einen hohen technischen und industriellen Standard für sich beanspruchen, wird für die restliche Welt niemals annehmbar sein. Der amerikanische Sozialist Michael Harrington schrieb kürzlich, daß die USA im Verhältnis zur Dritten Welt das seien, was Paul Samuelson eine „cathedral economy" nannte (also etwa ein reiches Bistum im Verhältnis zu einer kleinen Landpfarre): „Sie (die Länder der Dritten Welt) werden sich immer weiter darin vervollkommnen, Rohmaterialien in mühevoller Arbeit in Gebrauchsgüter zu verwandeln; wir werden denken, beaufsichtigen und verwalten."* Nach Harringtons Ansicht wird die Arbeitsteilung in der Welt immer einseitiger. Schmutzige und unangenehme Fertigungsarbeiten (zum Beispiel die Veredelung von Rohmaterialien) werden in steigendem Maße den Entwicklungsländern übertragen, während sich die entwickelten Länder immer weniger mit der tatsächlichen Fertigung befassen, sich mehr und mehr der hochentwickelten Technik und Forschung und dem Management zuwenden und Dienstleistungen zur Verfügung stellen.

Oberflächlich und vom bequemen und günstigen Standpunkt des Lebensstils der westlichen Mittelklasse aus betrachtet, klingt das vernünftig. Sie, die Länder der Dritten Welt, haben genügend billige Arbeitskräfte. Wir, der industrielle

* Michael Harrington, *The Vast Majority: A Journey to the World's Poor* (New York 1977).

Westen, haben die Erfahrung und das technische Wissen. Mit vereinten Kräften, so lautet die Theorie, können wir eine Welt der perfekten Partnerschaft schaffen. Doch nur zu leicht kann diese „Partnerschaft" zu einer Beschönigung der Tatsache werden, daß krasse Ungleichheiten bestehen bleiben, ja sogar gefördert werden. Wir sollten nicht vergessen, daß die Entwicklungsländer ihre eigene, klare Ansicht darüber haben, wie sie sich die Entwicklung dieser Partnerschaft vorstellen. Wir müssen bereit sein, auf ihre Argumente zu hören und ihre Meinung zu berücksichtigen. Wir müssen gemeinsam vorwärts schreiten und erkennen, daß die derzeitige Lage nur durch eine friedliche und vernünftige Zusammenarbeit verbessert werden kann.

Die heute bestehenden Ungleichheiten sind das direkte Ergebnis der ungleichmäßigen industriellen Entwicklung und des unterschiedlich starken Bevölkerungswachstums in den letzten zweihundert Jahren. Noch nie in der Menschheitsgeschichte hat es eine derart krasse Diskrepanz zwischen den Nationen gegeben. Um 1850 lag das durchschnittliche Pro-Kopf-Einkommen in den Ländern, die heute als entwickelte oder fortgeschrittene Länder gelten, bei etwa hundertfünfzig Dollar, und bei rund hundert Dollar in der übrigen Welt. Im Gegensatz dazu schätzt der Wirtschaftswissenschaftler und Nobelpreisträger Professor Jan Tinbergen das Verhältnis zwischen den Durchschnittseinkommen der zehn Prozent der Weltbevölkerung in den Ländern, die heute als die reichsten beziehungsweise ärmsten Länder gelten, auf 13 : 1.* Diese Ungleichheiten sind nur das auffälligste Kennzeichen einer Entwicklung, die immer globaler wird. Sie hat nicht nur praktisch schon den letzten Winkel der Welt erfaßt, sondern zeigt sich auch in der ständig zunehmenden gegenseitigen

* Jan Tinbergen, *Reshaping the International Order: A Report to the Club of Rome* (New York 1976).

Abhängigkeit. Die Entwicklung modernerer Kommunikationssysteme gestattet uns einen Gesamtüberblick über die Weltwirtschaft, so als sähen wir sie von einem Satelliten aus, und die Methoden der Statistik gewähren uns einen recht guten Einblick in die wirtschaftliche Verflechtung. Mit der zunehmenden Internationalisierung des Produktionsprozesses und der Integration der Produktionsvorgänge verlieren die internationalen Grenzen an Bedeutung. Innerstaatliche und internationale Probleme verschmelzen miteinander. Wir in Großbritannien sehen mit wachsender Besorgnis, wie sich unsere Rolle in der Weltwirtschaft verändert, während wir uns verzweifelt bemühen, die Kontrolle über unseren eigenen Teil nicht zu verlieren, in einer Zeit, da so viele entscheidende weltweite Einflüsse – der technische Fortschritt, die internationale Umverteilung der Produktion, die Kapitalbewegung – weitgehend außerhalb der Kontrolle einer oder sogar aller Regierungen liegen.

Dies wirft eine Reihe von Problemen auf. Wie können wir die internationalen Institutionen und wirtschaftlichen Beziehungen den jeweiligen Gegebenheiten in der Weltwirtschaft anpassen? Wie können wir politische und wirtschaftliche Verwaltungsformen entwickeln, um eine wirksame und demokratische Kontrolle über diesen vielschichtigen Komplex von Wechselbeziehungen und Entwicklungsvorgängen sicherzustellen? Wie können wir in Großbritannien dafür sorgen, daß wir in dieser Verwaltung ein Wort mitzureden haben, um unsere Interessen zu schützen? Wie können wir sicherstellen, daß die Länder der Dritten Welt ein angemessenes Mitspracherecht in dieser Verwaltung haben und genügend Einflußnahme auf den ganzen Vorgang, damit die ärgsten schon bestehenden oder neu auftretenden Ungleichheiten in absehbarer Zukunft beseitigt werden können? Das sind Fragen, mit denen wir uns unbedingt auseinandersetzen sollten.

Die Grenze zwischen den entwickelten Ländern und den

Entwicklungsländern wird sich in den nächsten paar Jahren wahrscheinlich verwischen. Wir dürfen nicht vergessen, daß Aktionen, die die reicheren Entwicklungsländer gegen die entwickelten Länder unternehmen, katastrophale Auswirkungen auf die am wenigsten entwickelten Länder haben können und daß jene besser gestellten Entwicklungsländer bei der vernünftigeren Gestaltung der Weltwirtschaft eine wichtige Rolle zu spielen haben. Vom moralischen Aspekt abgesehen, müssen wir ganz nüchtern auch an unsere eigenen Wünsche denken, ohne deshalb weniger Verständnis für die Bestrebungen der Entwicklungsländer aufzubringen.

Was wir zuallererst brauchen, ist eine sorgfältige Analyse des Begriffs „Dritte Welt" und eine Ersetzung der allgemeinen Entwicklungspolitik durch spezifische Maßnahmen, die den unterschiedlichen Verhältnissen Rechnung tragen. Es gibt keine einfache Standarddefinition für den Begriff Entwicklungsländer. Das Komitee für Entwicklungshilfe der OECD, eine wichtige internationale Institution, hat die Entwicklungsländer folgendermaßen definiert: alle Länder Afrikas außer Südafrika; Amerika, mit Ausnahme der Vereinigten Staaten und Kanadas; Asien, ausgenommen Japan und China; und Ozeanien, abgesehen von Australien und Neuseeland. In Europa umfaßt die Liste Zypern, Gibraltar, Griechenland, Portugal, Spanien, die Türkei und Jugoslawien.

Doch wir sollten uns davor hüten, alle Entwicklungsländer in einen Topf zu werfen. 25 Entwicklungsländer gelten als Länder mit besonders ernsten Entwicklungshindernissen, deren Beseitigung lange Zeit in Anspruch nehmen wird. Diese Einstufung erfolgte auf der Grundlage von drei wesentlichen Kriterien: einem Bruttonationalprodukt (BNP) von 100 Dollar oder weniger pro Kopf, einem Produktionsanteil, der 10 Prozent oder weniger des BNP ausmacht, und einem Anteil von 80 Prozent oder noch mehr Analphabeten unter der Bevölkerung über fünfzehn Jahren. Folgende fünfundzwanzig Länder wurden bei der UNCTAD II (1968) und von der UNO-Generalversammlung des Jahres 1971 als die am wenigsten entwickelten (LLDCs) eingestuft: Afghanistan, Benin, Bhutan, Botswana, Burma, Tschad, Äthiopien, Guinea, Haïti, Laos, Lesotho, Malawi, die Republik Malediven, Mali, Nepal, Niger, Ruanda, Sikkim, Somalia, Sudan, Tanzania, Uganda, Obervolta, West-Samoa und die Arabische Republik Jemen. Im Jahre 1975 kamen Bangladesch, das Zentralafrikanische Kaiserreich, Gambia und die Demokratische Volksrepublik Jemen dazu. Die LLDCs sind die Ärmsten der Armen; in ihrem Fall kann es keinen Zweifel über unsere überwältigende moralische Verpflichtung zur Hilfeleistung geben.

Ein anderer gebräuchlicher Terminus in diesem Zusammenhang ist die Bezeichnung „Gruppe der 77", kurz G 77. Diesen Namen gab man jenen Entwicklungsländern, die vor allem bei Tagungen der UNCTAD und in anderen Gremien der UNO als geschlossene Gruppe auftreten. Die Zahl der „77" nimmt ständig zu. Im November 1977 umfaßte die Gruppe hundertfünfzehn Mitgliedsstaaten.

Einige „weniger entwickelte Länder" (LDCs), wie zum Beispiel die OPEC-Länder und die sogenannten „Superkonkurrenzfähigen", sind in mancher Hinsicht recht erfolgreich. Denken wir nur an Saudi-Arabien. Wenn wir – nur als Diskussionsgrundlage – eine Verdoppelung des Ölpreises annehmen, eine Verdoppelung der Ölproduktion, ein dreiprozentiges Wachstum auf dem übrigen Sektor (ohne Öl) pro Kopf und Jahr, und ein jährliches Bevölkerungswachstum von drei Prozent, dann läge das Pro-Kopf-Einkommen in Saudi-Arabien im Jahre 1990 auf der Preisgrundlage des Jahres 1976 ein wenig über 12.000 Dollar. Das entspricht etwa dem für die Vereinigten Staaten vorherberechneten Pro-Kopf-Einkommen von 11.250 Dollar. Das gesamte Bruttonationalprodukt würde sich bis 1990 in Saudi-Arabien vervierfacht haben und das Bruttonationalprodukt pro Kopf läge 2,7mal höher als jetzt. Saudi-Arabien ist vielleicht ein Ausnahmefall, doch auch in anderen Ländern, wie etwa Mexiko, Brasilien und Südkorea, nimmt der Wohlstand sehr rasch zu. Bis zum Ende dieses Jahrhunderts werden einige dieser Länder im Vergleich zu den jetzigen entwickelten Ländern sehr günstig abschneiden. Auf der anderen Seite ist die Armut in den LLDCs erschreckend gleichbleibend. Und dann gibt es auch noch Länder wie Indien, das zwei Wirtschaftsstrukturen hat: einen rasch aufstrebenden industriellen Sektor neben akuter Armut in den ländlichen Gebieten – das Problem der Welt, zusammengeballt in einem einzigen Land.

Was sich nun abspielt, ist folgendes: In einer Situation weltweiter, elementarer wirtschaftlicher Ungleichheit verlangt die Gruppe der 77 eine strukturelle Änderung. Sie haben den Eindruck, als würden die entwickelten Länder nicht genügend zuhören. Uns jedoch scheint es, daß nur einige ihrer Forderungen gerecht und vernünftig sind, andere hingegen eindeutig unvernünftig. Eines allerdings ist sicher richtig: ohne eine auf dem Verhandlungsweg erzielte Änderung in einigen grundlegenden Aspekten der Weltwirtschaft – was sowohl wünschenswert als auch durchführbar wäre – werden gegen Ende dieses Jahrhunderts Anarchie und Chaos auf uns zukommen.

Die Annahme, daß es nun bis zum Jahr 2000 weitergehen wird wie bisher, wäre pessimistisch, doch trotz unseres instinktiven Mißtrauens gegen Extrapolationen sollten wir einmal versuchen, eine Art hypothetisches Drehbuch auf dieser pessimistischen Grundlage zu entwerfen. Die erste Windung der Spirale könnten wir mit der gegenwärtigen Weltwirtschaftsrezession, die sich immer länger hinzieht, bereits erreicht haben. In den entwickelten Ländern wird die Forderung nach protektionistischen Maßnahmen, zu denen einige unterentwickelte Länder bereits Zuflucht genommen haben, immer dringlicher. Die nächste Etappe könnte – in diesem pessimistischen Drehbuch – so aussehen, daß es den reichen Ländern der Welt nicht gelingt, die Entwicklungsländer stärker zu unterstützen, ja daß es dabei vielleicht sogar zu einer rückläufigen Entwicklung kommt. So würden sich etwa protektionistische Maßnahmen in den entwickelten Ländern nachteilig auf den Export der Entwicklungsländer auswirken, und ihr Wachstum würde durch eine Beschneidung der Investitionshilfe für die Modernisierung alter Industriebetriebe und die Schaffung neuer Industrien einen weiteren empfindlichen Rückschlag erleiden.

In den Entwicklungsländern würden die Märkte für die Exporte der entwickelten Welt nicht weiter expandieren. Das würde die Rezession in den entwickelten Ländern noch weiter anheizen, was vor allem den Entwicklungsländern die Rückzahlung ihrer Schulden sehr erschweren würde. Die Verschuldung einiger Länder gibt bereits Anlaß zur Besorgnis. Einige wären gezwungen, ihre Zahlungen einzustellen, was schwerwiegende Auswirkungen auf das internationale Banksystem haben könnte. Eine ernstliche und weltweite Deflation und ein plötzliches Absinken des Lebensstandards auf der ganzen Welt wären mögliche Folgen. In den Entwicklungsländern würden politische Extremisten und Demagogen einander mit kühnen und unmöglich wahrzumachenden Versprechungen übertreffen. Regierungen würden ständig wechseln, die Verwaltung würde in Unordnung geraten, der Extremismus würde zunehmen, und die Welt wäre vom Chaos bedroht. Die Reichen wären weniger reich, und die Armen würden in noch hoffnungslosere Armut verfallen.

In den entwickelten Ländern würde die Arbeitslosigkeit, die ohnehin schon ein großes Problem ist, den Nährboden für ein Aufleben des Rassismus und der Fremdenfeindlichkeit bilden, und extremer Nationalismus und Intoleranz würden sich in völliger Gleichgültigkeit gegenüber den Entwicklungsländern äußern. Die Folge dieses Chaos, oder auch ein Mittel, um vom Chaos abzulenken, wären Kontroversen, angeheizt vom Waffenhandel.

Nicht alle Menschen würden dieses Zukunftsbild als völlig aus der Luft gegriffen abtun, denn allzu viele Trends in der Weltwirtschaft weisen in diese Richtung. Es könnte zu einem unsanften Erwachen kommen, wenn wir die drohende Gefahr nicht beachten.

Das tatsächliche Ergebnis der derzeitigen Trends wird allerdings vermutlich ein wenig anders aussehen. In unserem „Drehbuch" haben wir mit voller Absicht die bedenklichsten Aspekte hervorgehoben und unter dem pessimistischsten Blickwinkel betrachtet. Doch die Tendenzen sind vorhanden. Denken wir nur an das Rüstungsproblem. Die Entwicklungsländer, besonders die Länder des Nahen Ostens und Afrikas, geben immer mehr Geld für Waffen aus. Der Anteil der Entwicklungsländer an der Gesamtsumme, die von der Welt für militärische Zwecke verwendet wurde, stieg von sechs Prozent im Jahre 1966 auf fünfzehn Prozent im Jahre 1976. Wir im Westen fördern diesen Trend – wir reden zwar davon, daß wir unseren Verkauf von Waffen in Schranken halten wollen, aber wir haben noch keinen kohärenten Plan entwikkelt, wir sind untereinander noch zu keiner Einigung gekommen, und so wetteifern wir miteinander und rechtfertigen unsere Handlungsweise mit der Feststellung, daß eben andere Länder verkaufen würden, wenn wir es nicht täten. Aus einer Publikation des SIPRI (Internationales Friedensforschungsinstitut in Stockholm) aus dem Jahre 1977, mit dem Titel „*World Armaments: The Nuclear Threat*", geht hervor, daß die Länder der Dritten Welt im Jahre 1976 insgesamt 51.000 Millionen Dollar für Verteidigungszwecke ausgaben:

Naher Osten	27.300 Millionen Dollar
Ferner Osten	6.420 Millionen Dollar
Südamerika	5.600 Millionen Dollar

Südasien	4.000 Millionen Dollar
Afrika	6.490 Millionen Dollar
Mittelamerika	1.190 Millionen Dollar

Das ist fast dreimal so viel wie die Summe, die sie als Entwicklungshilfe erhielten, trotz der ständigen Bemühungen der Geberländer, die Hilfsmaßnahmen noch mehr zu forcieren. Das ist ein Trend, den wir umkehren müssen, wenn wir den wirtschaftlichen und sozialen Fortschritt in der Welt beschleunigen wollen. Es ist wohl wirklich absurd, daß die militärischen Aktivitäten der Dritten Welt durch die vermehrte Entwicklungshilfe der Industrieländer indirekt unterstützt werden.

Sollte irgendeines dieser Zukunftsbilder auch nur annähernd auf die Weltwirtschaftslage des Jahres 1990 zutreffen, dann bedarf es wohl keines nachdrücklichen Hinweises mehr, wie dringend notwendig es wäre zu verhindern, daß diese Hypothesen Wirklichkeit werden. Die auf der Hand liegende Alternative lautet, daß alle Länder der Welt sich zusammentun müssen, um gemeinsam eine neue und vernünftige Basis für die Organisation der Weltwirtschaft und die Verwaltung der Ressourcen zu erarbeiten.

Die erste und wichtigste Vorbedingung für jede Politik zur Verbesserung und Rationalisierung des Weltwirtschaftssystems ist die Suche nach einem Ausweg aus der gegenwärtigen weltweiten Rezession. Würde die gesamte Weltwirtschaft belebt, so wäre die direkte Auswirkung auf die Entwicklungsländer und der Effekt auf dem Umweg über die industrialisierten Nationen überwältigend und weitaus bedeutsamer als jede vorstellbare Forcierung des Hilfsprogramms. In gewissem Sinne wäre die Wiederherstellung der Vollbeschäftigung in unserem eigenen Land und die Neubelebung unserer Wirtschaft das beste, was wir für die Entwicklungsländer tun könnten. Das würde sofort zu einer Vergrößerung der

Absatzmärkte für die Waren aus den Entwicklungsländern führen, die Verringerung der Zahlungsbilanzdefizite erleichtern und ganz allgemein die finanzielle Lage der Welt bessern, so daß der Transfer von Ressourcen in die Entwicklungsländer einfacher wäre und die Forderung nach protektionistischen Maßnahmen langsam verstummen würde. Doch wir können die Weltwirtschaft nicht im Alleingang wieder in Schwung bringen. Auch das ist eine Angelegenheit, die konzertierte internationale Maßnahmen erfordert. Es gibt derzeit keine größere Herausforderung für die Politiker in aller Welt als die Lösung dieses Problems. Die Zurückhaltung der OPEC-Länder angesichts der Forderung einiger ihrer Mitglieder nach einer Erhöhung des Ölpreises ist ein gutes Beispiel dafür, wie eine Ländergruppe im Interesse der gesamten Weltwirtschaft und unter Zurückstellung des eigenen kurzfristigen Interesses handeln kann.

Seit dem Schock, den die fünffache Ölpreiserhöhung des Jahres 1973 und der Krieg im Nahen Osten der Welt versetzten, ist die Haltung aller Staaten in vielen Fragen der Handelspolitik und der Entwicklungshilfe weniger unnachgiebig geworden. Dieser neue Verhandlungsgeist muß sorgsam gepflegt und gefördert werden. Wir alle müssen uns der Auswirkungen bewußt sein, die unsere Maßnahmen auf die übrige Welt haben können. Die entwickelten Länder haben die OECD, in deren Fachausschüssen ihre Wirtschaftspolitik überprüft und verbessert wird. Es spräche sehr viel für die Entwicklung eines ähnlichen Programmes, das den Interessen der Gruppe der 77 dient. Beide Seiten brauchen eine bessere Erforschung der Hintergründe ihrer Vorgangsweisen und umfassendere Studien über die Folgen der vorgeschlagenen Maßnahmen. Ein Dialog auf der Grundlage besserer Informationen ist in jedermanns Interesse, wenn wir uns auf durchführbare Reformen konzentrieren wollen.

Eine drastische Veränderung, die sich in den letzten paar

Jahren in der Weltwirtschaft vollzogen hat, ist die Verlagerung einer Reihe von Produktionsvorgängen in die Entwicklungsländer. Das größte Problem für die entwickelten Länder lautet daher heute, wie sie die „Anpassung“ bewältigen können. Für Großbritannien besteht eines der zentralen Probleme darin, seine alteingesessene – und nun nicht unbedingt wettbewerbsfähige – Schlüsselindustrie der Konkurrenz neugeschaffener und oft „superwettbewerbsfähiger“ Industrieunternehmen der Entwicklungsländer anzupassen. Manche Industrien werden wir kurzfristig stützen müssen, doch auf lange Sicht werden sie der Konkurrenz aus Ländern mit billigen Arbeitskräften nicht standhalten.

Es ist außerordentlich wichtig, daß die Regierung, die Gewerkschaften und die Arbeitgeber unseres Landes den künftigen internationalen Gegebenheiten mutig entgegensehen. Nicht alle Industriezweige werden die gleiche Strategie verfolgen können, doch eine Verbreiterung des Produktionsprogrammes, neue Investitionen und Umschulungen sind auf jeden Fall unumgänglich, wenn wir die internationalen Trends der Zukunft abfangen wollen. Das sind Maßnahmen, die wir in unserem eigenen Interesse treffen müssen, auch wenn es sich dabei um eines der schwierigsten Probleme handelt, das uns bevorsteht. Eine ganze Reihe von Fragen wird dadurch akut werden. In der Wirtschaft die Frage nach dem besten Schlüssel für die nationale und internationale Verteilung der Ressourcen; in der Politik das Problem, wie wir auf neue Forderungen der Entwicklungsländer reagieren sollen, deren Erfolg oft auf der von uns zur Verfügung gestellten finanziellen und technischen Unterstützung aufbaut; und auch die Frage nach der Organisation unserer Gesellschaft – nach den Arbeitsmöglichkeiten, die wir anbieten, nach den wirtschaftlichen Erfolgen, die wir unseren Kindern in Aussicht stellen und nach der Art, wie wir den unvermeidlichen Übergang planen, erklären und bewältigen können.

Die Vision einer „Importflut“ aus den Entwicklungsländern, denen ein Reservoir billiger Arbeitskräfte zur Verfügung steht, drängt sich unweigerlich auf, doch sie ist nur ein Aspekt des Problems. Der Kernpunkt der Frage ist die Produktivität, die auf vielen Sektoren die Hauptursache für die Schwächung unserer Konkurrenzfähigkeit ist. Es hat sich ganz deutlich gezeigt, daß es jenen Industrieländern, die ihre Produktivität in bestimmten Bereichen der Industrie am erfolgreichsten steigern konnten, auch am besten gelang, das Problem der Arbeitslosigkeit auszuschalten oder zumindest auf ein Minimum zu reduzieren. Nackte Tatsache ist, daß die Entwicklungsländer zu einer immer stärkeren Konkurrenz für die OECD-Länder heranwachsen, denn viele von ihnen verfügen über ein reicheres Reservoir immer besser ausgebildeter Arbeitskräfte und haben noch den zusätzlichen Vorteil, daß sie als „Spätankömmlinge“ auf dem Industriemarkt ihre Unternehmen dem letzten Stand der Technik anpassen können, was ihnen eine gewisse Überlegenheit gegenüber unseren relativ einfacheren Produktionsmethoden gibt. Paradox ist ferner die Tatsache, daß in manchen Sektoren unserer Industrie – nicht nur in Großbritannien, sondern auch in anderen EG-Ländern und in den USA – Gastarbeiter aus Ländern beschäftigt werden, mit deren Produkten wir konkurrieren. Diese Tendenzen werden auf vielen Sektoren unserer Grundstoffindustrien radikale Änderungen erfordern, denn wenn wir unseren Marktanteil halten wollen, können wir nicht bis in die neunziger Jahre weitermachen so wie bisher. Die Beschäftigtenzahl in der Herstellungsindustrie wird vermutlich weiter absinken. Wir stützen verständlicherweise einige Industrien aus sozialen Gründen, um Arbeitsplätze zu erhalten, doch diese kurzfristigen Hilfsmaßnahmen sind unzulänglich und müssen durch neue Investitionen und die Schaffung neuer Arbeitsplätze ersetzt werden. Auf lange Sicht werden die Konsumenten Einwände gegen die Unterstützung von Industrien erheben, die nicht mehr aus eigener Kraft konkurrenzfähig sind und daher alle Bemühungen um eine Reduzierung der Importe zunichte machen.

Eine Antwort auf all diese Probleme wäre es, in den entwickelten Ländern neue spezifische Märkte zu erschließen, wenn auch der tatsächliche Wirkungsradius solcher Maßnahmen vielleicht nicht ganz so groß ist, wie oft behauptet wird. Die Schweizer haben uns in dieser Hinsicht mit ihren Präzisionsinstrumenten und Qualitätsuhren ein gutes Beispiel gegeben. Sie waren sogar so erfolgreich, daß sie nun zu den wenigen Ländern gehören, die eine aktive Handelsbilanz mit Japan aufweisen, obwohl die Japaner ihnen nun mit ihren elektronischen Uhren Konkurrenz machen. Manche Zweige unserer Textilindustrie (vor allem der Wollstoff- und Kammgarnsektor) haben durch die Spezialisierung auf Qualitätserzeugnisse eine aktive Handelsbilanz erzielt und sind von außerordentlicher Bedeutung für unseren Exportsektor. Von all dem abgesehen, müssen wir damit rechnen, daß der gegenwärtige Trend zu einem größeren Bedarf an Arbeitskräften im Dienstleistungssektor weiter anhält. Das ist nicht unbedingt ein Nachteil.

Eine Anpassung an die neue Situation ist zweifellos erforderlich, doch sollte sich die Regierung darum bemühen, ein gesundes Klima für die nötigen Änderungen zu schaffen, indem sie positive Maßnahmen unterstützt, aber auch dafür sorgt, daß nicht übers Ziel geschossen wird. Die wichtigsten industriellen Maßnahmen zu diesem Zweck sind folgende: finanzielle Unterstützung, um neue Investitionen zu fördern und voranzutreiben, steuerliche Investitionsanreize, Maßnahmen, um die Mobilität der Arbeitnehmer zu fördern und Umschulungsprogramme. Vor allem aber sollte sich die Regierung eher um eine Förderung wirtschaftlich lebensfähiger Industrien bemühen als die bestehenden Unternehmen um jeden Preis vor dem Untergang zu bewahren. Das Bildungs-

und Erziehungswesen und eine aufgeklärte Planungspolitik in der Zentralverwaltung und in den Lokalbehörden könnten hier eine wichtige Rolle spielen.

Manche Umstände machen es notwendig, daß wir den Zugang zu den eigenen Märkten einschränken und nicht unbeugsam an einer doktrinären Freihandelspolitik festhalten. In manchen Fällen tun wir das bereits und werden es auch in Zukunft tun müssen. In den letzten Jahren standen wir immer häufiger vor dem Problem einer Überflutung unserer Märkte mit Importgütern, die sehr oft aus den neuen überwettbewerbsfähigen Entwicklungsländern kamen und unsere Industrie zu zerschlagen drohten. Das geschah auf dem Textilsektor, bei den elektronischen Konsumgütern, in der Fußbekleidungsbranche und bis zu einem gewissen Grad sogar in der Stahlindustrie. Unter solchen Umständen kann die Forderung nach protektionistischen Maßnahmen zur Sicherung der Arbeitsplätze rasch sehr stark werden. Wenn wir jedoch diesem Verlangen ohne Überlegung nachgeben, gefährden wir unseren Zugang zu den Märkten der Entwicklungsländer (auf denen wir derzeit nicht weniger als ein Viertel unserer Exporte absetzen) und schaden unserem Entwicklungshilfeprogramm. Es ist daher außerordentlich wichtig, daß wir uns den neuen Gegebenheiten elastisch anpassen und die politische Bereitschaft aufbringen, dieses Problem zielstrebig in Angriff zu nehmen.

Wo der rasche Anstieg an Importen aus den Entwicklungsländern unsere heimische Industrie ernsthaft schädigt, können wir Sicherungsmaßnahmen im Rahmen des Allgemeinen Zoll- und Handelsabkommens (GATT) treffen. Das *Multifibre Arrangement* (MFA) des GATT auf dem Textilsektor ist ein Beispiel für Maßnahmen, die sich vielleicht einmal als notwendig erweisen. Zu Beginn der siebziger Jahre nahmen die Textilimporte aus den Entwicklungsländern einen so raschen Aufschwung, daß dadurch die gesamte Industrie der entwickelten Länder zerrüttet wurde. Es mußten internationale Maßnahmen getroffen werden, um den Handel zu regeln. Das ursprüngliche MFA sah eine Erhöhung der Kontingente um mindestens sechs Prozent pro Jahr vor. Für die Mehrheit der Produkte wurden keine Beschränkungsmaßnahmen getroffen. Doch infolge der Rezession steigerte sich Mitte der siebziger Jahre die Nachfrage praktisch nicht mehr. Als sich die sechsprozentige Erhöhung als zu hoch gegriffen erwies, verhandelte die Europäische Gemeinschaft in der zweiten Hälfte des Jahres 1977 mit etwa dreißig Lieferländern, und es wurden einige bilaterale Abkommen geschlossen. Diese Abkommen bildeten den Kern für die Erneuerung des MFA, in dessen Rahmen der Marktzuwachs auf bestimmten konjunkturempfindlichen Sektoren weiter eingeschränkt wurde.

Das sind nicht ausgesprochen protektionistische oder egoistische Maßnahmen. Niemand kann behaupten, die Europäische Gemeinschaft habe sich der Situation nicht angepaßt. In den letzten paar Jahren gingen mehr als fünfhunderttausend Arbeitsplätze in der Industrie verloren. Dennoch wird noch immer für ein – wenn auch langsames – Wachstum gesorgt, und die Europäische Gemeinschaft ist auch mit den Entwicklungsländern zu einer Einigung gekommen.

Darüber hinaus machte die Europäische Gemeinschaft auch gewisse Unterschiede zwischen den einzelnen Lieferländern, je nachdem wie reich oder arm sie waren. Hongkong, Korea und Taiwan, die alle drei relativ reich sind – sogenannte „superwettbewerbsfähige“ Lieferanten –, wurden stärkere Beschränkungen auferlegt als den armen Ländern wie Indien, Bangladesch und Sri Lanka. Außerdem bieten die Vereinbarungen neuen Lieferanten aus den Entwicklungsländern die Möglichkeit, in den Markt einzusteigen. Dennoch können wir nicht über die Tatsache hinwegsehen, daß unsere Maßnahmen den armen Entwicklungsländern Nachteile gebracht haben und in manchen Fällen unserer eigenen Unterstützungs- und Entwicklungsstrategie zur Förderung der Industrien in diesen Ländern entgegenwirkten.

Das ist der Grund, weshalb die Bedürfnisse der Entwicklungsländer in jeder internationalen Situation berücksichtigt werden müssen, in der Schutzmaßnahmen erforderlich sind, um Arbeitsplätze zu sichern und den nötigen Spielraum für eine elastische Anpassung zu schaffen. Auf diese Weise können die nachteiligen Auswirkungen zumindest auf ein Mindestmaß reduziert werden. Noch wichtiger wäre es allerdings, die Tendenzen schon vorher richtig zu beurteilen und geeignete Schritte zu unternehmen, um solche Schutzmaßnahmen von vornherein überflüssig zu machen.

Was den Transfer von Ressourcen anlangt, so könnten reiche Länder mit einem hohen Überschuß ihr Hilfsbudget oft enorm erhöhen, wenn auch unter den gegebenen Umständen das Weltwirtschaftsmanagement verlangt, daß einige Länder ihr Defizit auf einer bestimmten Höhe halten, um einen Ausgleich zu den OPEC-Überschüssen zu schaffen. Nicht alle entwickelten Länder haben das Leistungsziel von 0,7 Prozent des Bruttonationalprodukts für die offizielle Entwicklungshilfe prinzipiell akzeptiert. Und jene, die es akzeptiert haben, müssen sich nun dazu entschließen, ihr Versprechen möglichst bald in die Tat umzusetzen. Das große, weltweite Problem ist die Beschaffung von Arbeitsplätzen für Arbeitslose oder Unterbeschäftigte und eine bessere Ausbildung; dadurch könnte den Bedürfnissen der Menschen besser entsprochen und vor allem die Not der Millionen Menschen gelindert werden, die unter der ärgsten Benachteiligung leiden. Japans Unterstützungsbudget beläuft sich derzeit auf 0,21 Prozent des Bruttonationalproduktes. Dieser Betrag soll im Lauf von fünf Jahren verdoppelt werden. Japan hätte durchaus Veranlassung, diesen Betrag im kommenden Finanzjahr zu verdoppeln und ihn dann fortlaufend zu erhöhen. Eine massive Steigerung der japanischen Unterstützung für die Dritte Welt ist sicher möglich und wäre sehr wünschenswert. Wenn die Japaner sich bemühten, das gesteckte Ziel von 0,7 Prozent des BNP zu erreichen, könnten sie zusätzliche vier Milliarden Dollar in die Weltwirtschaft hineinpumpen. Dies ist ein weiteres Beispiel für Maßnahmen, die den Entwicklungsländern zugute kämen und gleichzeitig die Weltwirtschaft ankurbeln könnten und vice versa.

Im Jahre 1977 beschloß die britische Regierung zu Recht, daß die Hilfe für die Überseeländer forciert werden sollte. Dieses Programm wurde unglaublich rasch ausgeweitet, mit einer beträchtlichen Erhöhung im Herbst und einer stetigen realen Wachstumsrate von 6 Prozent ab Januar 1978, so daß wir uns nun auf das Ziel von 0,7 Prozent zubewegen. Eine größere Entwicklungshilfe trägt durch die Beschleunigung des Weltwirtschaftswachstums und die Erhöhung der Kaufkraft zum Aufbau von Märkten in den Entwicklungsländern bei, und dadurch bis zu einem gewissen Grad auch zu einer Anhebung des Beschäftigungsniveaus in größeren Exportländern, wie zum Beispiel Großbritannien. Wir in der Regierung appellieren zuwenig an den Altruismus, der im gesamten Volk durchaus vorhanden ist. Wirksame Hilfe ist nicht einfach bloß eine Frage höherer Regierungsausgaben. Auch die freiwilligen Organisationen spielen hier eine wichtige Rolle. Ihre Flexibilität und ihr Einfallsreichtum können dort von unschätzbarem Wert sein, wo bürokratische Riesenapparate offensichtlich nicht rasch und wirksam genug auf spezielle Bedürfnisse eingehen. Wir können die Öffentlichkeit durch steuerliche Anreize, etwa in der Form von Prämien oder Abschreibungsmöglichkeiten, weiterhin dazu anspornen, die freiwilligen Organisationen zu unterstützen. In einigen Ländern bietet die jährliche Steuererklärung den Bürgern die Gelegenheit, einen gewissen Prozentsatz ihres Einkommens für einen speziellen Zweck zur Verfügung zu stellen. Bei der Umstellung auf das Computersystem wäre es durchaus möglich, in der Steuererklärung einen Posten für die Auslandshilfe vorzusehen. Das müßte nicht unbedingt zur Folge haben, daß dadurch die Quellen der freiwilligen Hilfsorganisationen versiegen.

Auch andere Länder könnten wesentlich mehr tun. Die Sowjetunion und die osteuropäischen Länder geben zwar ziemlich viel für die militärische Unterstützung aus, doch der wirkliche Transfer von Mitteln ist äußerst gering. Während das US-Budget für militärische Hilfe etwa 24 Prozent des gesamten US-Entwicklungshilfebudgets ausmacht, wendet die Sowjetunion 60 bis 70 Prozent ihres Unterstützungsbudgets für militärische Zwecke auf, und der Rest – mit dem auch die Hilfe für kommunistische Entwicklungsländer bestritten wird – stellt weniger als 0,1 Prozent des sowjetischen Bruttonationalproduktes dar. Seit 1973/74 ist der Wert der sowjetischen Entwicklungshilfe sogar noch weiter abgesunken, und die Schuldenrückzahlungen an die Sowjetunion liegen nun höher als die neuen Aufwendungen zur Unterstützung der am wenigsten entwickelten Länder. Während die sowjetische Hilfe einigen wenigen kommunistischen Ländern wie Kuba, Vietnam und der Mongolei zugute kommt, wirkt sich die derzeitige sowjetische Unterstützungspolitik insgesamt dahingehend aus, daß die Ressourcen der nichtkommunistischen Entwicklungsländer in die Sowjetunion transferiert werden. Phrasen wie jene, daß die Sowjetunion, da sie ja nie eine Kolonialmacht gewesen sei, keine Verpflichtung habe, zur Entwicklung in den Ländern der Dritten Welt beizutragen, beginnen sich langsam abzunützen.

Es wird nicht genügen, wenn wir unsere Hilfe einfach steigern. Wir müssen auch dafür sorgen, daß die Aufmerksamkeit der Welt weiterhin auf die Finanzierung der Zahlungsbilanzdefizite gerichtet bleibt. Es müssen größere finanzielle Mittel flüssig gemacht werden, manchmal auf Kreditbasis. Das bedeutet, daß die Kreditkapazität der internationalen

Finanzinstitutionen, besonders des Internationalen Währungsfonds und der Internationalen Bank für Wiederaufbau und Entwicklung (Weltbank), erhöht werden muß. Es bedeutet mehr oder größere Anleihemöglichkeiten für die Entwicklungsländer. Der US-Kongreß hat in diesem Zusammenhang die große Verantwortung, der Regierung die nötige gesetzliche Befugnis zu erteilen. Und es bedeutet auch eine engere Zusammenarbeit zwischen der OPEC und ihrem Sonderfonds und der OECD und ihren Sonderorganisationen für Entwicklungshilfe.

Zusätzlich zu all dem sollten wir so weit wie möglich sicherstellen, daß unsere Entwicklungshilfe wirklich den Ländern zufließt, die die Hilfe am dringendsten brauchen. Wenn die Steuerzahler in den entwickelten Ländern nicht sehen, daß ihr Geld wirklich zur Beseitigung der Armut verwendet wird, werden sie sich immer mehr gegen eine Forcierung der Entwicklungshilfe sträuben. Wie auf anderen Gebieten der Menschenrechtspolitik sollten wir auch hier erkennen, daß unsere Ansichten eine gewaltige Wirkung haben können. Wir können nicht diktieren, doch wir können überzeugen, und in extremen Fällen des Mißbrauchs können wir den Hahn zudrehen und die Hilfsmaßnahmen einstellen, welche die betreffende Regierung stützen. Keinesfalls aber darf dadurch die menschliche Hilfe zu kurz kommen; und auch wenn wir weiterhin versuchen, einen gewissen Einfluß auf die Regierungen auszuüben, müssen wir doch immer dafür sorgen, daß die einzelnen Menschen eines Landes keine Not leiden. Wir können unsere Ansichten über Entwicklungshilfe und Menschenrechte nicht als politisches Druckmittel verwenden, um den innenpolitischen Kurs in anderen Ländern zu bestimmen. Doch wir können und sollen darauf achten, daß die Grundsätze unserer Entwicklungspolitik nicht mißachtet werden. Die Auswirkungen unserer Hilfsmaßnahmen müssen sorgfältig kontrolliert werden, um sicherzustellen, daß das Geld nicht dazu verwendet wird, Sozialstrukturen mit manifester Ungleichheit, die es sogar in ärmeren Ländern gibt, zu stützen.

Da es ganz eindeutig unser Ziel ist, den ärmsten Ländern und den Ärmsten in den armen Ländern zu helfen, müssen wir uns auf durchführbare Reformen konzentrieren und dürfen die Forderungen der Revolutionäre nicht beachten, die sich Reformen widersetzen, weil sie die Revolution vorantreiben wollen. Im Rahmen einer auf die grundlegenden Bedürfnisse ausgerichteten Strategie haben wir uns das Ziel gesetzt, Hunger und Unterernährung aus der Welt zu schaffen und dafür zu sorgen, daß bis zum Jahr 2000 die gesamte Weltbevölkerung über ein Minimum an Nahrungsmitteln und Kleidung, Unterkunft, Wasser, Gesundheit und Bildung verfügt. Das ist kein unerreichbares Ziel. Es kann durch sorgfältige Kontrollen und durch konzentrierte Hilfsmaßnahmen im Rahmen einer Weltwirtschaft, die ein ständiges Wirtschaftswachstum in den Entwicklungsländern ermöglicht, verwirklicht werden. Doch sollten wir dabei nicht vergessen, daß diese Strategie elastisch angewendet werden muß, denn die Ansichten und der Standard sind nicht in allen Entwicklungsländern gleich.

In der Grundsatzerklärung und im Aktionsprogramm der Internationalen Arbeitsorganisation (ILO) heißt es: „Es muß klar erkannt werden, daß der Begriff Grundbedürfnisse ein dynamischer Begriff ist, der von den speziellen Verhältnissen in den einzelnen Staaten abhängt. Der Begriff der Grundbedürfnisse muß im Zusammenhang mit der gesamten wirtschaftlichen und sozialen Entwicklung eines Landes betrachtet werden. Keinesfalls sollte man annehmen, daß damit das bloße Existenzminimum gemeint ist. Der Begriff der Grundbedürfnisse darf nicht isoliert betrachtet werden, sondern im Kontext der nationalen Unabhängigkeit, der Würde des einzelnen und des Volkes, und der Freiheit, unbehindert das eigene Schicksal zu gestalten." Das aber ist – wie die Europäische Gemeinschaft im Falle Ugandas deutlich zu verstehen gab – keineswegs ein Freibrief für Idi Amin. Deshalb besteht Großbritannien auch unerbittlich darauf, daß den Geberländern bei einer Modifizierung der Lomé-Konvention gewisse Rechte in Sonderfällen eingeräumt werden müssen, und das ist auch der Grund für die gegenwärtige Debatte über die Menschenrechte und über die Haltung der Geberländer im IWF.

Mit diesen Zielen vor Augen ist das Programm zur Befriedigung der Grundbedürfnisse eine vernünftige und ambitionierte Sache, die die Gerechtigkeit auf ihrer Seite hat. Doch selbst mit diesem Programm wird es wahrscheinlich nicht einmal auf kurze Sicht gelingen, die Kluft zwischen arm und reich völlig aus der Welt zu schaffen. Die Armen würden sicherlich weniger arm werden, aber es bliebe dennoch eine Kluft, eine gähnende Kluft. Wir brauchen weiter gesteckte Ziele, die auch eine gerechtere Verteilung knapper Ressourcen miteinschließen, ebenso wie die Vermögensbildung, Schaffung von Arbeitsplätzen und stärkere wirtschaftliche Unabhängigkeit.

Wenn es beispielsweise Indien gelingen sollte, sein Bruttonationalprodukt pro Kopf der Bevölkerung um durchschnittlich sechs Prozent zu steigern – und das würde bedeuten, daß Indien mit jenen Ländern Schritt halten müßte, die das stärkste Wirtschaftswachstum aufweisen –, dann würde es (nach Schätzungen der UNO auf der Grundlage der derzeitigen Verhältnisse) etwa fünfzig Jahre dauern, bis Indien den gegenwärtigen Stand der USA erreicht hat. Das BNP der USA läge zu diesem Zeitpunkt natürlich längst wesentlich höher. Das soll keine Prognose sein, sondern nur aufzeigen, wie groß die bestehende Kluft ist und wie schwer es sein wird, sie zu überbrücken. In Bangladesch (oder Äthiopien) entsprach das Niveau im Jahre 1970 etwa zu 75 Prozent dem Niveau

Indiens – und damit zu weniger als 9 Prozent dem Niveau des Vereinigten Königreichs. Wenn diese Länder ihr BNP zwischen 1970 und 1990 nur um 2 Prozent pro Kopf steigern könnten, hätten sie um 1990 einen Stand erreicht, der etwa 13 Prozent des *gegenwärtigen* BNPs des Vereinigten Königreichs ausmacht. Der absolute Lebensstandard hätte sich zwar gebessert, doch die relative Armut wäre noch keineswegs aus der Welt geschafft.

Ein Schlüsselproblem für die Ermöglichung einer besseren Zusammenarbeit zwischen den entwickelten Ländern und den Entwicklungsländern ist die Nutzung der Bodenschätze. Da wir selbst Ölquellen in der Nordsee besitzen, haben wir Verständnis für den Wunsch der Entwicklungsländer nach einer „permanenten Hoheitsgewalt über natürliche Rohstoffe", vor allem, wenn diese ihre einzige Quelle für Wohlstand sind oder sein könnten. Doch wir sehen keine Möglichkeit, dieses Prinzip mit der Notwendigkeit von Investitionen in Einklang zu bringen. Als Folge dieses Prinzips wird die globale Wirtschaftstätigkeit durch zu geringe Investitionen auf dem Mineralölsektor gefährdet, und auch die Einnahmen der Entwicklungsländer aus Steuerzahlungen und Lizenzgebühren werden stark beeinträchtigt. Die Nutzung der Bodenschätze erfordert langfristige Investitionen, für die wiederum große Beträge notwendig sind. Wenn die nötigen Investitionen getätigt werden sollen, müssen wir darauf vertrauen können, daß die Erträge gerecht zwischen jenen aufgeteilt werden, die die Bodenschätze besitzen, und jenen, die die Fähigkeit haben, sie abzubauen.

Die entwickelten Länder und die Entwicklungsländer haben gleichermaßen die Verpflichtung, Investitionen zur sparsamen Nutzung neuer Energiequellen zu fördern. Es liegt beispielsweise in unserem eigenen Interesse, die Entwicklungsländer zu veranlassen, die verschiedensten Energiequellen zu erschließen. Wenn es in den neunziger Jahren zu einer

Energieknappheit kommen sollte, wird das für uns alle direkte Folgen haben. Und es ist nur allzu wahrscheinlich, daß es zu einem solchen Engpaß kommt, wenn nicht jetzt die nötigen Maßnahmen getroffen werden. Investitionen machen sich erst nach langer Zeit bezahlt. Nach Aussagen von Fachleuten werden die Energiepreise in den achtziger und neunziger Jahren auf jeden Fall steigen. Werden keine alternativen Energiequellen gefunden, wird der steigende Energiebedarf der Welt weiterhin hauptsächlich durch Erdöl gedeckt werden müssen. Die dadurch entstehende Knappheit könnte dazu führen, daß die Ölpreise sprunghaft in die Höhe gehen – und wir alle wissen, was das für die Weltwirtschaft bedeutet. Da einige der wichtigsten Ölproduzenten, so zum Beispiel Saudi-Arabien, ihr Geld nicht werden ausgeben können, wird es dort zu einer weiteren Kapitalakkumulation kommen. Das wird zu einer Belastung des Zahlungsverkehrs, zu einer Erhöhung der Defizite und einer Zunahme der Insolvenzen auf der ganzen Welt führen und die wirtschaftliche Weiterentwicklung hemmen. Das sollte sowohl für die entwickelten Länder als auch für die Entwicklungsländer ein ausreichender Beweggrund zur Zusammenarbeit sein.

Wir müssen uns über Maßnahmen zur Bewältigung der Probleme des internationalen Rohstoffhandels einigen. Das ist zum Teil eine Frage der Preisstabilisierung auf der Grundlage langfristiger Markttendenzen – gewiß ein wichtiges Ziel, auf das man allerdings manchmal doch etwas zu große Hoffnungen setzt. Die Preisschwankungen, die wir in den letzten Jahren erlebt haben, sind für Produzenten und Konsumenten gleich schlimm. Für die Produzenten, weil mangelnde Stabilität eine Gefahr für Investitionen darstellt und die Deviseneinkünfte unsicher macht; für den Konsumenten, weil dadurch ein ausreichendes Angebot zu vernünftigen Preisen in Frage gestellt wird.

Große Stabilität ist sowohl für die entwickelten Länder wie

auch für die Entwicklungsländer wünschenswert. Beide arbeiten nun unter den Auspizien der UNCTAD gemeinsam am sogenannten IPC, dem integrierten Programm für Rohstoffe. Dieses Programm setzt sich aus zwei Hauptteilen zusammen. Der erste Teil beschäftigt sich mit einzelnen Rohstoffen, die für die Entwicklungsländer interessant sind (und ebenso für die Konsumenten in den entwickelten Ländern); das Ziel ist die Aushandlung neuer Abkommen zur Stabilisierung der Preise und anderer Vereinbarungen über gemeinsame Maßnahmen der betroffenen Produzenten und Konsumenten. Der zweite Teil betrifft den gemeinsamen Fonds. Die Schaffung eines sorgfältig und richtig geplanten gemeinsamen Fonds könnte die Finanzierung von Puffer- oder Ausgleichslagern für bestehende und künftige Rohstoffabkommen erleichtern. Der Grundgedanke dabei ist der, daß durch ein Zusammenwirken verschiedener Rohstoffabkommen Vorteile erreicht werden könnten, die durch Einzelabkommen nicht zu erzielen wären. Da die Preisbewegungen für Rohstoffe nicht immer phasengleich sind, wäre es möglich, die Mittel aus Rohstoffabkommen, die zu einem gegebenen Zeitpunkt nicht in Ausgleichslagern gebunden sind, zur Finanzierung von Lagerbeständen im Rahmen anderer Rohstoffabkommen heranzuziehen.

Die Verhandlungen über den gemeinsamen Fonds sind derzeit ins Stocken geraten. Es liegt im Interesse der entwickelten Länder und der Entwicklungsländer, sie wieder aufzunehmen – und nach der Wiederaufnahme echte Fortschritte zu erzielen. Ein neuerliches Zusammentreten der Konferenz, das zu nichts führte, wäre nicht nur nutzlos, sondern schlimmer als das. Es ist also Flexibilität auf beiden Seiten erforderlich. Die Entwicklungsländer müßten unter anderem einsehen, daß die Annahme einiger in der Konferenz lancierter Vorschläge nur dazu führen würde, daß der Fonds zu einem Alptraum wird, der in wirtschaftlicher Hinsicht völlig sinnlos wäre und eher den reicheren Ländern nützen würde als den ärmsten. Es ist nicht überraschend oder unvernünftig, daß es viele verschiedene Auffassungen darüber gibt, wie ein solcher Fonds funktionieren und wie er finanziert werden sollte. In einer Hinsicht jedoch sind sich alle einig: Jedes Schema, zu dem man sich schließlich durchringt, muß die Stabilisierung der Preise auf der Grundlage längerfristiger Markttendenzen ermöglichen. Dies wäre zum Nutzen der entwickelten Länder und der Entwicklungsländer. Mit einigem guten Willen und beiderseitigem Entgegenkommen wäre bereits die Basis für einen erfolgreichen Abschluß der Verhandlungen über den gemeinsamen Fonds geschaffen.

Die Europäische Gemeinschaft ist sich bewußt, daß starke Schwankungen der Rohstoffpreise und Exporteinkünfte die Entwicklungspläne ad absurdum führen können. Doch handelt es sich um komplexe Probleme, die nicht in einem Zug gelöst werden können. Es ist verständlich, daß die anscheinend langsame Entwicklung ungeduldig macht, doch internationale Verhandlungen brauchen eben ihre Zeit. Dennoch sind wir uns völlig darüber im klaren, daß es hier für viele Menschen buchstäblich um Leben oder Tod geht, und daß daher wirksame Maßnahmen gegen die chronische Armut und Unterernährung getroffen werden müssen, und zwar bald. Wir sollten das beträchtliche Maß an Übereinstimmung, das durch internationale Verhandlungen bisher erreicht werden konnte, nicht geringschätzen. In diesem Zusammenhang kann die Europäische Gemeinschaft mit Recht einen sehr großen Teil des Verdienstes für sich beanspruchen.

Im Rahmen der Lomé-Konvention wurde sechsundvierzig Entwicklungsländern (mittlerweile sind es zweiundfünfzig) ein bevorzugter Zugang zu den Märkten der Gemeinschaft zugestanden. Für alle der ursprünglichen sechsundvierzig Länder wurden Leitprogramme entworfen, und die Unterstützung nationaler und regionaler Produkte hat bereits eingesetzt. Das STABEX-Schema (Programm zur Stabilisierung der Export-Einkünfte) hat dazu beigetragen, die Exporteinnahmen für verschiedene Rohmaterialien zu stabilisieren. Durch die Errichtung des Zentrums für die industrielle Entwicklung sollen die in der Konvention festgelegten Bestimmungen für die industrielle Zusammenarbeit rascher durchgebracht werden. Der volle Geltungsbereich der Konvention wurde bei der Tagung auf den Fidschi-Inseln im April 1977 überprüft. Die Gemeinschaft stimmte einigen Verbesserungen zu, darunter einer Ergänzung der STABEX-Liste, um die die afrikanischen, karibischen und pazifischen Länder ersucht hatten. Es wurde einmütig festgestellt, daß die Konvention echte Vorteile biete und bereits auf dem besten Wege sei, die in sie gesetzten Hoffnungen als Modell der Zusammenarbeit zwischen den entwickelten Ländern und den Entwicklungsländern auf der Grundlage einer gleichberechtigten Partnerschaft zu erfüllen.

Zusätzlich zu einem weiteren Programm zur Unterstützung einer Reihe von Ländern, die nicht im Rahmen der Lomé-Konvention oder durch andere Abkommen mit der Gemeinschaft verbunden sind, wird das allgemeine Präferenzsystem der Gemeinschaft seit ihrer Gründung im Jahr 1971 jährlich revidiert und verbessert. Es kommt nun vor allem den ärmsten Entwicklungsländern zugute. Es sieht Zollermäßigung oder Zollfreiheit für Fertig- oder Halbfertigprodukte vor. Trotz der allgemeinen Wirtschaftsrezession, die viele Industriezweige der Gemeinschaft vor große Schwierigkeiten stellt, und obwohl einige Sektoren durch die Billigimporte aus den Entwicklungsländern sehr gefährdet sind, hat die Gemeinschaft das System erst in jüngster Zeit wieder verbessert.

Der Anreiz, den die Gemeinschaft mit diesen Maßnahmen gab, war Teil der allgemeinen Bemühungen der industrialisierten Welt, dem Ungleichgewicht zwischen den reichsten und ärmsten Nationen abzuhelfen. So hat man sich beispielsweise vor kurzem darauf geeinigt, die Mittel der Internationalen

Entwicklungsgesellschaft mit einem Betrag von mehr als sieben Milliarden Dollar aufzufüllen. Der IWF stimmte Ende 1975 einer Liberalisierung der kompensatorischen Finanzpolitik zu, was zu einer drastischen Zunahme der Entnahmen seitens der Rohstoffexporteure führte. Das Interims-Komitee des IWF erklärte sich zu Beginn des Vorjahrs mit einer Erhöhung der Kredittranchen um fünfundvierzig Prozent einverstanden; sie soll bis zum Inkrafttreten der Kontingente für neue Mitglieder zu einem späteren Zeitpunkt in diesem Jahr gelten; diese Kontingente sind durchschnittlich fast um ein Drittel höher als die bestehenden Kontingente. Das IWF-Komitee berät derzeit über Möglichkeiten, den Zugang zu den Mitteln des Fonds zu erleichtern. Bei der Sitzung des IWF in Kingston im Jänner 1976 wurde eine Einigung hinsichtlich der Goldverkäufe über einen Zeitraum von vier Jahren erzielt. Ein Teil des Erlöses aus diesen Verkäufen soll einem Fond zugeführt werden, aus dem Entwicklungsländer mit Zahlungsbilanzschwierigkeiten unterstützt werden sollen.

Das sind nur einige der Maßnahmen, die die industrialisierten Länder getroffen haben, um die wirtschaftliche Entwicklung der ärmeren Länder zu unterstützen. Zusätzlich wird nun im Rahmen des Multilateralen Handelsabkommens eine Untersuchung angestellt, um Mittel und Wege zur Verbesserung des internationalen Welthandelssystems zu finden, wobei auf den Handel zwischen den entwickelten Ländern und den Entwicklungsländern besonderer Nachdruck gelegt wird.

Das sind gediegene Erfolge. Wir haben zwar keinen Grund zur Selbstzufriedenheit, aber es besteht auch keine Veranlassung zu Mutlosigkeit oder Resignation. Die Tatsache, daß immer noch so viel zu tun bleibt, ist nur ein Gradmesser für den Umfang des ganzen Problems. Die Europäische Gemeinschaft hat eine geradezu deprimierende Neigung, ihre eigenen Leistungen zu schmähen, oft weil sie sich selbst unrealistische Ziele steckt und dann das Gefühl hat, versagt zu haben. Wir müssen uns weiterhin darum bemühen, den Menschen in den ärmeren Ländern die Aussicht auf ein Leben, frei von Not und Mangel, zu erhalten. Und wir müssen dafür sorgen, daß unsere Bemühungen nicht zu einer Schädigung, sondern zu einer Verbesserung der Weltwirtschaft und des internationalen Handelssystems führen. Von dieser Norm müssen wir bei der Einstufung der verschiedenen Probleme im Dialog mit den Entwicklungsländern und auch bei der Beurteilung der vorgeschlagenen Lösungen ausgehen. Dies gilt für die Schuldentilgung und für die Exporteinnahmen der Produktionsländer ebenso wie für andere Fragen.

Einige der diskutierten Vorschläge sind, offen gesagt, völlig unrealistisch und können von keinem weitblickenden Politiker unterstützt werden, der der Öffentlichkeit in seinem Heimatland ein gutes Beispiel geben will. Es ist ganz einfach nicht durchführbar, allen Bedürfnissen und Forderungen der Entwicklungsländer im Handumdrehen gerecht zu werden. Dieser praktische Sinn für die politische Wirklichkeit sollte jedoch unser Engagement für die gemeinsamen Bemühungen zur Bewältigung der ernsten und dringenden Probleme der Entwicklungsländer nicht abschwächen. Die Ressourcen sind nicht unerschöpflich, und demokratisch gewählte Regierungen, die von der Unterstützung der Öffentlichkeit abhängen, müssen die ihnen gesetzten politischen Schranken zur Kenntnis nehmen, wenn sie im Amt bleiben wollen. Das heißt nicht, daß die demokratischen Industrieländer das Recht haben, ihre gegenwärtigen wirtschaftlichen Schwierigkeiten als Entschuldigung vorzubringen, um sich der politischen und wirtschaftlichen Führungsrolle, die die übrige Welt zu Recht von ihnen erwartet, zu entziehen. Im Gegenteil – es sollte unser Ziel sein, eine realistische Grundlage zu schaffen, auf der wir mit den Entwicklungsländern darüber diskutieren können, wie wir am besten für eine Zunahme der Ressourcen sorgen können und wie diese Ressourcen verteilt werden sollen.

Mit Beharrlichkeit und Selbstvertrauen sollte es uns doch möglich sein – in gemeinsamem Bemühen mit der übrigen Welt –, vernünftige Maßnahmen für eine friedliche Weiterentwicklung der Weltwirtschaft zu treffen. Die Ziele – Erholung der Weltwirtschaft, Anpassung, eine bessere Entwicklungshilfepolitik, eine bessere Investitionspolitik und eine Stabilisierung der Rohstoffpreise – werden zweifellos als zu begrenzt kritisiert werden. Aber sie sind erreichbar. Der Erfolg wird uns nicht in den Schoß fallen, doch wir müssen uns anstrengen, denn wir dürfen einfach nicht versagen. Der Preis für unsere Mühe wird nicht der Himmel auf Erden sein, aber eine anständige und akzeptable Weltwirtschaftordnung, für die uns unsere Kinder und vielleicht auch unsere Enkel danken werden, und die es uns ermöglichen wird, mit den restlichen zwei Dritteln der Menschheit, die derzeit ein Leben in Armut fristen, in Frieden und mit gutem Gewissen zusammenzuleben.

Nun, da für Großbritannien offenbar der schlimmste Teil der Wirtschaftskrise vorüber ist, können wir wieder größeres Vertrauen in unsere Fähigkeit setzen, zur Beseitigung des Ungleichgewichts in der Weltwirtschaft beizutragen. Unsere Leistungen innerhalb der Europäischen Gemeinschaft sind uneinheitlich. Wir konzentrieren uns mehr als die meisten anderen Mitglieder auf die ärmsten Länder, nehmen multilaterale Institutionen durchschnittlich oft in Anspruch, doch wir stehen ziemlich weit unten auf der Liste, wenn es darum geht, Hilfsmittel flüssig zu machen. Unsere Ölquellen in der Nordsee geben uns die Gelegenheit, unserer Industrie zu Hause durch Investitionen neue Kraft zuzuführen, anstatt das Geld sinnlos zu vergeuden, und wir sollten einen Teil dieses schwarzen Segens für großzügigere Investitionen in eine neue Weltwirtschaftsordnung nutzen.

9

Der Friede in der Welt

Unsere Welt, zerrissen von Armut und sozialer und wirtschaftlicher Ungerechtigkeit, verwendet sechs Prozent ihres gesamten Wirtschaftsertrages für militärische Ausgaben. Wir bringen es gemeinsam zuwege, pro Tag eine Milliarde Dollar für die Rüstung auszugeben, eine Zahl, die dem Gesamteinkommen der Menschen entspricht, die in den sechsunddreißig ärmsten Ländern leben und fast die Hälfte der Weltbevölkerung ausmachen. Das ist doppelt so viel wie die Summe, die wir für unsere Gesundheit ausgeben und mehr als die Ausgaben der gesamten Welt für Bildung und Erziehung. In zwei Tagen gibt die Welt für ihre Verteidigung einen Betrag aus, der dem Jahresbudget der Vereinten Nationen und ihrer Sonderorganisationen entspricht, und in nur drei Stunden den Gegenwert des Budgets, das der UNO in einem Jahr zur Erhaltung des Friedens zur Verfügung steht.

Auch die menschlichen und industriellen Ressourcen, die vom militärischen Sektor verschlungen werden, sind enorm. Schätzungsweise siebenundfünfzig Millionen Menschen sind Berufssoldaten oder üben einen Beruf aus, der irgendwie mit militärischer Tätigkeit zusammenhängt. In der militärischen Forschung und Entwicklung, die nach einigen Schätzungen und unter Berücksichtigung sämtlicher Zweige der Wissenschaft vierzig Prozent der Forschung und Entwicklung auf der ganzen Welt ausmachen, sind eine halbe Million Wissenschaftler und Techniker beschäftigt.

Das sind eindrucksvolle Zahlen. Als eine Völkergemeinschaft sollten wir uns dazu entschließen, diese hohen militärischen Ausgaben zu reduzieren, um unsere ohnehin knappen Ressourcen nicht so schwer zu belasten. Für sozialistische und sozialdemokratische Parteien ist das eine große und wichtige Aufgabe. Diejenigen unter uns, die in ihren eigenen Ländern danach streben, eine Gesellschaft zu schaffen, die sich auf demokratische sozialistische Ideale und eine gerechtere Verteilung des Wohlstands und der Ressourcen stützt, können nicht darüber hinwegsehen, wie stark die Wirtschaft durch die Erhaltung unserer stehenden Heere belastet wird. Als Anhänger des Internationalismus müssen wir erkennen, wie schwierig es sein wird, eine gerechtere Verteilung des Reichtums in der Welt und eine Verbesserung der wirtschaftlichen Zustände in den Entwicklungsländern zu bewerkstelligen, solange diese Länder dazu gezwungen sind – und das sind sie unweigerlich –, dem Beispiel der industrialisierten Nationen zu folgen und einen beträchtlichen Anteil ihres Nationaleinkommens für den Ausbau ihrer Streitkräfte auszugeben.

Doch das Problem ist nicht nur eine Frage des Wirtschaftsmanagements und der Verteilung der Ressourcen, es hat auch einen entscheidenden moralischen und politischen Aspekt. Solange die Welt so schwer bewaffnet bleibt wie sie es jetzt ist, wird es immer wieder Kriege geben. Selbst Lokalkriege relativ kleinen Maßstabs können großes menschliches Leid und Zerstörung verursachen. Das haben wir seit 1947 immer wieder gesehen – im Nahen Osten, in Vietnam und nun in steigendem Maß in Afrika. Und solange der gegenwärtige Grad der militärischen Konfrontation zwischen Ost und West im nuklearen und konventionellen Bereich erhalten bleibt, kann das Risiko eines Weltkrieges, der alles bisher Dagewesene in den Schatten stellt, nicht völlig ausgeschaltet werden.

Wir alle sollten es daher als vordringliches Ziel betrachten, einen Krieg zu vermeiden und uns um die Schaffung eines internationalen Sicherheitssystems zu bemühen, in dessen

Rahmen die internationale Politik nicht mehr auf dem Einsatz militärischer Gewalt oder dessen Androhung aufbaut. Die Abrüstung kann dazu in zweifacher Weise beitragen. Erstens durch die Reduzierung des Rüstungsmaterials. Und zweitens – und das ist vielleicht noch wichtiger – durch die Schaffung eines Klimas der Zuversicht und des Vertrauens, in dem die Staaten weniger geneigt sind, die militärische Macht als Mittel zur Erhaltung ihrer eigenen Sicherheit zu betrachten.

Drei Viertel der militärischen Ausgaben auf der ganzen Welt gehen auf das Konto der entwickelten Länder, und nahezu zwei Drittel auf das Konto der Vereinigten Staaten und der Sowjetunion. Großbritannien, mit 3,3 Prozent des Bruttonationalproduktes der gesamten Welt, beteiligt sich mit 2,7 Prozent an den militärischen Ausgaben. Die Entwicklungsländer bestehen zu Recht darauf, daß die nördliche Hemisphäre bei der Abrüstung mit gutem Beispiel vorangehen möge. Sie tun recht daran, in einer Zeit des Overkills und der Unterentwicklung eine Umleitung der Ressourcen zu verlangen, damit die Mittel, die derzeit für militärische Zwecke ausgegeben werden, zum Nutzen aller Völker in produktive wirtschaftliche und soziale Maßnahmen investiert werden können. Die Entwicklungsländer wissen, daß die militärischen Ausgaben der OECD-Staaten das Elffache der für die Entwicklungshilfe bereitgestellten Summe ausmachen. Und was die COMECON-Staaten anbelangt, so liegt das Verhältnis zwischen militärischen Ausgaben und Entwicklungshilfe bei 400 : 1.

In den fünfziger und sechziger Jahren wurden ernsthafte Versuche unternommen, das gesamte Abrüstungsproblem in einem einzigen umfassenden Vertrag über die allgemeine und völlige Abrüstung zu behandeln. Das war wohl ein zu ehrgeiziges Ziel, vor allem da damals die Spannungen zwischen Ost und West noch sehr stark waren. Die Bemühungen scheiterten nicht nur wegen des mangelnden Vertrauens, sondern auch, weil man das tatsächliche Verhalten der Menschen und Staaten zu wenig berücksichtigte und sich zu sehr darauf konzentrierte, wie sie sich verhalten sollten. Nun versuchen wir, auf die Weise vorwärtszukommen, daß wir durch spezifische Maßnahmen kleinere, aber wertvolle Fortschritte erzielen, und hoffen damit das Vertrauen aufzubauen, das wir für weitere Verträge und die Verwirklichung ehrgeizigerer Ziele brauchen. Dieser Vorgang ist jedoch stark bürokratisiert und institutionalisiert. Der Fortschritt hängt vom Konsens ab – die Militärs haben eine „eingebaute" Vorsichtsmaßregel, die in der Doktrin zum Ausdruck kommt, daß „alles ausgewogen sein und gleichzeitig erfolgen muß" –, und die Entwicklung geht daher nur langsam vor sich. Schrittweise Veränderungen auf der Grundlage politischer Impulse bieten eine viel größere Aussicht auf Erfolg, und die damit verbundenen Risiken müssen gegen die Gefahr abgewogen werden, die darin liegt, so weiterzumachen wie bisher. Das Problem rührt daher, daß jedes Land oder jede Gruppe von Ländern zögert, den ersten Schritt zu tun. Es besteht die Gefahr, daß wir überhaupt nicht vom Fleck kommen, weil wir darauf warten, gemeinsam auf das Ziel der Abrüstung zuzuschreiten, und weil keiner als erster losgehen will.

Einige wichtige Einigungen konnten zwar erzielt werden, doch im Grunde sind die Fortschritte keineswegs so groß wie die Politiker gerne behaupten. Der Vertrag über die teilweise Einstellung von Kernwaffenversuchen im Jahr 1963 war ein echter Fortschritt. Der Vertrag über die Nicht-Weiterverbreitung von Kernwaffen des Jahres 1968 ist kein perfektes Instrument, doch haben ihn mehr als hundert Staaten unterzeichnet, und er hat zweifellos die Gefahr einer Proliferation nuklearer Waffen verringert. Die Konvention über biologische Waffen des Jahres 1972 ist – wenn sie auch nicht verwirklicht ist – eine echte Abrüstungsmaßnahme, denn sie fordert die völlige Vernichtung aller Lager einer ganz besonders schrecklichen Art von Waffen. Auch der sowjetisch-amerikanische Vertrag über Raketenabwehrwaffen des Jahres 1972 war ein großer Fortschritt, denn er bildete die Grundlage für die Nichtzulassung einer Art der Verteidigung, die die Ressourcen noch stärker belastet und das „Gleichgewicht des Schreckens“ zwischen den Supermächten beeinträchtigt hätte. Das SALT-I-Interimsabkommen über strategische Offensivwaffen war ein erster Schritt in Richtung einer möglichen Kontrolle des strategischen Atomwettrüstens.

Die Politik der spezifischen Maßnahmen hat also einige Ergebnisse gezeitigt, doch sie sind recht mager, und manche Kreise sind zu Recht ungeduldig und wollen raschere Fortschritte sehen. Die Ost-West-Beziehungen sind heute wesentlich besser, und die gegenseitigen Kontakte sind auf vielen Gebieten unvergleichlich intensiver als im Jahre 1963, als wir mit einer Serie spezifischer Abkommen unsere Bemühungen um die Abrüstung aufnahmen. Diese Verbesserung des Klimas ist zum Teil auf den Abschluß der erwähnten Verträge zur Rüstungskontrolle zurückzuführen; sie bietet die Möglichkeit zu weiteren und noch intensiveren Bemühungen auf diesem Gebiet. Wir sollten uns darüber im klaren sein, daß weitere Fortschritte nur mittels spezieller Abkommen erzielt werden können. Doch wir sollten diese Abkommen und alle sonstigen Maßnahmen zu einem einzigen koordinierten und kohärenten Plan zusammenfassen. Ein erster Plan dieser Art könnte sich über eine Zeitspanne von fünf Jahren erstrecken. Ihm sollte dann ein weiterer Plan für die nächste Periode folgen. Jeder einzelne Plan würde so zu einem Teilstück des Weges, den wir bis zur Erreichung des Wunschzieles einer allgemeinen und völligen Abrüstung zurücklegen müssen.

Die im Sommer dieses Jahres abgehaltene UNO-Sondersitzung über Abrüstungsfragen war insofern sehr nützlich, als viele Regierungschefs daran teilnahmen; außerdem erregte sie die Aufmerksamkeit der Medien. Es ist zu hoffen, daß sie zu einer Forcierung der Forschungsarbeiten auf dem Gebiet der Rüstungskontrolle an Universitäten und Instituten führt und der Rolle der Vereinten Nationen im Zusammenhang mit Abrüstungsfragen stärkere Geltung verschafft. Sie wird vielleicht auch eine Verbesserung des internationalen Apparates zur Folge haben, der mit den Verhandlungen und Diskussionen über dieses ernste und dringliche Problem befaßt ist.

Fortschritte im Bereich der Abrüstungsfrage werden von jeder Staatengruppe die Bereitschaft zum Verständnis für die Probleme der anderen Seite erfordern. Die entwickelten Länder können nicht erwarten, daß die Entwicklungsländer ihre Waffenimporte von heute auf morgen einstellen. Und die blockfreien Staaten können nicht erwarten – und sollten dies auch in ihrem eigenen Interesse gar nicht wünschen –, daß die Länder der nördlichen Hemisphäre ihr System der Abschrekkung pauschal und in aller Eile vollständig niederreißen. Doch jeder darf vom anderen erhoffen, daß in den kommenden Jahren ein ernsthafter Anfang gemacht wird, damit in einem zweiten Aktionsprogramm radikalere Maßnahmen ins Auge gefaßt werden können.

Die blockfreien Staaten betonten in der Sondersitzung die vordringliche Notwendigkeit der nuklearen Abrüstung. Sie hatten damit durchaus recht. Die Kernwaffen können eine Katastrophe auslösen, die alles übertrifft, was die Menschheit bisher erlebt hat. Kein Mensch wird im Gedanken an die beängstigende Entwicklung der Kernwaffentechnik wohl etwas anderes wünschen, als daß die Atombombe und alles, was ihr folgte, niemals erfunden worden wäre. Daß das technische Wissen zur Erzeugung solcher Waffen vorhanden ist, ist nicht mehr zu ändern. Doch wir müssen zu verhindern trachten, daß diese technische Entwicklung noch weiter vorangetrieben wird und danach streben, die bestehenden Lager an solchen Waffen zu reduzieren und schließlich ganz zu beseitigen. Da sich die mächtigsten Nationen der Welt in ihrer Verteidigungspolitik in erster Linie auf Kernwaffen stützen, und da auch nicht geleugnet werden kann, daß das „Gleichgewicht des Schreckens" in den letzten dreißig Jahren dazu beigetragen hat, ein gewisses Maß an Sicherheit zu erhalten, wäre es reine Torheit, dieses Abschreckungssystem in unausgewogener oder unüberlegter Form beseitigen zu wollen. Dennoch sollten wir das gegenwärtige System der nuklearen Konfrontation zwischen Ost und West nicht als etwas hinnehmen, mit dem wir ewig leben müssen. Die Sicherheit, die uns dieses System bietet, ist eine sehr zerbrechliche Sache. Und wir können nicht mit globalen oder regionalen Fortschritten im Bereich der konventionellen Waffen rechnen, solange wir nicht dazu bereit sind, auf ernsthafte Maßnahmen zur nuklearen Abrüstung hinzuarbeiten.

Die Gesprächsserie über die Begrenzung strategischer Waffen (SALT) ist der Kern der Verhandlungen über die Kernwaffenkontrolle. Diese Gespräche, die im Jahre 1969 in Helsinki aufgenommen wurden, sind von entscheidender Bedeutung für die weitere Entwicklung der Ost-West-Beziehungen im allgemeinen und für die Zukunft der Détente. Sie sind an sich vielleicht das bedeutendste internationale Ereignis seit dem Ende des Zweiten Weltkrieges. Die SALT-I-Abkommen beweisen, daß die Vereinigten Staaten und die Sowjetunion hinsichtlich der Begrenzung des strategischen Atomwettrüstens zu einer Einigung gelangen können. Doch diese Abkommen waren erst ein Anfang. Die bisherigen Verhandlungen über ein zweites SALT-Abkommen waren lang und schwierig. Doch vergessen wir nicht, daß es sich nicht nur um eine der wichtigsten Verhandlungsstunden in der Geschichte der Abrüstung handelt, sondern vermutlich auch um die komplizierteste. Allein die Tatsache, daß die Diskussionen in einer relativ konstruktiven und geschäftsmäßigen Form ablaufen konnten, ist schon ermutigend.

Das SALT-I-Interimsabkommen setzte nur die Grenzen fest, über die hinaus weder die USA noch die Sowjetunion ihr Potential an strategischen Waffen erhöhen können, ohne gleichzeitig ältere Systeme abzubauen. Im Grunde wurde damit die Anzahl der strategischen Waffen auf dem existierenden Stand eingefroren. Das SALT-II-Abkommen wird jedoch, wenn auch nur in bescheidenem Ausmaß, eine tatsächliche zahlenmäßige Verminderung bedeuten; es sieht auch einige qualitative Einschränkungen vor, die dem Wettlauf in der Entwicklung strategischer Nuklearsysteme ein wenig an Tempo nehmen sollen. SALT II wird damit ein Markstein für die Eindämmung der „vertikalen Proliferation", das heißt das Anwachsen der Kernwaffenlager in den Atomstaaten, sein. Das sollte ohne Vorbehalte begrüßt werden und als bedeutender Schritt der beiden Supermächte anerkannt werden, denn zum erstenmal reduzieren sie ihre Waffenlager auf der Grundlage eines gegenseitigen Übereinkommens so, daß dadurch weder ihre eigene Sicherheit noch die ihrer Verbündeten gefährdet wird.

Die Verhandlungen über eine Reduzierung der strategischen Rüstung in den USA und der Sowjetunion sollten zu einer ständigen Einrichtung werden. Selbst nach dem SALT-II-Abkommen werden die beiden Supermächte in ihren Kernwaffenlagern immer noch ungeheure Overkillkapazitäten besitzen, und selbst bei einer weiteren drastischen Reduzierung ihrer Raketenbestände wären beide Seiten immer noch in der Lage, unvorstellbare Zerstörung auf der Gegenseite anzurichten. Präsident Carter hat diese Tatsache klar erkannt, als er 1977 die Möglichkeit einer fünfzigprozentigen Reduzierung der Kernwaffenbestände der USA und der Sowjetunion erwähnte. Die USA und die Sowjetunion sollten dazu ermuntert werden, eine Reduzierung dieser Größenordnung bei einem etwaigen SALT-III-Abkommen zu erwägen. Es wird nicht leicht sein, die sowjetische Führung und vor allem die sowjetischen Militärs dazu zu bewegen, so radikale und geradezu phantastische Überlegungen anzustellen. Doch sie müssen davon überzeugt werden, daß durch eine Reduzierung dieses Ausmaßes ihre eigene Sicherheit nicht beeinträchtigt und ein gewichtiger Beitrag zum Weltfrieden geleistet würde; und der Friede ist doch das Ziel, für dessen Erreichung sie sich nach eigenen Aussagen so sehr engagieren.

Die 1978 von Präsident Carter getroffene Entscheidung, die Herstellung der Neutronenbombe bis auf weiteres zurückzustellen, war unter den gegebenen Umständen absolut richtig und verdient große Achtung. Wie attraktiv eine solche Waffe aus militärischer Sicht auch immer sein mag, und ungeachtet der Tatsache, daß man sie nicht ganz zu Unrecht als eine relativ unbedeutende technische Neuerung im Bereich der Kernwaffen bezeichnen kann, so hätte ihre Einführung in Europa zu diesem Zeitpunkt doch eine entscheidende politische Gefahr bedeutet. Solange die Chance besteht, daß die Zurückhaltung dieser Waffe zu einem produktiveren Klima in Abrüstungsfragen beiträgt, spricht alles dafür, sie nicht zu produzieren. Es ist nicht zu bestreiten, daß die Regierungschefs der beiden Supermächte sehr sorgfältig überlegen müssen, bevor sie sich zu einer qualitativen und quantitativen Veränderung ihrer Kernwaffenbestände entschließen. Präsident Carter hat bei seinen Entscheidungen hinsichtlich des B-1-Bombers und der Neutronenbombe bemerkenswerten Mut gezeigt. Bisher hat die sowjetische Regierung noch keine derartige politische Bereitschaft erkennen lassen. Es ist nun an ihr, eine vergleichbare Zurückhaltung hinsichtlich ihrer eigenen nuklearen und konventionellen Waffen, die in anderen Ländern Beunruhigung hervorrufen, an den Tag zu legen.

Die Neutronenbombe gehörte nicht zu den Waffen, die im Rahmen der SALT-Gespräche aufs Tapet kamen; ebensowenig wie einige andere Kernwaffen, wie etwa die neue sowjetische Rakete SS 20, die zu allgemeiner Sorge Anlaß geben. Früher oder später werden auch Waffen dieser Art in Gesprächsrunden über die Rüstungskontrolle miteinbezogen werden müssen. Die Sicherheit in Europa kann nicht zunehmen, solange es möglich ist, daß zu einer Zeit, da das strategisch-nukleare Gleichgewicht durch die SALT-Gespräche reguliert wird und Bemühungen im Gange sind, die konventionelle Rüstung in Europa durch das Kontrollsystem der MBFR (beiderseitige ausgewogene Truppenverminderung) zu begrenzen, Kernwaffen mit geringer Reichweite ohne quantitative Einschränkung erzeugt werden dürfen. Die mit dieser Frage verbundenen Schwierigkeiten sind wegen der unterschiedlichen Anzahl und der Verschiedenartigkeit der in diesen Bereich fallenden Systeme, sowie wegen der großen Zahl der direkt oder indirekt betroffenen Länder, außerordentlich groß. Doch in irgendeiner Form wird die Diskussion darüber aufgenommen werden müssen.

Ein umfassender Teststop, der alle Kernexplosionen erfaßt, wäre ein beträchtliches Hindernis für die Entwicklung neuer Sprengköpfe und somit für die vertikale Proliferation. Er wäre auch ein beachtlicher Beitrag zur Eindämmung der horizontalen Proliferation, also der Weitergabe des für die Herstellung von Kernwaffen nötigen technischen Wissens an Staaten, die keine Atomwaffen besitzen.

Die Probleme der Nicht-Weiterverbreitung von Kernwaffen sind sehr komplex. Doch der Kern des Problems kann auf einen ganz einfachen Nenner gebracht werden. Die Welt ist in steigendem Maße dazu gezwungen, in der Atomenergie ein Mittel zu sehen, das zur Erhaltung der Existenz unentbehrlich ist, und zwar in vollem Bewußtsein der Gefahr, daß das Leben durch einen Mißbrauch der Atomenergie ein für allemal vernichtet werden kann. Das Dilemma ist einzigartig in der Geschichte der Menschheit. Keiner – weder die Atommächte noch die anderen Staaten – hat sich bisher mit ihren Implikationen voll und ganz abgefunden. Die Kernexplosion des

Jahres 1974 in Indien erregte nicht nur böses Blut, sie hatte auch eine gute Seite: Sie rüttelte viele Länder aus ihrer Selbstgefälligkeit auf, Großbritannien miteingeschlossen. Wir haben nicht mehr viel Zeit zur Entwicklung einer internationalen Strategie – der einzig funktionsfähigen Art von Strategie –, um den Gefahren durch eine Weiterverbreitung der Kernwaffen einen Riegel vorzuschieben.

Die Nicht-Weiterverbreitung von Kernwaffen ist ein Bereich, in dem Großbritannien eine einflußreiche Stimme hat. Wir sind einer von nur fünf Kernwaffen-Staaten. Wir gehören zu den drei Verwahrerstaaten des Atomwaffensperrvertrages. Wir haben vor mehr als zwanzig Jahren den ersten kommerziellen Atomreaktor gebaut. Wir gehören zu den führenden Ländern in der Entwicklung neuer technischer Methoden zur Anreicherung, Wiederaufbereitung und Herstellung schneller Brüter. Und wir sind Vorsitzende und Gastland der Gruppe der Lieferanten spaltbaren Materials. Großbritannien kann nicht in jedem Bereich der internationalen politischen und diplomatischen Aktivitäten eine hervorragende Rolle spielen, doch in Atomfragen hat dieses Land das nötige Ansehen und die Pflicht, einen besonderen Beitrag zu leisten.

Wir können nicht behaupten, wir hätten fix und fertige Antworten auf eines der ernstesten Probleme, dem die internationale Gemeinschaft gegenübersteht. Doch die Bedrohung ist so groß, daß wir alle die Pflicht haben, uns gegenüber neuen Gedanken, gleichgültig woher sie kommen, aufgeschlossen zu zeigen. Wir sollten ohne Scheu eingestehen, daß das zunehmende Wissen um die ganze Problematik eine schrittweise Straffung unserer Vorgangsweise und manchmal auch eine Änderung früherer Maßnahmen erfordert.

Es wird oft das Argument vorgebracht, die Lieferanten spaltbaren Materials, ob sie nun selbst Kernwaffen besitzen oder nicht, hätten keine wirkliche Kontrolle darüber, daß der

Zugang zu spaltbarem Material und damit die Fähigkeit zur Herstellung von Atombomben begrenzt bleibt. Das ist richtig, doch es gibt nur sehr wenige Bereiche des Lebens, in denen wir eine absolute Garantie für irgend etwas haben. Es wäre ein geradezu törichtes Argument, wollte man aus diesem Umstand ableiten, daß es gar keinen Sinn habe, sich energisch darum zu bemühen, die Weiterverbreitung von Kernwaffen zu verhindern, und wollte man von uns verlangen, die strengen Sicherheitsmaßnahmen zu lockern. Die internationalen Aktionen erfolgten bisher viel zu langsam, und die getroffenen Maßnahmen waren nicht ausreichend und hatten nicht genügend Durchschlagskraft. Es gab Männer, die Weitblick bewiesen, es gab wichtige Erfolge, doch alles in allem haben die Politiker es doch zugelassen, daß die Dringlichkeit des Problems und die großen Gefahren von wirtschaftlichen Interessen und bürokratischer Gleichgültigkeit überdeckt wurden.

Etwa ein Dutzend Länder verfügen nun über das grundlegende Wissen und den Zugang zu spaltbarem Material, die die Voraussetzung für die Herstellung explosiver Kernwaffen sind. Man schätzt, daß etwa 1987 weitere zwanzig Staaten in der gleichen Lage sein könnten, wenn sie jetzt einen entsprechenden Beschluß fassen. Das ist eine beängstigende Aussicht. Jeder relativ industrialisierte Staat, der dazu entschlossen ist, das Plutonium für eine Bombe herzustellen, könnte auch ohne kommerzielles Atomenergieprogramm einen Reaktor und eine kleine Wiederaufbereitungsanlage bauen.

Die ungeschminkte Wahrheit ist, daß die internationale Völkergemeinschaft den Anreiz zur Beschaffung von Kernwaffen beseitigen muß, wenn sie eine Weiterverbreitung verhindern will. Das bedeutet, daß wir uns um eine weitere Entspannung und um ernsthafte und ausgewogene Maßnahmen für eine völlige Abrüstung bemühen müssen. Einige der Länder, die sehr bald Kernwaffenstaaten werden könnten, liegen in Gebieten mit tatsächlicher oder potentieller regionaler Unstabilität und Unsicherheit. Es besteht ein direkter Zusammenhang zwischen der Beseitigung des Anreizes zur Anschaffung von Kernwaffen und der Herstellung stabiler und sicherer Zustände. Die Kehrseite der Medaille ist eine Anleitung zum nuklearen Konflikt. Die quantitative Bedrohung durch die Weiterverbreitung von Kernwaffen kann nur durch eine qualitative Besserung der internationalen Beziehungen eingedämmt werden.

Es ist daher äußerst wichtig, ein internationales Klima zu fördern, das die Weiterverbreitung von Kernwaffen nicht begünstigt. Die ersten Schritte dazu wurden vor zehn Jahren mit dem Atomwaffensperrvertrag unternommen. Dieser Vertrag ist nach wie vor das Kernstück der Nicht-Weiterverbreitungsstrategie. In ihm kommt die besondere Verantwortung der Kernwaffenstaaten zum Ausdruck. Bedauerlicherweise haben bisher erst drei dieser Staaten den Vertrag ratifiziert. Doch Frankreich hat klar und deutlich festgestellt, daß es so handeln werde, als wäre es ein Vertragspartner. Und ich glaube nicht, daß China den Wunsch hat, eine Weiterverbreitung zu fördern. Auch etwa dreißig Staaten, die keine Kernwaffen besitzen, darunter einige mit wachsender Atomindustrie, sind dem Abkommen bisher nicht beigetreten.

Wir müssen mehr Staaten dazu anspornen, dem Vertrag über die Nicht-Weiterverbreitung von Kernwaffen beizutreten. In gemeinsamen Bemühungen mit den Vereinigten Staaten und der Sowjetunion, den beiden anderen Verwahrerstaaten, ist es Großbritannien gelungen, weitere Staaten miteinzubeziehen. In den letzten zwei Jahren sind einundzwanzig Staaten, darunter einige sehr wichtige, dem Abkommen beigetreten. Insgesamt sind nun hundertvier Staaten Vertragspartner des Atomwaffensperrvertrages, darunter alle Mitgliedsstaaten der Europäischen Gemeinschaft bis auf einen. Es ist ein großes Plus, daß der Osten und der Westen in diesem Bereich eng zusammenarbeiten und damit ihr gemeinsames Interesse an der Vermeidung eines Atomkrieges zum Ausdruck bringen. Es liegt allerdings doch eine gewisse Ironie darin, daß die beiden Seiten sich zu gemeinsamer Arbeit zusammenschließen, um eine Gefahr in Schranken zu halten, die zu einem großen Teil ihrem gegenseitigen Mißtrauen und ihrer Konkurrenz entspringt.

Die Verpflichtung zur Begrenzung einer Weiterverbreitung von Kernwaffen im Rahmen des Atomsperrvertrages geht Hand in Hand mit der unter Artikel 4 eingegangenen, ebenfalls sehr wichtigen Verpflichtung, die Weiterentwicklung der Kernenergie für friedliche Zwecke zu fördern. Das große Dilemma liegt in der Frage, wie diese beiden Ziele am besten in Einklang zu bringen sind.

Eine effiziente Strategie zur Vermeidung einer Weiterverbreitung von Kernwaffen muß mit einer entwicklungsfähigen Energiestrategie Hand in Hand gehen. Das bedeutet, daß wir ineinandergreifende Entscheidungen hinsichtlich verschiedener Energiequellen und ihrer sparsamen Nutzung und Diversifizierung treffen müssen, und daß wir diese Entscheidungen mit einer noch wesentlicheren Frage zu verknüpfen haben: der Frage, wie die Welt aussehen soll, in der wir leben möchten. Welches soll unser wichtigstes Transportmittel sein? Aus welchen Quellen wollen wir Wärme und Licht beziehen? Welchen Mittelweg sollen wir wählen, um sowohl unseren Bedarf an Energie zu decken als auch unsere Umwelt zu schützen? Auch wichtige Fragen im Zusammenhang mit der bürgerlichen Freiheit werden durch dieses Problem aufgeworfen: Welches Maß an Sicherheitsvorkehrungen für zivile Einrichtungen ist in Friedenszeiten zumutbar? Obwohl wir nun endlich damit begonnen haben, offen über all diese Fragen zu diskutieren, ist man derzeit noch in keinem demokratischen Industrieland zu einem Konsens über die Lösung dieser Probleme gelangt.

Die Strategie der Nicht-Weiterverbreitung muß bei aller Dringlichkeit vor dem dunklen Hintergrund einer drohenden Energieknappheit betrachtet werden; und dieser Hintergrund wird durch die wirtschaftlichen und strukturellen Folgen ständig anziehender Preise nur noch schwärzer. Nach gegenwärtigen Prognosen ist damit zu rechnen, daß der Ölbedarf um die Mitte der achtziger Jahre das Angebot weit übersteigen wird. In einigen dieser Prognosen heißt es, daß uns noch vor dem Ende dieses Jahrhunderts eine weltweite Energiekrise bevorsteht. Vorhersagen sind eine gewagte Sache, doch es steht außer Frage, daß die Nutzung der Kernenergie vorangetrieben werden muß, wenn der Energiebedarf der Welt gedeckt werden soll. Man kann nicht darüber hinwegsehen, daß es für einige Länder einfach keine Alternative zur Atomenergie gibt, und selbst die Länder mit reichen Erdöl- und Kohlevorkommen wissen, daß ihre Lager nicht unerschöpflich sind.

Doch auch unter dieser Voraussetzung müssen wir beim „technischen" Teil der Nicht-Weiterverbreitungsstrategie immer das Ziel im Auge behalten, den Zugang zu den Technologien und dem für die Herstellung von Atomwaffen nötigen spaltbaren Material den strengsten Kontrollen zu unterwerfen. Die Sicherheitsbestimmungen der Internationalen Atomenergiebehörde (IAEA) gelten derzeit für alle Aktivitäten im Bereich der friedlichen Nutzung der Atomenergie durch die Nicht-Kernwaffenstaaten, die Vertragspartner des Atomsperrvertrages sind. Großbritannien und die Vereinigten Staaten haben, obwohl sie Kernwaffen-Staaten sind, freiwillig die IAEA-Sicherheitsbestimmungen für jene Teile ihrer Kernindustrie akzeptiert, die in den Rahmen ihrer zivilen Atomprogramme fallen. Die Gruppe der Lieferanten für spaltbares Material hat Richtlinien ausgearbeitet, um eine Beeinflussung der Sicherheitsbestimmungen und Kontrollen durch kommerzielle Interessen zu verhindern.

Die Größe des Problems kann daran ermessen werden, daß die gegenwärtige Situation trotz dieser Bemühungen nicht zufriedenstellend ist und nicht akzeptiert werden kann. Wir müssen uns weiter darum bemühen, das internationale Sicherheitssystem so hieb- und stichfest zu machen wie nur möglich. Wenn wir das zweifache Ziel erreichen wollen, die Weiterverbreitung von Kernwaffen zu verhindern und das gegenseitige Vertrauen zwischen den Atommächten und den Staaten ohne Kernwaffen auszubauen, werden wir mit neuen Denkansätzen an das Problem herangehen müssen. Das Vereinigte Königreich hat die allgemeine Anwendung der Sicherheitsbestimmungen für geschlossene Brennstoffzyklen befürwortet, und die IAEA hat auf Großbritanniens Anregung hin ein Musterabkommen entworfen, um zu ermöglichen, daß auch Nationen, die nicht Vertragspartner des Atomsperrvertrages sind, diese Sicherheitsvorkehrungen akzeptieren können. Wir begrüßen die im Jahre 1977 von der US-Regierung getroffene Entscheidung, diese Maßnahme zu unterstützen, denn darin zeigt sich eine bedeutende Änderung in der Haltung der Vereinigten Staaten, und wir hoffen, daß andere diesem Beispiel folgen werden.

Präsident Carter legte im Jahr 1977 weitreichende und komplexe Vorschläge vor, die den Rahmen aller bisherigen Vorschläge sprengen. Sie sollen verhindern, daß weitere Länder danach streben, eigene Anreicherungs- und Wiederaufbereitungsanlagen zu installieren, die ja auch für militärische Zwecke verwendet werden könnten; statt dessen soll ihnen ein zur Deckung ihres Energiebedarfs ausreichendes Angebot an angereichertem Brennstoff zur Verfügung gestellt werden, so daß sie ihre Zustimmung zum sogenannten „Wegwerf-Brennstoffzyklus“ (offenen Brennstoffzyklus) geben können, bei dem man zur Gänze auf die kommerzielle Wiederaufbereitung und auf Brennstoffzyklen auf der Grundlage von Plutonium verzichtet. Diese Vorschläge verdienen es, in allen Einzelheiten und sehr sorgfältig geprüft zu werden, bevor wir irgendeinen endgültigen Beschluß darüber fassen, wie wir das Ziel der Nicht-Weiterverbreitung am besten verwirklichen und gleichzeitig den Energiebedarf aller Staaten mit Ausnahme der USA decken können. Die internationalen Untersuchungen über den Brennstoffkreislauf begannen 1978 und werden vermutlich nicht vor 1980 beendet sein. Wir werden in Großbritannien ernsthaft an dieses Problem herangehen und uns sowohl um Aufgeschlossenheit bemühen als auch unbeirrbar an unserem Engagement für die Nicht-Weiterverbreitung festhalten. Doch noch ist es zu früh, endgültige Urteile zu fällen; es gibt noch eine Reihe von Fragen, die berücksichtigt werden müssen.

Die erste dieser Fragen lautet, ob wir genügend Uran zur Verfügung haben, um den Energiebedarf der Welt ohne Plutonium zu decken. Reichen die Uran-Vorräte in den nichtkommunistischen Ländern für den Betrieb der Reaktoren aus, die bis Mitte der neunziger Jahre gebaut werden sollen? Wenn ja, wie lange werden sie darüber hinaus ausreichen? Die Ford-Mitre-Studie nimmt an, daß es bei der voraussichtlichen Nachfragekurve keine Schwierigkeiten geben wird, den Bedarf an Uran bis zur Jahrhundertwende zu decken. Andere maßgebliche Stellen sind anderer Ansicht. Wie dem auch sei – was geschieht nach der Jahrhundertwende? Wird das Uranerz dasselbe Schicksal erleben wie die meisten anderen Minerale? Das heißt, wird es beim voraussichtlichen technischen Fortschritt und unter veränderten wirtschaftlichen Bedingungen möglich sein, immer minderwertigere Erze und immer schwerer zugängliche Lager abzubauen? Früher einmal hätte niemand Kupferlager mit einem Ertrag von weniger als zwanzig Prozent angerührt. Heute gilt in manchen Teilen der Welt ein Ertrag von einem halben Prozent als wirtschaftlich. In der zweiten Hälfte des 19. Jahrhunderts hätte niemand auch nur im Traum daran gedacht, das Erz mit dem geringen Eisengehalt abzubauen, nach dem wir nun im Vereinigten Königreich graben. Wie werden sich die höheren Preise (und welche Preise?) auf die Verfügbarkeit von Uran und auf die Wirtschaftlichkeit der Atomenergieerzeugung auswirken? Die Antworten auf diese Fragen werden unsere Entscheidung über künftige Maßnahmen sehr stark beeinflussen.

Angenommen, die Uranvorkommen reichen aus, um den Bedarf der ganzen Welt zu decken, so bleibt doch immer noch die bange Frage bestehen, ob die Abhängigkeit von den Lieferungen eines anderen Landes für ein Land eine sichere Sache ist. Einzig die Vereinigten Staaten und Kanada sind in der Lage, ihren Bedarf bis ins kommende Jahrhundert aus eigenen Mitteln decken zu können. Eine starke Abhängigkeit von Uranimporten wirft ernste Fragen auf. Hier könnte man das Argument vorbringen, daß durch die Wiederaufbereitung und die Verwendung schneller Brüter die Abhängigkeit von möglicherweise unsicheren Uranlieferungen für jene Länder, die selbst kein Uran besitzen, verringert oder ganz beseitigt werden könnte. Wir müssen uns die Frage stellen, ob denn ein qualitativer Unterschied zwischen einer Abhängigkeit von Uranimporten und der von Nahrungs- oder gar Erdölimporten besteht. Wir müssen uns auch fragen, ob Länder, die auf eine Wiederaufbereitung nicht verzichten können, nicht dazu getrieben würden, ihr technisches Know-how zur Errichtung eigener Anlagen zu verwenden, sollten Länder wie Großbritannien und Frankreich die Wiederaufbereitung, die sie anderen Ländern derzeit anbieten, einstellen. Am Beispiel Brasiliens und Pakistans hat sich gezeigt, daß der Anreiz zur Errichtung eigener Aufbereitungsanlagen durchaus vorhanden ist. Die Argumente für eine Beschränkung der Wiederaufbereitungsanlagen auf so wenige Länder wie möglich sind jedoch aus Gründen der Nicht-Weiterverbreitung zwingend.

Die gleichen Überlegungen gelten für die Urananreicherung. Uran muß behandelt und geringfügig angereichert werden, bevor es als Brennstoff für die meisten Kernkraftwerke verwendbar ist. Wir dürfen nicht vergessen, daß eine Atombombe aus stark angereichertem Uran ebenso leicht, wenn nicht sogar leichter hergestellt werden kann als aus Plutonium. Dies sollten wir bei den gegenwärtig geführten Diskussionen nicht übersehen.

Selbst unter der Annahme, daß wir auch für diese Probleme zufriedenstellende Lösungen finden, bleiben doch noch wichtige politische und technische Fragen über den offenen Brennstoffzyklus unbeantwortet, vor allem die Frage, ob er tatsächlich so resistent ist, wie das behauptet wird. Welches System soll beispielsweise für die Lagerung verbrauchten Brennstoffes entwickelt werden, der ja immer noch große Mengen Plutonium enthält, das jederzeit abgespaltet werden kann? Logischerweise müßten die internationalen Kontrollen für die Lagerung ebenso streng sein wie für die Wiederaufbereitung. Ist es möglich, einen zufriedenstellenden Entsorgungsweg für verbrauchte Brennelemente zu finden, und wenn nicht, können sie vom technischen Standpunkt aus auf unbegrenzte Zeit gelagert werden? Die Brennelemente für unseren eigenen Magnox-Reaktor müssen beispielsweise aufbereitet werden. Wäre die unbegrenzte Lagerung verbrauchter Brennelemente vom Standpunkt des Umweltschutzes aus vertretbar? Für die dicht besiedelten Länder Europas und für Japan sind die Sicherheitsprobleme zweifellos ein Grund zur Besorgnis. Welche Implikationen hat der Vorschlag Amerikas in wirtschaftlicher Hinsicht? Ist ein offener Brennstoffzyklus teurer, wenn man die Lagerung und die Brennstoffkosten berücksichtigt? Wenn sich eine Alternative zum offenen Brennstoffzyklus als ebenso proliferationsresistent und im Hinblick auf Energiekosten und Verbrauch als billiger erweisen sollte, wäre sie eindeutig vorzuziehen. Wir können also keine Entscheidung treffen, ohne die wirtschaftlichen Aspekte zu berücksichtigen. Doch wir dürfen höhere Kosten nicht scheuen, wenn dadurch die Sicherheit erhöht und die Risiken der Proliferation eingeschränkt werden könnten. Das Ziel der Nicht-Weiterverbreitung darf keinesfalls engstirnigen kostenwirksamen Kriterien geopfert werden. Die Kernfrage heißt also: Mit welchem Brennstoffzyklus kann dieses Ziel bei gleichzeitiger Berücksichtigung des Umweltproblems und der Energieversorgung am besten verwirklicht werden?

Wir wollen hoffen, daß die Antworten auf all diese Fragen mit internationaler Übereinstimmung gefunden werden können, ausgehend von der Erkenntnis, daß alle Länder ohne Rücksicht auf ihr derzeitiges Entwicklungsstadium ein legitimes Recht auf die Zusicherung haben, daß ihr künftiger Energiebedarf, einschließlich des Bedarfs an Kernenergie, gedeckt werden wird. Ohne eine solche Zusicherung wird es nicht möglich sein, zu einer allgemeinen Übereinkunft über Maßnahmen zur Kontrolle der Kernenergienutzung für friedliche Zwecke zu gelangen. Es liegt im Interesse aller Länder dieser Welt, die durch eine Weiterverbreitung von Kernwaffen drohende Gefahr für die Menschheit in Schranken zu halten. All diese Aspekte können nur dann zufriedenstellend miteinander in Einklang gebracht werden, wenn das ganze komplexe Problem in langfristigen neuen Gedanken stets aufgeschlossener Verhandlungen behandelt wird.

Vielleicht wird sich im Hinblick auf all diese grundlegenden Fragen ein neues Bewußtsein entwickeln. Sollte dies der Fall sein, dann sind wir auf dem richtigen Weg und werden uns die Kernenergie zur Rettung der Menschheit, nicht zu ihrer Zerstörung, dienstbar machen.

Eine andere Art, dieses Problem der horizontalen Proliferation anzupacken, ist der Versuch, der Anschaffung von Kernwaffen die Motivation zu nehmen. Es wäre möglich, führenden Nicht-Kernwaffenstaaten eine ausreichende Zusicherung zu geben, daß Kernwaffen nicht gegen sie verwendet oder auf ihren Territorien eingesetzt werden.

Wie wichtig auch die Abkommen über eine Kontrolle der Kernwaffen und die Maßnahmen zur Verhinderung der Weiterverbreitung von Kernwaffen sein mögen, sie sind doch nur ein Teil des Abrüstungsprozesses. Global gesehen, findet der derzeitige Ausbau der Waffenlager hauptsächlich im Bereich konventioneller Waffen statt. Diese Aufstockung der Waffenlager sollte in internationalen Abrüstungsabkommen berücksichtigt werden. Wir müssen versuchen, diesem Trend Einhalt zu gebieten und ihn, sofern das möglich ist, rückgängig machen. Die Wiener Verhandlungen über die Reduzierung der Streitkräfte in Europa stagnieren nun schon seit fünf Jahren, und es wird großer politischer Anstrengungen bedürfen, sie aus der gegenwärtigen Sackgasse herauszuholen. In letzter Zeit gab es etwas ermutigendere Anzeichen: Die beiden Gesprächspartner einigten sich wenigstens über den Austausch von Daten auf einer zumutbaren Basis, und der Westen hat neue Vorschläge unterbreitet. Doch ohne eine Einigung über die zahlenmäßige Stärke der Streitkräfte der beiden Militärbündnisse in Europa wird es äußerst schwierig sein, eine Möglichkeit zu einer Reduzierung zu finden, die von allen Beteiligten als gerecht akzeptiert werden kann.

So schwierig und komplex diese Verhandlungen auch sind, eine Einigung wäre ein schöner Lohn für die Mühe und würde dem gesamten Entspannungsprozeß eine neue Dimension verleihen. Es sollten sich alle Beteiligten darüber einig sein, daß das Ergebnis ihrer Gespräche ein militärisches Gleichgewicht zwischen den beiden Seiten in Mitteleuropa sein muß. Reduzierungen, die eine Parität herstellen – ein Prinzip, das bei den SALT-Gesprächen bereits anerkannt wurde –, können von keiner Seite als Nachteil für die eigene Sicherheit betrachtet werden. Das derzeit bestehende militärische Ungleichgewicht in Mitteleuropa ist – auch wenn es in gewissem Sinne lokal beschränkt ist – eine Quelle der Besorgnis für die Länder des Nordatlantikpaktes. Sie fragen mit gutem Recht und ohne der

Sowjetunion und ihren Alliierten irgendwelche üblen Absichten zu unterschieben, warum die Länder des Warschauer Paktes in Mitteleuropa eine militärische Macht entfalten müssen, die jene der Streitkräfte der anderen Seite zahlenmäßig und ausrüstungsmäßig so deutlich übertrifft. Die MBFR-Gespräche bieten eine Gelegenheit, eine ausgeglichene Beziehung zwischen den beiden militärischen Allianzen auf der Grundlage einer beiderseitigen Reduzierung der Streitkräfte herzustellen. Von westlicher Seite werden keinerlei Bemühungen um eine militärische Überlegenheit gegenüber den Ländern des Warschauer Paktes unternommen.

Der internationale Waffenhandel kann nur dann kontrolliert werden, wenn zwei äußerst wichtige Grundsätze akzeptiert werden. Erstens, daß kein Staat durch andere des Rechtes auf Selbstverteidigung nach den Bestimmungen der UN-Charta beraubt werden darf. Und zweitens, daß Lieferanten und Empfänger das Problem gemeinsam untersuchen und gemeinsame Wege zu einer Lösung finden müssen. Das Problem ist zu umstritten und findet – leider – zuwenig Verständnis, als daß rasche Vereinbarungen getroffen werden könnten. Die Sondersitzung hat das Interesse an der Sache geweckt, und die Diskussion, die Präsident Carter in den Kreisen der wichtigsten Waffenlieferanten angeregt hat, könnte einige Ergebnisse zeitigen; doch die nationalen Implikationen in Wirtschaft und Beschäftigungsstruktur sowie die außenpolitischen Probleme werden schwer zu bewältigen sein.

Die Budgetbeschränkung ist eine andere Möglichkeit zur Kontrolle des globalen Wettrüstens. Eines der Abrüstungsprobleme ist die Tatsache, daß es wichtige militärische Aktivitäten gibt, die sich rein numerisch nicht nachprüfbar überwachen lassen. Die militärische Forschung und Entwicklung ist ein gutes Beispiel dafür. Die budgetäre Rüstungskontrolle bietet den Vorteil, daß sie – wenn die Regierungen bei der Wahrheit bleiben – die gesamten militärischen Ausgaben erfaßt, einschließlich jener Aktivitäten, die sich nicht quantitativ überprüfen lassen. Der zweite große Vorteil direkter budgetärer Maßnahmen liegt darin, daß eine Begrenzung oder Kürzung des militärischen Budgets auf den gesamten Bereich militärischer Aktivitäten angewandt werden kann und nicht nur auf bestimmte Sektoren. Bei geschickter Handhabung könnte dies dazu führen, daß die vom militärischen Sektor abgezogenen Mittel friedlichen Zwecken zugeführt werden. Dieses Hauptziel einer Umleitung der Mittel von der Rüstung in die Entwicklung wird das zentrale Thema aller Abrüstungsgespräche der achtziger Jahre sein.

Die Schwierigkeit, das Problem auf dem Weg über das Budget zu lösen, liegt darin, daß die Regierungen dabei die wahren Fakten enthüllen müssen und daß eine allgemeine Bewertung nötig sein wird, um einen Vergleich der einzelnen Budgets zu ermöglichen. Unter den Auspizien des UNO-Generalsekretärs wurde ein konstruktiver Beitrag zur Ausarbeitung einer Standardmethode für die Erstellung von Rechenschaftsberichten über militärische Ausgaben geleistet. Diese Methode sollte weltweit angewandt werden, als erster Schritt zu einer ausgewogenen und überprüfbaren Budgetreduzierung. Geheimniskrämerei erzeugt Mißtrauen und ist mit einer budgetären Rüstungskontrolle unvereinbar. Dieser Kurs der budgetären Kontrolle wurde vom Warschauer Pakt bereits des öfteren befürwortet, doch bis jetzt haben sich die Staaten des Ostblocks geweigert, Einzelheiten über ihre Militärbudgets bekanntzugeben, und sie sind mit ihren Informationen wesentlich knausriger als der Westen.

Wir sollten uns auch den Zusammenhang zwischen Abrüstung und Entwicklung deutlicher bewußt machen. Die von den Ländern des Nordens gesponserte neue UNO-Studie über diese Frage sollte ganz besonders darauf ausgerichtet sein, die Möglichkeiten einer Umleitung der vom militärischen Sektor abgezogenen Mittel auf den zivilen Sektor zu untersuchen.

Die Vereinten Nationen leisten wertvolle Arbeit durch die Sammlung von Statistiken in vielen wichtigen Bereichen, wie etwa auf den Sektoren Landwirtschaft und Gesundheit, doch haben sie sich bisher kaum mit Statistiken über die Weltsicherheit befaßt. Das Zusammentragen von Informationen in diesem Bereich wurde unabhängigen Körperschaften überlassen, und der Einfluß und das Ansehen der Vereinten Nationen wurden nicht dazu verwendet, umfassende Angaben ans Licht zu bringen. Das *Disarmament Centre* (Büro für Abrüstungsfragen) im UNO-Sekretariat hat in den letzten Jahren seinen Wirkungsbereich etwas ausgedehnt, doch es gibt noch einige Widerstände gegen eine stärkere Ausweitung und vor allem gegen eine Aufnahme von Statistiken über Rüstung und militärische Ausgaben in das *UN-Disarmament Yearbook.* Einige Staaten sträuben sich gegen jeden Versuch der Internationalisierung von Sicherheitsfragen. Wir sollten es jedoch als selbstverständlich betrachten, im Bereich der internationalen Sicherheit ebenso wie auf allen anderen Gebieten Informationen und Expertisen auszutauschen. Wir brauchen ein besseres Verständnis für die beiderseitigen Ansichten über Sicherheit. Wir müssen uns der Tendenz widersetzen, die Sicherheit als eine rein nationale Angelegenheit anzusehen. Wenn wir das Recht des einzelnen auf ein Leben in Frieden und Sicherheit wahren wollen, müssen wir der Abrüstung auf nationaler und internationaler Ebene mehr Priorität zugestehen als bisher.

Wir müssen die erschreckende Problematik des Wettrüstens und die zwingende und dringliche Notwendigkeit eines rascheren Fortschritts im Bereich der Abrüstung immer und immer wieder betonen. Selbstzufriedenheit in diesem Bereich menschlicher Aktivität kann sehr leicht zur Selbstzerstörung führen. Die Risiken sind noch lange nicht gebannt, die Gefahr ist allgegenwärtig.